Dr. Katja Doubek / Cornelia Grüter
Gabriele Matthes / Anja Wesner

Deutsch

Visuelles Fachwörterbuch Friseurhandwerk

Hueber Verlag

Inhalt der MP3-Dateien zum Buch:
© 2018 Hueber Verlag GmbH & Co. KG, München
Sprecher: Crock Krumbiegel
Produktion: Tonstudio Langer, 85375 Neufahrn, Deutschland

Den kostenlosen MP3-Download zu diesem Titel finden Sie unter www.hueber.de/audioservice.

Der Verlag und die Autorinnen bedanken sich bei Gerhard Meir, Iremsche Büyüktas, Friseur-Bellissima, Salon Oya, Nicoleta Orzanica, Ihr Friseur Nicoleta, KLARTEXT e.V. (Zentrum für Sprache, Kultur, Beruf) und Ulrike Königer-Höfling (Vorsitzende des LiBK Landesverband Bayern e.V.) für ihre Unterstützung.

3. 2. 1. | Die letzten Ziffern
2022 21 20 19 18 | bezeichnen Zahl und Jahr des Druckes.
Alle Drucke dieser Auflage können, da unverändert,
nebeneinander benutzt werden.
1. Auflage

Umschlaggestaltung: Sieveking · Agentur für Kommunikation, München
Zeichnungen: Anja Wesner, München
Layout und Satz: Memminger MedienCentrum AG, Memmingen
Verlagsredaktion und Datenmodellierung: Juliane Forßmann und Anna Meißner-Probst, Hueber Verlag, München
Druck und Bindung: Kessler Druck + Medien GmbH & Co. KG, Bobingen
Printed in Germany
ISBN 978–3–19–047480–6

Art. 530_24525_001_01

Inhalt

Das *Visuelle Fachwörterbuch Friseurhandwerk* ist Teil einer innovativen Reihe von Titeln, die speziell für Auszubildende entwickelt wurden. Studien zufolge beendet mehr als die Hälfte der Auszubildenden in Deutschland ihre Lehre vorzeitig und ohne Abschluss. Als Ursachen werden häufig mangelndes Verständnis der Fachsprache sowie unzureichende Deutschkenntnisse genannt.

Genau an diesem Punkt setzen die *Visuellen Fachwörterbücher* an. Sie erklären Fachsprache in einfachen Worten und sprechenden Bildern. Gleichzeitig vermitteln sie Informationen zur deutschen Sprache. So können die Fachbegriffe korrekt gelernt und verwendet werden.

Im Hauptteil des Fachwörterbuches werden prüfungsrelevante und praxisnahe Fachbegriffe aus der Friseurbranche bebildert und erklärt. Fotos und Illustrationen zeigen Arbeitsmaterialien und verdeutlichen Techniken und Abläufe. Um die Verläufe von Linien und Konturen gut sichtbar zu machen, wurden die Frisuren überwiegend in hellen Farbtönen illustriert. Die übersichtliche Aufteilung in thematische Kapitel dient der schnellen inhaltlichen Orientierung.

Im hinteren Teil des Fachwörterbuches befinden sich eine alphabetische Liste der verwendeten Abkürzungen und ein alphabetisch angelegtes Glossar der Stichwörter und Synonyme. Mit ihrer Hilfe sind alle enthaltenen Abkürzungen und Fachbegriffe schnell aufzufinden.

Die einfachen und klaren Definitionen sind auf der Basis des B1-Wortschatzes des Gemeinsamen Europäischen Referenzrahmens formuliert und so auch für Auszubildende mit Migrationshintergrund sehr gut geeignet. Fachbegriffe von A wie Augenbord bis Z wie Zinsrechnung sind durch eine gelungene Kombination von Wort und Bild leicht zu verstehen.

Alle Stichwörter wurden vertont und können als MP3-Download bei www.hueber.de/audioservice/ kostenlos heruntergeladen werden. Dies unterstützt Deutschlernende bei der korrekten Aussprache.

Maßgebliche Kriterien für die Auswahl der Stichwörter sind der aktuell gültige Rahmenlehrplan, das bundesweit verbindliche Lehrmaterial sowie eine enge Absprache mit Profis aus Theorie und Praxis.

Ein besonderer Dank geht an dieser Stelle an Gerhard Meir, Iremsche Büyüktas, Friseur-Bellissima Hofheim, Nicoleta Orzanica, Ihr Friseur Nicoleta und Salon Oya. Des Weiteren bedanken wir uns herzlich bei Ulrike Königer-Höfling, der Vorsitzenden des LiBK (Lehrer im Berufsfeld Körperpflege) Landesverband Bayern e.V. und KLARTEXT e.V., Zentrum für Sprache, Kultur, Beruf für ihre Unterstützung.

Nomeneinträge

Artikel des Nomens — das **Glätteisen**

Glätt·ei·sen <–>
elektrisches Gerät,
macht Haare durch Hitze glatt
auch Haarglätter, Straightener
05.004

mögliche Worttrennungen

Definition in einfacher und klarer Sprache, bei Personenbezeichnungen wird das generische Maskulinum verwendet.

Nach *auch* folgen andere Bezeichnungen, die anstelle des Stichworts verwendet werden können (Synonyme).

Pluralform: Der Strich steht für das Stichwort. Hier ist die Pluralform also identisch mit dem Stichwort.

Adjektiv-Nomen-Kombinationen

technische Regeln für Gefahrstoffe
tech·ni·sche Re·geln für Ge·fahr·stof·fe
kurz TRGS
Regeln, die die Tätigkeiten
mit gefährlichen z. B.
chemischen Stoffen bestimmen
14.034

Bei Adjektiv-Nomen-Kombinationen können Sie den Artikel vom Adjektiv ableiten: -er → der, -e → die und -es → das.

Nach *kurz* folgt eine kurze Form des Stichwortes. Nach *lang* folgt eine lange Form. Als Stichwort wird die häufiger verwendete Form aufgeführt.

Verbeinträge

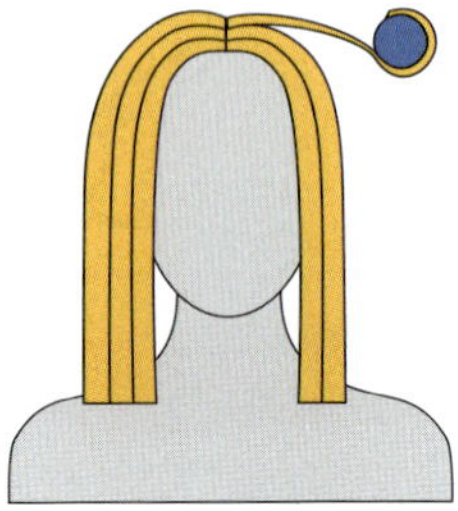

einlegen
ein·le·gen
<legt ein, legte ein, hat eingelegt>
Haare auf **Wickler** drehen
05.002

Bei Verbeinträgen wird die dritte Person Singular im Präsens, Imperfekt und Perfekt angegeben.

Begriffe, die einen eigenen Eintrag im Fachwörterbuch haben, sind in der Definition fett gedruckt. Sie können sie im alphabetischen Glossar hinten im Buch finden.

Audiotrack: Unter www.hueber.de/audioservice steht ein kostenloser Download zur Verfügung. Wenn Sie nach dieser Nummer suchen, können Sie sich das Stichwort anhören.

die **Allongefrisur**
Al·lon·ge·fri·sur <–en>
Frisur für Männer, mit **Mittelscheitel** und **Locken** bis zur Brust, auch als Allonge**perücke** (1665 – 1715)
01.001

archaische Frisur
ar·cha·i·sche Fri·sur
Die Haare werden nicht geschnitten, haben **Wellen** und werden offen mit kleinem Kopftuch getragen (500 vor Christus)
01.002

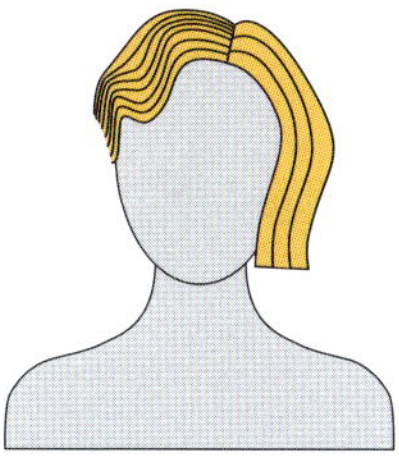

asymmetrische Frisur
asym·me·tri·sche Fri·sur
Stil, bei dem Haare auf einer Seite anders frisiert oder geschnitten sind als auf der anderen
01.003

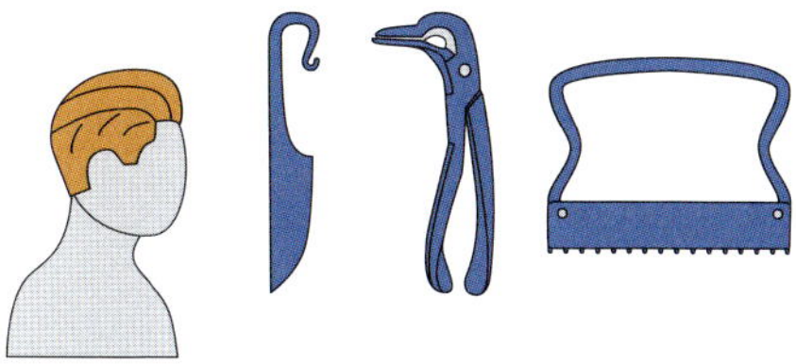

der **Bader**
Ba·der <–>
Mann, der zuständig für medizinische Körper- und Zahnpflege und **Frisuren** war (ab dem 6. Jahrhundert)
01.004

das **Bleiweiß**
Blei·weiß <–>
Pigment, das aus dem Metall Blei gemacht wird; giftiger Bestandteil von **Pomade**
01.005

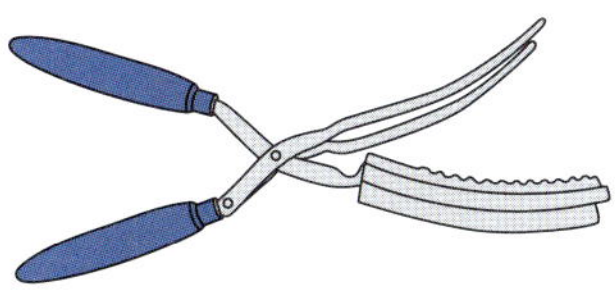

die **Brennschere**
Brenn·sche·re <–n>
formt **Locken** und **Wellen** durch Erhitzen, Weiterentwicklung des **Calamistrums** (1872 – 1970)
auch Brennstab
01.006

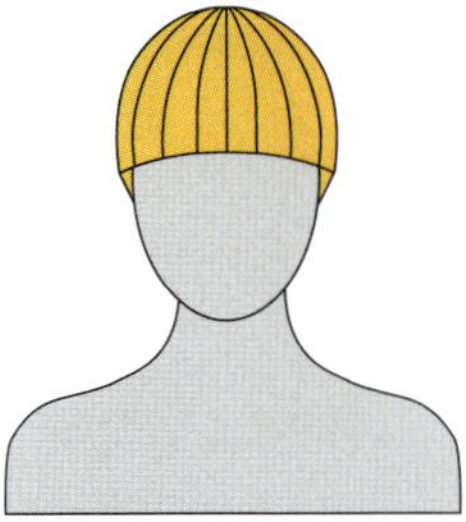

der **Bubikopf**
Bu·bi·kopf <Bubiköpfe>
Kurzhaarschnitt für Frauen (ab 1920er Jahre)
▶ 01.007

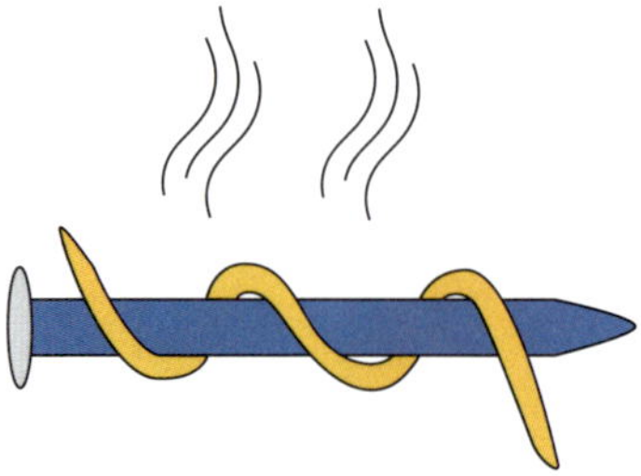

das **Calamistrum**
Ca·la·mis·trum <Calamistra>
heißer Metallstock, formt **Locken** und **Wellen** (1. Jahrhundert vor Christus)
auch Kalamister
▶ 01.008

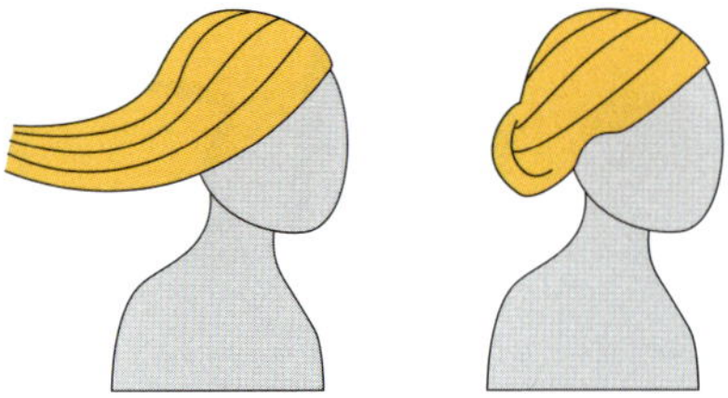

der **Chignon**
Chi·gnon <–s>
die Haare werden zusammengedreht und zu einem flachen Ball geformt
auch Haarknoten, Dutt
▶ 01.009

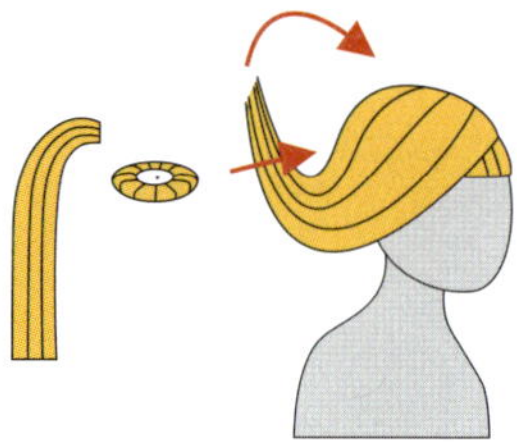

die **Cosi-Frisur**
Co·si-Fri·sur <–en>
das **Deckhaar** wird hinter dem **Pony**ansatz am Oberkopf über ein **Haarteil** frisiert (1960er Jahre)
▶ 01.010

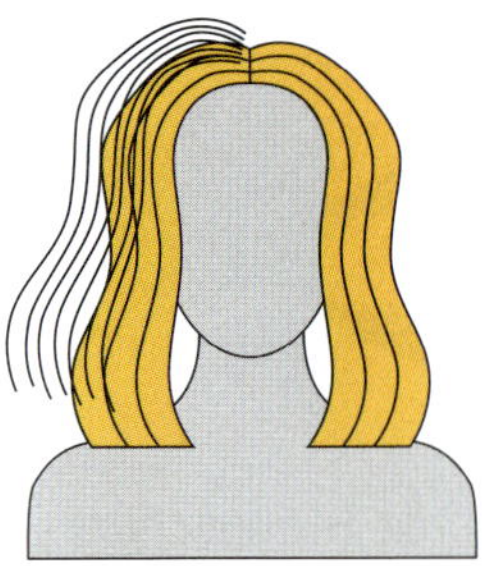

das **Deckhaar**
Deck·haar <–e>
oberste Haarschicht auf dem Kopf
▶ 01.011

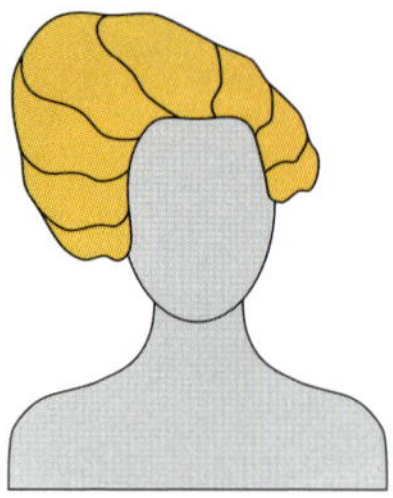

Deutsches Wagenrad
Deut·sches Wa·gen·rad
asymmetrische Frisur, mit **Locken** oder **Wellen** und nach oben eingeschlagen (nach 1900)
▶ 01.012

die Engelsfrisur

En·gels·fri·sur <–en>
die Haare sind oben am Kopf glatt und unten gelockt
01.013

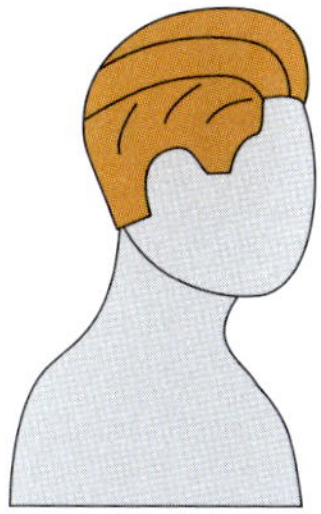

der Fassonschnitt

Fas·son·schnitt <–e>
Haarschnitt für Männer, an den Seiten und im **Nacken** ohne Stufen geschnitten
01.014

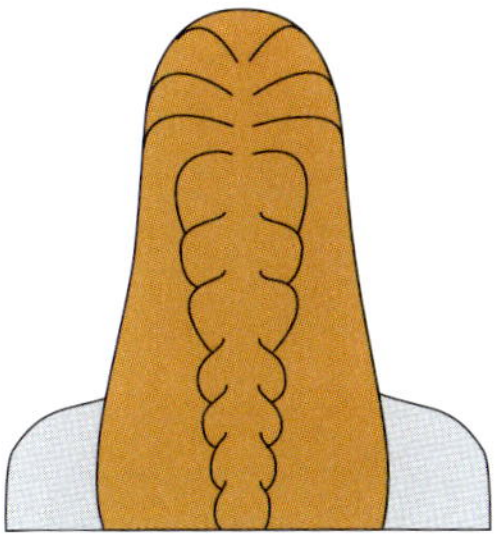

die Flechtfrisur

Flecht·fri·sur <–en>
die Haare werden in mehrere **Strähnen** geteilt und dann **geflochten**
01.015

à la Fontange

à la Fon·tan·ge
bis zu 60 cm hohe Hof**frisur** mit Drahtgestellen, Spitzenschleiern, Perlen und Bändern (1680–1720)
01.016

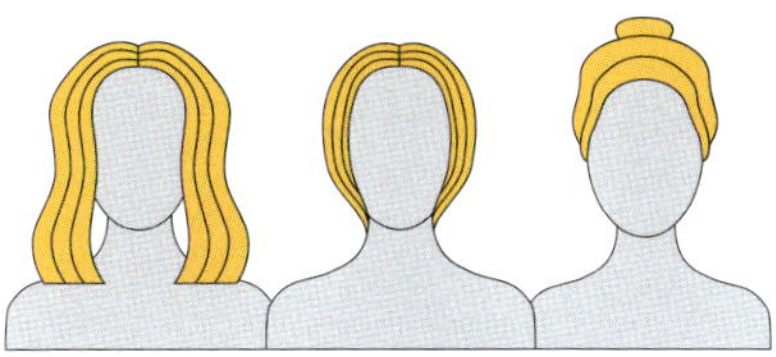

die Frisur

Fri·sur <–en>
Art und Weise, wie Haare getragen werden
auch Haartracht
01.017

die Garcettefrisur

Gar·cet·te·fri·sur <–en>
Frisur mit **Querscheitel** und einzelnen **Locken**, die Richtung Gesicht fallen
auch Stirnfransenfrisur
01.018

Griechischer Knoten
Grie·chi·scher Kno·ten
Frisur mit **Mittelscheitel** und **Wellen**, Haare werden über dem **Nacken** zusammengebunden (1500–150 vor Christus)
01.019

der Haarbeutel
Haar·beu·tel <–>
Beutel aus Stoff, der den **Zopf** von einer Männer**perücke** aufnimmt (1710–1774)
01.020

das Haarnetz
Haar·netz <–e>
Netz, mit dem die Haare gehalten werden
01.021

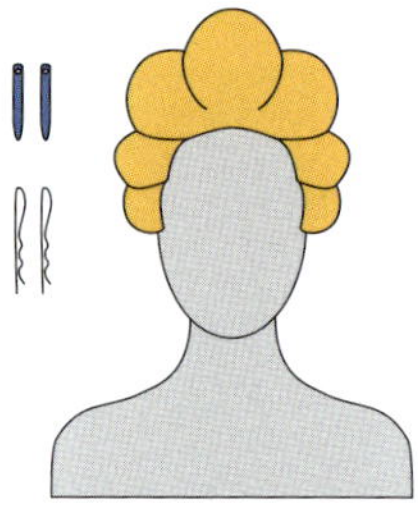

die Hochfrisur
Hoch·fri·sur <–en>
unterschiedliche Möglichkeiten, lange Haare mit **Haarnadeln** hochzustecken
auch Hochsteckfrisur
01.022

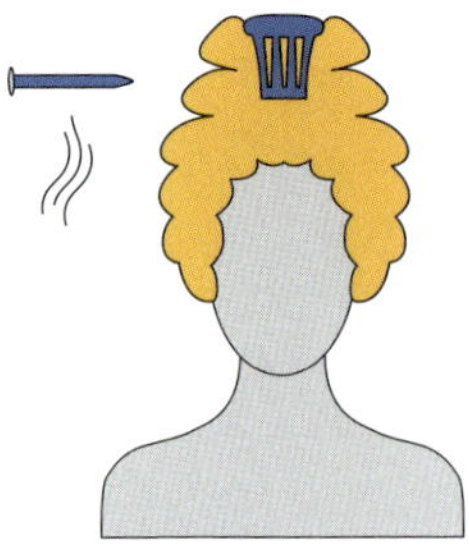

hellenistische Frisur
hel·le·nis·ti·sche Fri·sur
Haare werden mit **Calamistrum** gewellt oder gelockt und hochgesteckt (300 vor Christus)
01.023

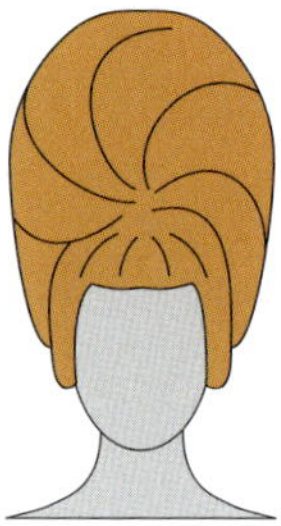

hohe Turmfrisur
ho·he Turm·fri·sur
die Haare werden **toupiert** und zu einem hohen Turm frisiert
auch Beehive-Frisur, Beehive (1960er Jahre)
01.024

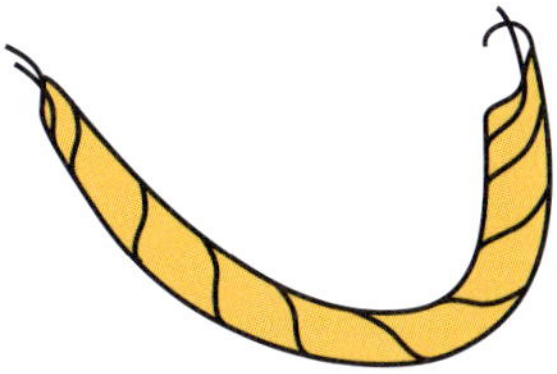

der Hohldreher
Hohl·dre·her <–>
die Haare werden zu großen Rollen geformt
01.025

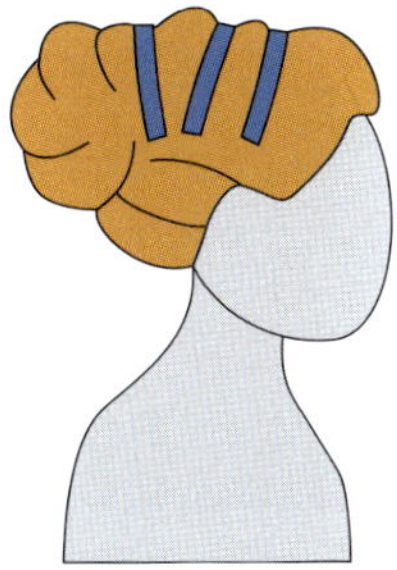

klassische Frisur
klas·si·sche Fri·sur
Hochsteckfrisur mit gewellten Haaren, Knoten und Schmuck aus Stoff (400 vor Christus)
01.026

die Korkenzieherlocke
Kor·ken·zie·her·lo·cke <–n>
wird mit **Spiralwickeln** gemacht
01.027

das Lockenholz
Lo·cken·holz <Lockenhölzer>
Stock zum Formen von **Schlangenlocken**
01.028

die Löwenmähne
Lö·wen·mäh·ne <–n>
lange Haare mit **Locken** oder **Wellen**, mit den Händen geformt
01.029

der Madonnenscheitel
Ma·don·nen·schei·tel <–>
Mittelscheitel in langem Haar
01.030

die Merveilleusen-Frisur
Mer·veil·leu·sen-Fri·sur <–en>
mit **Haarteilen** oder **Perücke** aufwändig gemachte **Locken-Frisur** (18. Jahrhundert)
01.031

die Olympiarolle
Olym·pia·rol·le <–n>
das Haar wird rund um den Kopf lang gezogen und zu einer Außenrolle hochgesteckt (Mitte der 1930er Jahre)
01.032

Österreichische Frisur
Ös·ter·rei·chi·sche Fri·sur
aufwendige Langhaar-**Frisur**; hochgesteckt, mit **Wellen**, **Zöpfen** und Blumenschmuck
01.033

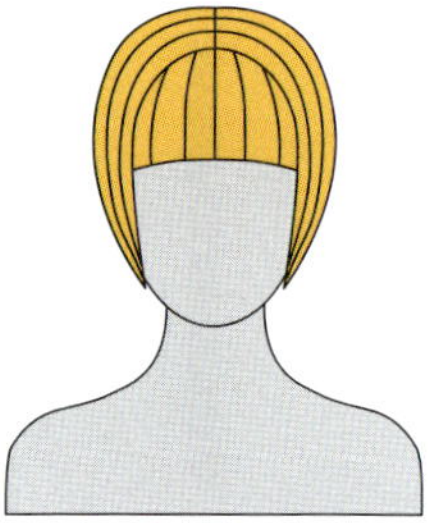

der Pagenkopf
Pa·gen·kopf <Pagenköpfe>
halblanger Haarschnitt, oft mit **Pony**
auch Etonschnitt
01.034

die Pomade
Po·ma·de <–n>
Fett oder Creme zum Pflegen der Haut und Formen der Haare (seit dem 18. Jahrhundert)
01.035

der/das Puder
Pu·der <–>
sehr feiner, trockener Stoff; wie Mehl
01.036

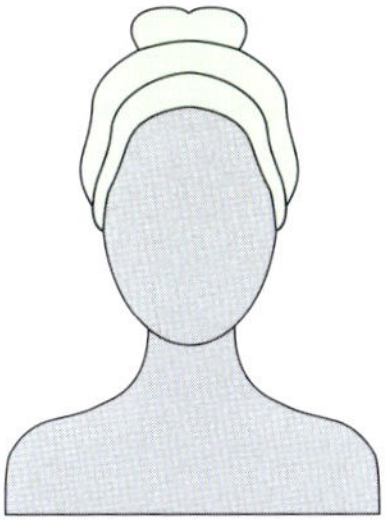

die Puderfrisur
Pu·der·fri·sur <–en>
flache **Frisur**, das Haar wird mit **pastell**-farbigem **Puder** getönt (18. Jahrhundert)
01.037

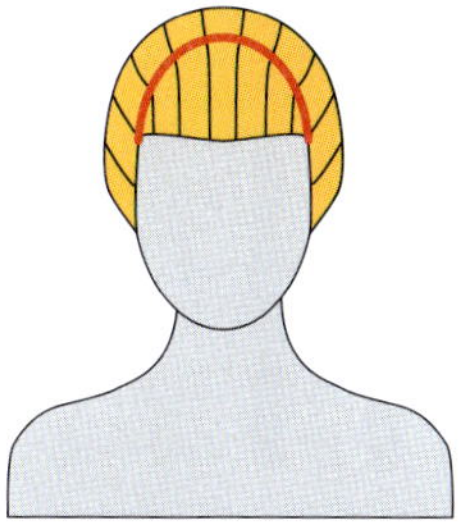

der Querscheitel
Quer·schei·tel <–>
Scheitel, der quer über den Kopf gezogen wird
01.038

die Rosenkranzfrisur
Ro·sen·kranz·fri·sur <–en>
asymmetrische Frisur mit Schmuck aus Rosen
auch Lamballe
01.039

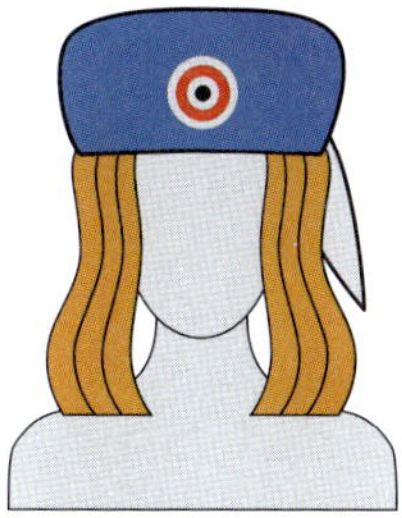

die Revolutionsfrisur *Husar*
Re·vo·lu·ti·ons·fri·sur Hu·sar
Frisur mit Hut, den ursprünglich eine bestimmte Gruppe von Reitern trug (18. Jahrhundert)
01.040

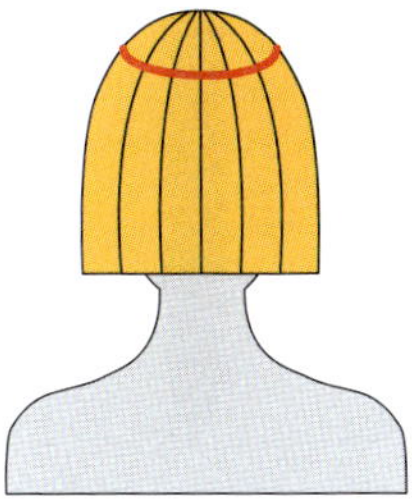

der Rundscheitel
Rund·schei·tel <–>
Scheitel, der in Kreisform gezogen wird
01.041

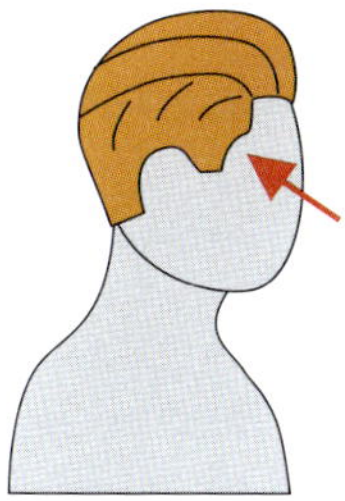

das Schläfenhaar
Schlä·fen·haar <–e>
Kopfhaar, das im Bereich des **Schläfentampels** wächst
01.042

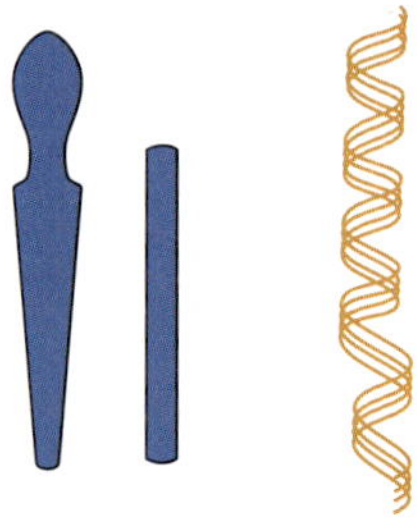

die Schlangenlocke
Schlan·gen·lo·cke <–n>
papillotierte oder über ein **Lockenholz** gedrehte einzelne Haar**strähne**
auch Stöpsellocke, Hängelocke
01.043

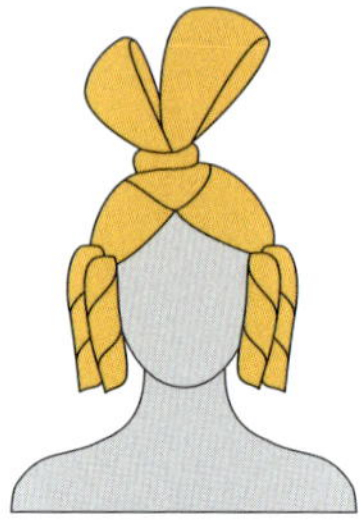

die Schlupfe
Schlu·pfe <–n>
Haar, das wie eine Schleife gelegt wird (19. Jahrhundert)
auch Haarschleife
01.044

die Schnecke
Schne·cke <–n>
Haar wird gedreht, zu einem Kreis geformt und mit **Haarnadeln** festgehalten
01.045

der Soldatenzopf
Sol·da·ten·zopf <Soldatenzöpfe>
Mode**frisur** von Soldaten mit langen Haaren (18. und 19. Jahrhundert)
01.046

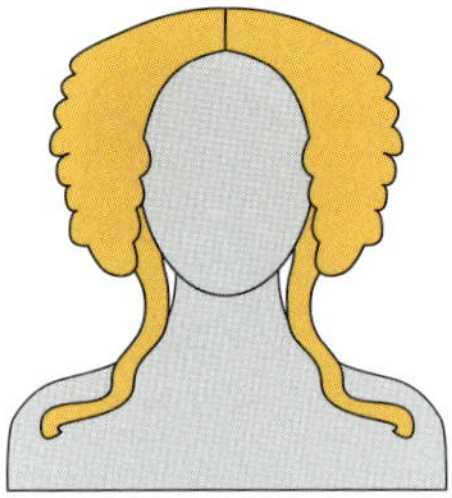

Spanische Modefrisur
Spa·ni·sche Mo·de·fri·sur
Haare oben auf dem Kopf flach, seitlich stark gelockt, zwei **Strähnen** links und rechts auf den Schultern (etwa 1660)
01.047

der Spiralwickel
Spi·ral·wi·ckel <–>
kleiner **Wickler**, der für **Korkenzieherlocken** verwendet wird
auch Spiralwickler
01.048

der Stil
Stil <–e>
typische Art für eine bestimmte Zeit oder Mode
01.049

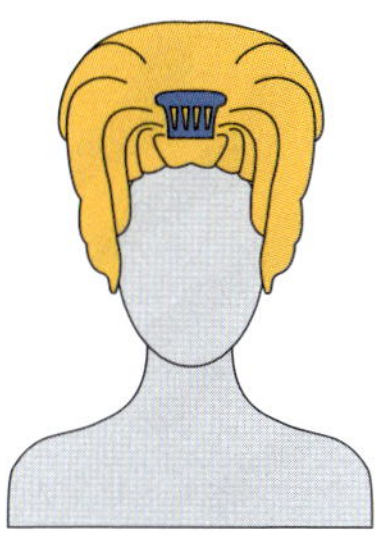

die Telstar-Frisur
Tel·star-Fri·sur <–en>
toupierte Hochfrisur mit Schmuck (1963)
01.050

der Tituskopf
Ti·tus·kopf *kein Plural*
rund um den Kopf kurze **Locken**, wie Kaiser Titus (1. Jahrhundert nach Christus)
01.051

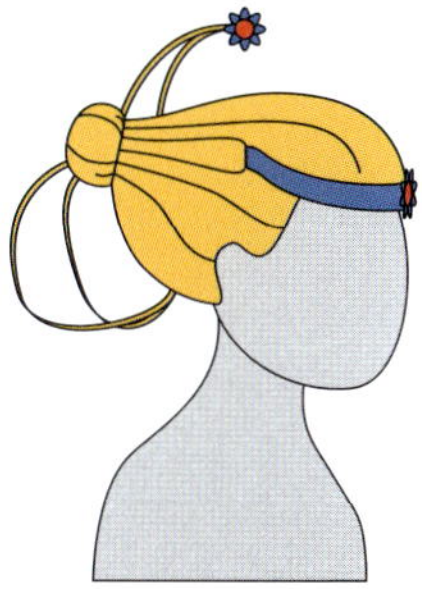

die Valorosa-Frisur
Va·lo·ro·sa-Fri·sur <–en>
aufwändige **Hochsteck-** und **Flechtfrisur** mit Draht (um 1450)
01.052

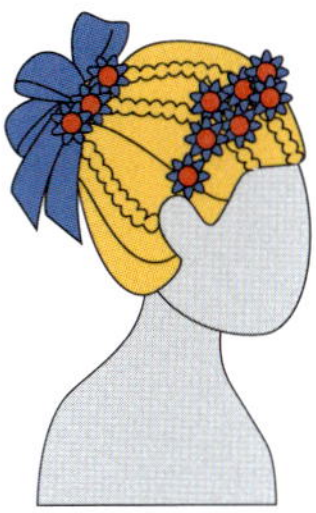

das Zopfgeflechte
Zopf·ge·flech·te <–>
festliche **Frisur** mit **Zöpfen**, **Locken** und Schmuck (18. Jahrhundert)
01.053

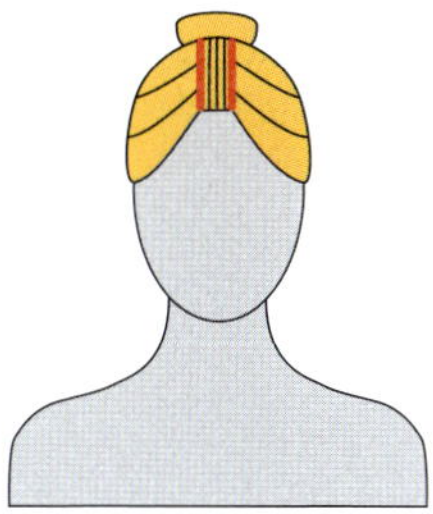

der Zungenscheitel
Zun·gen·schei·tel <–>
Haar**strähne**, die mit zwei parallel laufenden Linien in der Mitte **abgeteilt** wird
01.054

die **Abteilklammer**
Ab·teil·klam·mer <–n>
Clip (Klemme) aus Kunststoff oder Metall, teilt Haare in verschiedene Bereiche
02.001

der **Abziehriemen**
Ab·zieh·rie·men <–>
Lederband, mit dem das Rasiermesser scharf gemacht wird
auch Streichriemen, Stoßriemen
02.002

die Haarbürste
Haar·bürs·te <–n> *kurz* Bürste
pflegt und reinigt die Haare
02.003

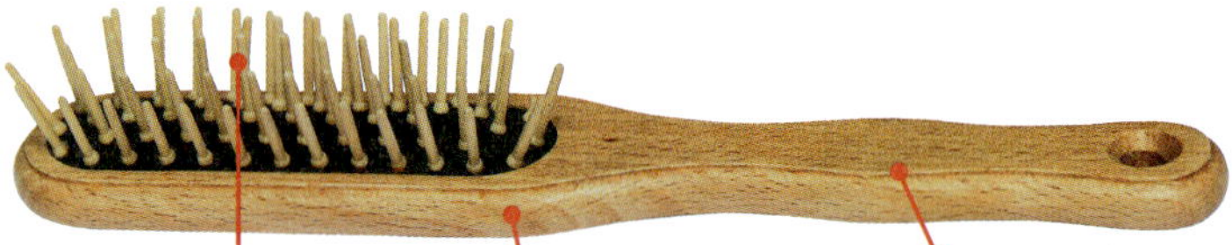

die **Borste**
Bors·te <–n>
dickes Tierhaar, Kunststoff oder Metall
02.004

der **Bürstengriff**
Bürs·ten·griff <–e>
Teil der Bürste, an dem sie gehalten wird
02.005

der **Bürstenkörper**
Bürs·ten·kör·per <–>
Teil der Bürste, der mit **Borsten** besetzt ist
02.006

die Brettbürste
Brett·bürs·te <–n>
Bürste auf flachem Brett
aus Holz o der Kunststoff,
mit Kissen zwischen Brett und Bürste
auch Paddelbürste
02.007

die Entwirrbürste
Ent·wirr·bürs·te <–n>
löst Knoten im Haar
02.008

die Massagebürste
Mas·sa·ge·bürs·te <–n>
hat kleine weiche Stifte aus
Kunststoff, pflegt die Kopfhaut
02.009

die Rundbürste
Rund·bürs·te <–n>
formt zusammen mit dem **Föhn** eine **Welle**
nach innen oder außen
02.010

die Skelettbürste
Ske·lett·bürs·te <–n>
hat wenig **Borsten**, gut für Haare mit **Locken**,
wird auch zusammen mit einem **Föhn** benutzt
auch Ventbürste
02.011

die Toupierbürste
Tou·pier·bürs·te <–n>
eine schmale Bürste mit starken **Borsten**,
um die Haare zusammenzuschieben
02.012

das **Climazon**
Cli·ma·zon <–e>
erhöht vor allem bei **Dauerwellen** und beim **Färben** durch Wärme die Wirkung der Produkte
auch Trockenhaube, Wärmehaube
02.013

die **Färbeschale**
Fär·be·scha·le <–n>
kleine Schüssel zum Mischen von Farben und Entwicklungscreme
02.014

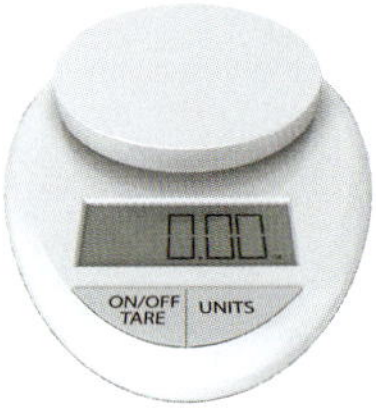

die **Farbwaage**
Farb·waa·ge <–n>
wiegt auch sehr geringe Mengen, z.B. Farbcreme oder Pulver
auch Digitalwaage
02.015

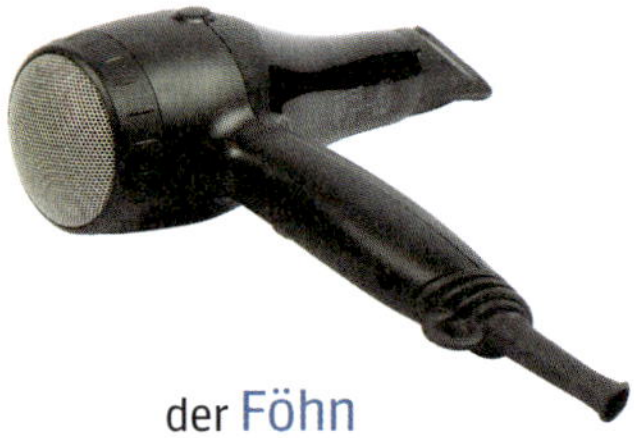

der **Föhn**
Föhn <–e>
elektrisches Gerät, trocknet Haare mit warmer Luft
auch Haartrockner, Fön®
02.016

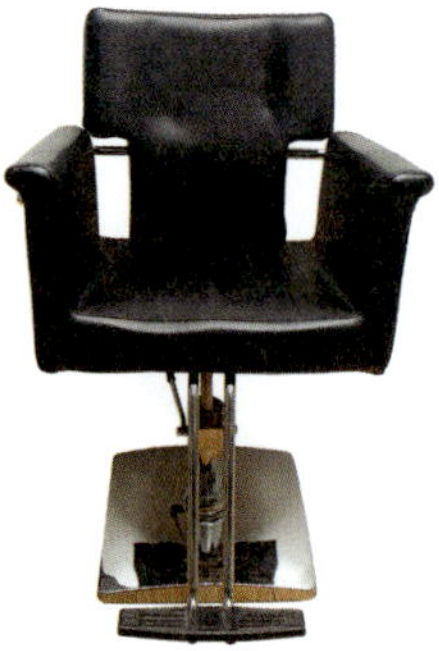

der **Friseurstuhl**
Fri·seur·stuhl <Friseurstühle>
bequemer Stuhl oder Sessel, Höhe flexibel
02.017

die **Fußstütze**
Fuß·stüt·ze <–n>
Teil aus Holz oder Metall, befindet sich vor oder am **Friseurstuhl**, bequem für die Füße
02.018

die Haarklemme
Haar·klem·me <–n>
Haar**strähnen** werden an gewünschter Stelle auf dem Kopf gehalten
auch Haarklammer
02.019

die Haarnadel
Haar·na·del <–n>
gibt der **Frisur** Halt, oft auch Haarschmuck
02.020

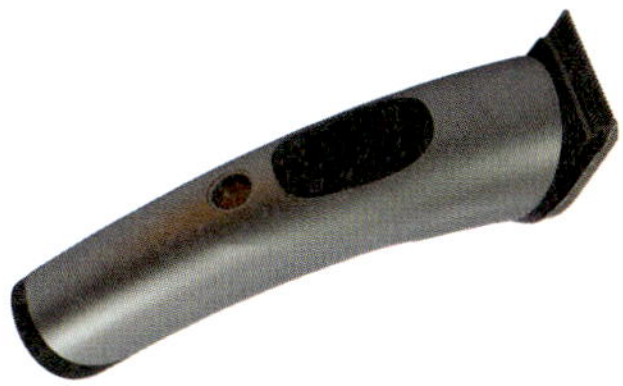

die Haarschneidemaschine
Haar·schnei·de·ma·schi·ne <–n>
Gerät, das Haare kurz und genau schneidet; mechanisch oder elektrisch
02.021

der Handschuh
Hand·schuh <–e>
schützt Hände vor gefährlichen Flüssigkeiten und Verletzungen
02.022

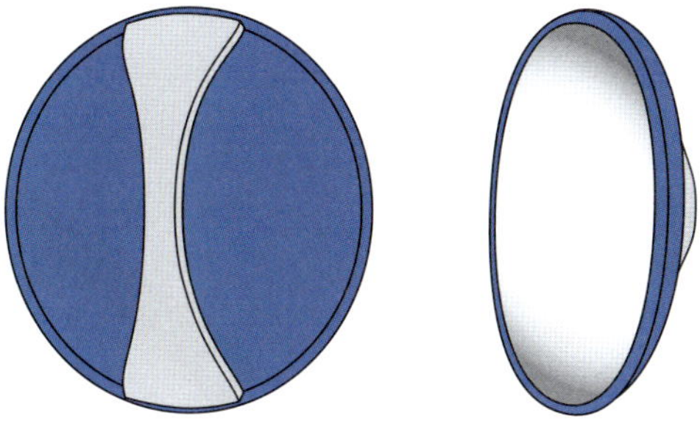

der Kabinettspiegel
Ka·bi·nett·spie·gel <–>
Handspiegel, mit dem die fertige **Frisur** von hinten gezeigt wird
auch Friseurspiegel
02.023

der **Kamm**
Kamm <Kämme>
länglicher Gegenstand mit **Zinken** zum Frisieren
02.024

der Kammrücken
Kamm·rü·cken <–>
schmale Linie oben am **Kamm**
02.025

die Kammzahnung
Kamm·zah·nung <–en>
Reihe der Zähne eines **Kammes**
auch Zacken, Zinken
02.026

der Antisplisskamm
An·ti·spliss·kamm <Antisplisskämme>
weit auseinanderstehende **Zacken** reduzieren das Brechen (**Haarspliss**) der Haare
02.027

der Damenfrisierkamm
Da·men·fri·sier·kamm <Damenfrisierkämme>
ein **Kamm** mit Griff, der Haare in die Form einer **Frisur** bringt
auch Frisierkamm, Griffkamm
02.028

der Gabelkamm
Ga·bel·kamm <Gabelkämme>
hebt **Locken** und **toupierte** Haare
auch Lockenheber
02.029

der Haarschneidegriffkamm
Haar·schnei·de·griff·kamm <Haarschneidegriffkämme>
Kamm speziell zum Schneiden der Haare
02.030

der Haarschneidekamm
Haar·schnei·de·kamm
<Haarschneidekämme>
leichter, flexibler **Kamm**, der nicht bricht und nicht unter der Hitze des **Föhns** und chemischen Pflegemitteln leidet
02.031

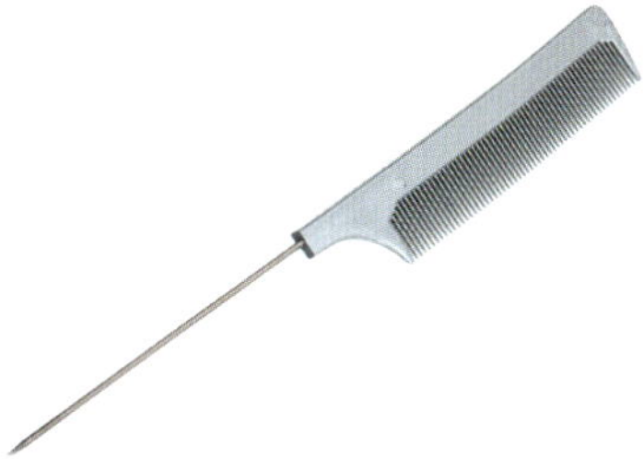

der Nadelstielkamm
Na·del·stiel·kamm <Nadelstielkämme>
Kamm zum **Toupieren** und für das **Styling**
02.032

der Ondulierkamm
On·du·lier·kamm <Ondulierkämme>
eine Hälfte hat weite **Zinken**, die andere Hälfte enge **Zinken**, alle sind gleich lang
02.033

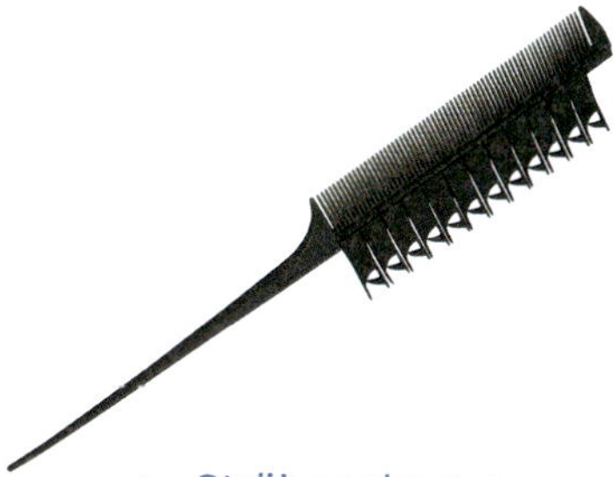

der Strähnenkamm
Sträh·nen·kamm <Strähnenkämme >
Kamm zum **Färben** von **Highlights**
02.034

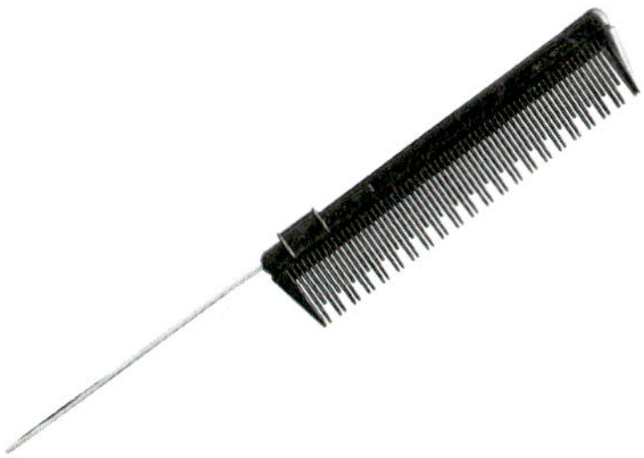

der Toupierkamm
Tou·pier·kamm <Toupierkämme>
Kamm für das **Toupieren** der Haare
auch Stielkamm
02.035

der Universalkamm
Uni·ver·sal·kamm <Universalkämme>
Kamm zum Haareschneiden und Formen von **Frisuren**
02.036

der **Kindersitz**
Kin·der·sitz <–e>
festes, hohes Kissen für Kinder, das zusätzlich auf den **Friseurstuhl** gelegt wird
02.037

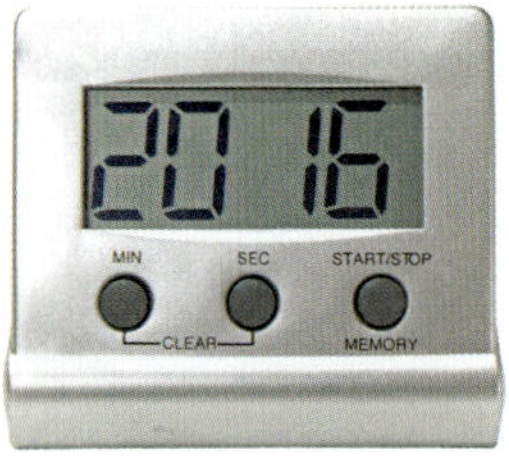

der **Kurzzeitmesser**
Kurz·zeit·mes·ser <–>
digitale Uhr, misst die eingestellte Zeit für **Dauerwelle**, **Färben** und **Pflege**
02.038

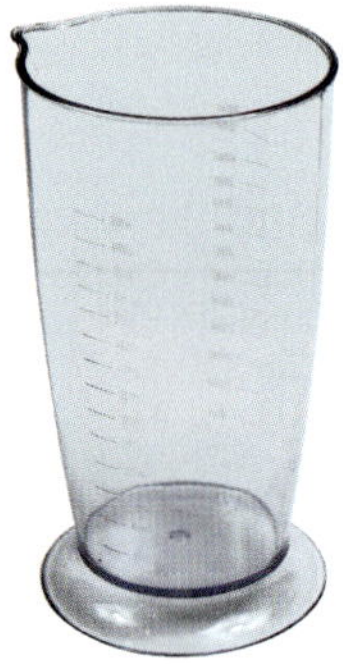

der **Messbecher**
Mess·be·cher <–>
Topf, der die Menge von Flüssigkeiten und feinen Feststoffen misst und anzeigt
02.039

der **Nackenwedel**
Na·cken·we·del <–>
entfernt Haare, die nach Haarschnitt auf Hals und Haut liegen
auch Nackenpinsel
02.040

der **Rasierapparat**
Ra·sier·ap·pa·rat <–e>
elektrischer Apparat, der die **Barthaare** schneidet
auch Rasierer
02.041

der **Rasierhobel**
Ra·sier·ho·bel <–>
Gerät für die **Nassrasur**
auch Sicherheitsrasierer
02.042

der **Rasierpinsel**
Ra·sier·pin·sel <–>
verteilt vor dem Nassrasieren Rasier**schaum** im Gesicht
02.043

die **Rasierschale**
Ra·sier·scha·le <–n>
kleine Schüssel für Rasier**schaum**
02.044

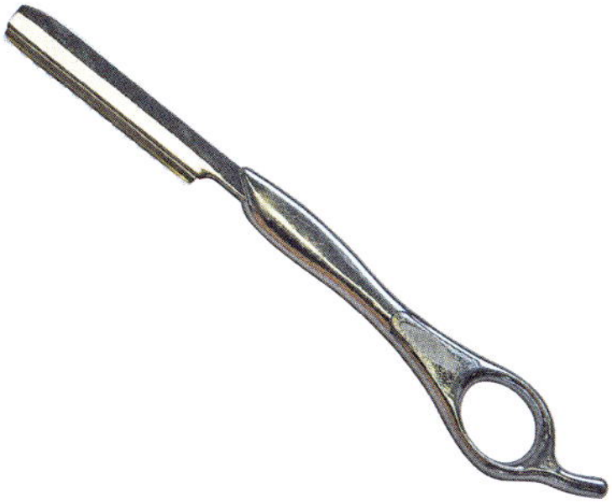

das **Razor**
Ra·zor <–s>
ein Rasiermesser
02.045

die **Schere**

Sche·re <–n>
ein Schneidewerkzeug mit zwei **Klingen**
02.046

der Oberbeck

Ober·beck <–e>
die obere der beiden **Schneiden**, meist etwas spitzer
02.047

das Scherenblatt

Sche·ren·blatt <Scherenblätter>
scharf wie ein Messer
auch Klinge
02.048

die Scherenspitze

Sche·ren·spit·ze <–n>
scharfes Ende der **Schere**
02.049

der Unterbeck

Un·ter·beck <–e>
die untere der beiden **Schneiden**, manchmal leicht gerundet
02.051

die Schneide

Schnei·de <–n>
Teil, der schneidet; kann glatt sein oder sehr kleine Zähne haben
02.050

das **Augenbord**
Au·gen·bord <–e>
äußerer Rand des **Griffes** (**Auge**)
02.052

der **Fingerhaken**
Fin·ger·ha·ken <–>
außen am **Griff**, gibt Halt beim Schneiden
02.053

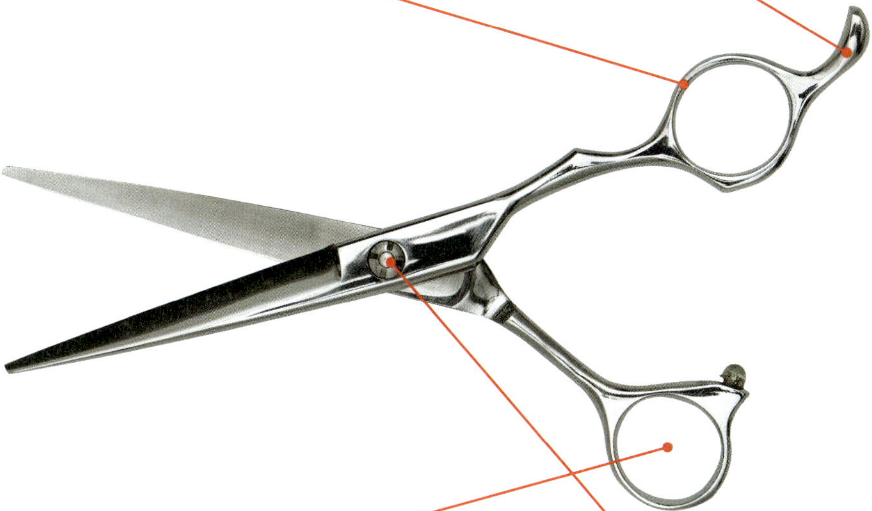

der **Griff**
Griff <–e>
hier wird die **Schere** gehalten
auch Auge
02.054

das **Schloss**
Schloss <Schlösser>
Schraube, hält die Teile
der **Schere** zusammen
02.055

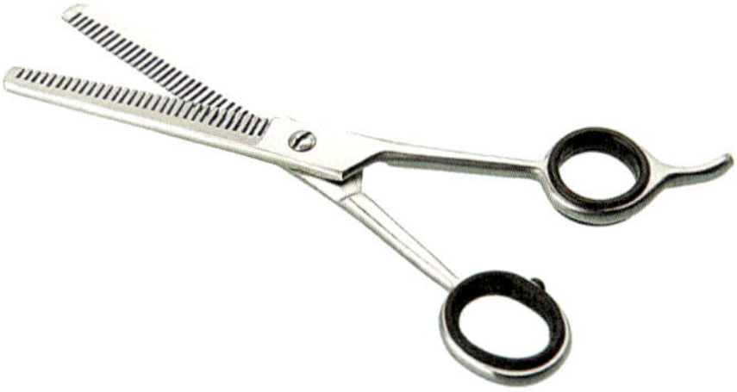

die Effilierschere
Ef·fi·lier·sche·re <–n>
hat auf beiden **Schneiden** Zähne, erfasst und schneidet nur etwa ein Drittel der Haare, dadurch wirkt das Haar dünner
02.056

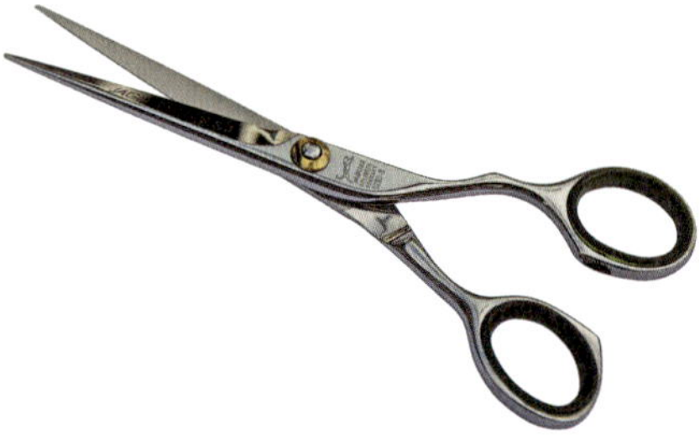

die Friseurschere
Fri·seur·sche·re <–n>
Schere zum Haare- und Bartschneiden
02.057

klassische Handschere
klas·si·sche Hand·sche·re
sehr scharfe **Schere**, verursacht weniger **Haarspliss**
02.058

die Konturenschere
Kon·tu·ren·sche·re <–n>
schneidet feine und sehr genaue **Konturen**
02.059

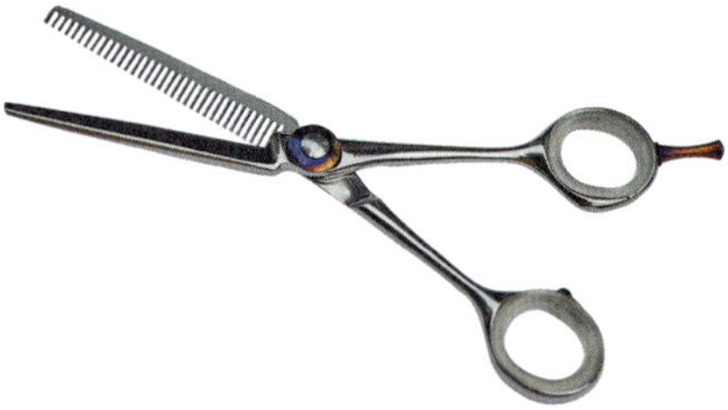

die Modellierschere
Mo·del·lier·sche·re <–n>
eine **Schneide** ist gezahnt, die andere ist glatt; schneidet die Hälfte der Haar**strähnen**
02.060

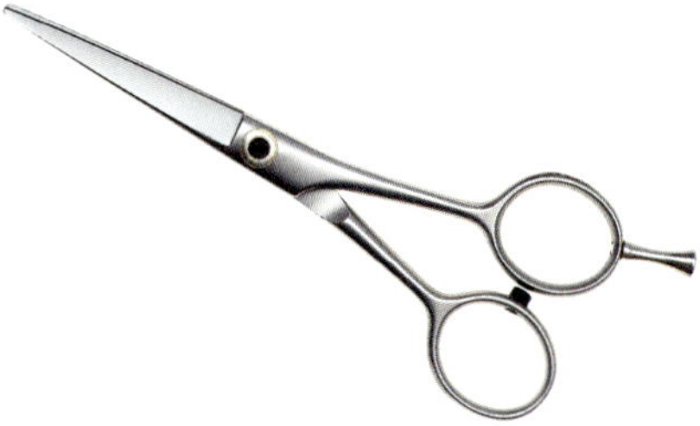

die Sliceschere
Slice·sche·re <–n>
besonders scharfe **Schere**; schneidet Spitzen so, dass Haare weniger voll aussehen
02.061

der Spatel
Spa·tel <–>
sehr kleiner, flacher Löffel
02.062

die Strähnenfolie
Sträh·nen·fo·lie <–n>
spezielle Folie zum **Färben** von **Highlights** und **Strähnen**
02.063

der Übungskopf
Übungs·kopf <Übungsköpfe>
Kunststoffkopf zum Üben von **Frisuren**
02.064

der Umhang
Um·hang <Umhänge>
meist aus Kunststoff, schützt Kleidung und Haut
auch Friseurumhang, Schneideumhang
02.065

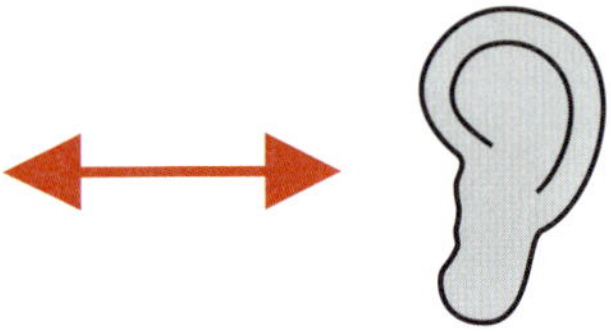

aktives Zuhören
ak·ti·ves Zu·hö·ren
der Zuhörer ist sehr aufmerksam und reagiert auch auf nicht ausgesprochene Gefühle
03.001

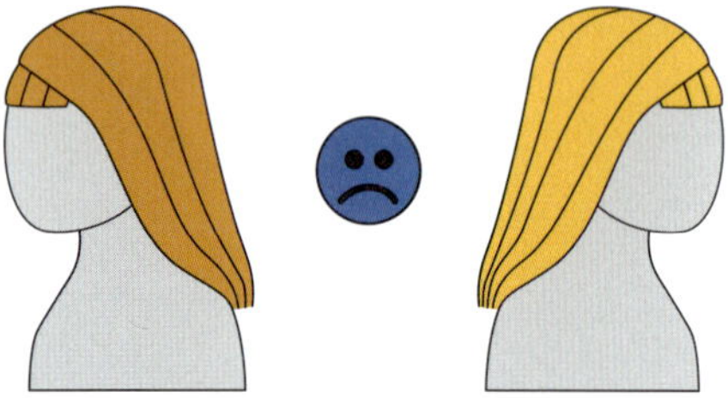

die Antipathie
An·ti·pa·thie <–n>
Gefühl, wenn man etwas oder eine Person nicht mag
03.002

der Appell
Ap·pell <–e>
wenn man jemanden dringend zu etwas auffordert
03.003

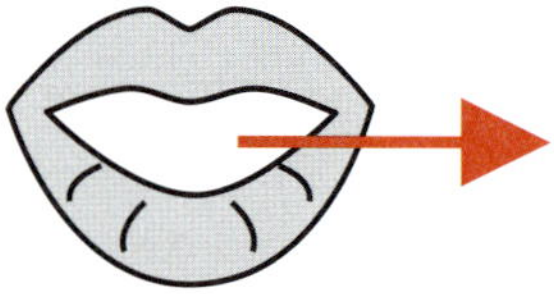

die Artikulation
Ar·ti·ku·la·ti·on <–en>
deutlich sprechen oder etwas eindeutig sagen
03.004

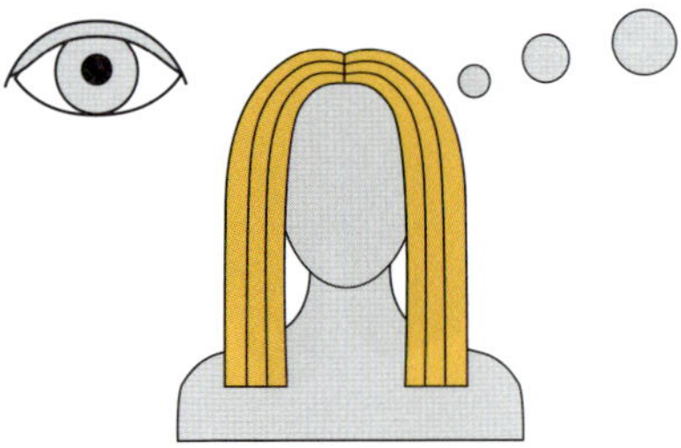

die Ästhetik
Äs·the·tik <–en>
der Sinn für das Schöne, das Schöne sehen und erkennen
03.005

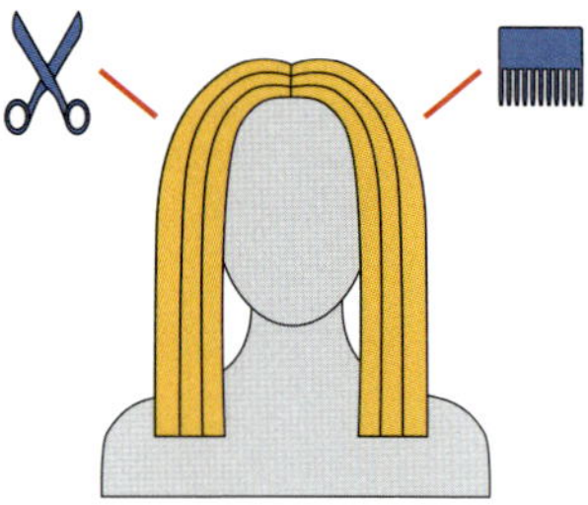

die Behandlungsdaten
Be·hand·lungs·da·ten *nur Plural*
Informationen über die **Dienstleistungen**, die Kunden schon bekommen haben
03.006

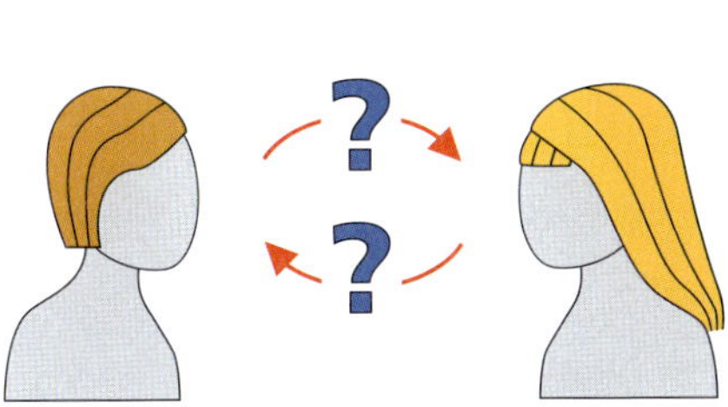

das **Beratungsgespräch**
Be·ra·tungs·ge·spräch <–e>
Kunde bekommt Empfehlungen zu **Dienstleistungen**
03.007

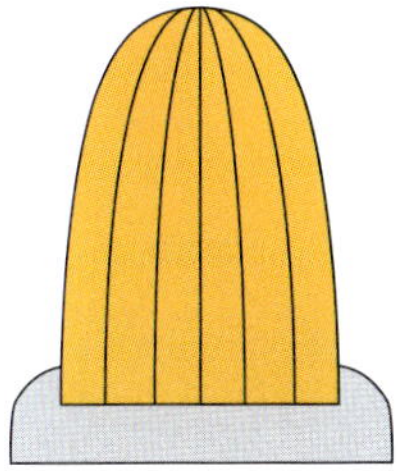

das **Desinteresse**
Des·in·te·res·se *kein Plural*
kein Interesse an jemand oder etwas haben
03.008

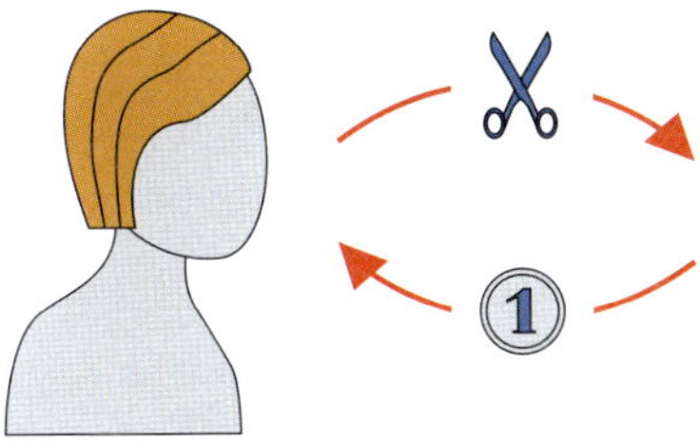

der **Dienstleister**
Dienst·leis·ter <–>
Person oder Firma, die **Dienstleistungen** anbietet
03.009

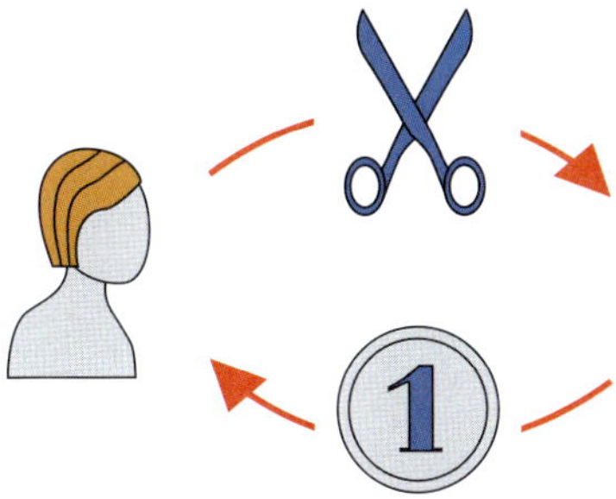

die **Dienstleistung**
Dienst·leis·tung <–en>
eine Arbeit, für die ein Auftrag gegeben wurde, für jemand erledigen
auch Serviceleistung
03.010

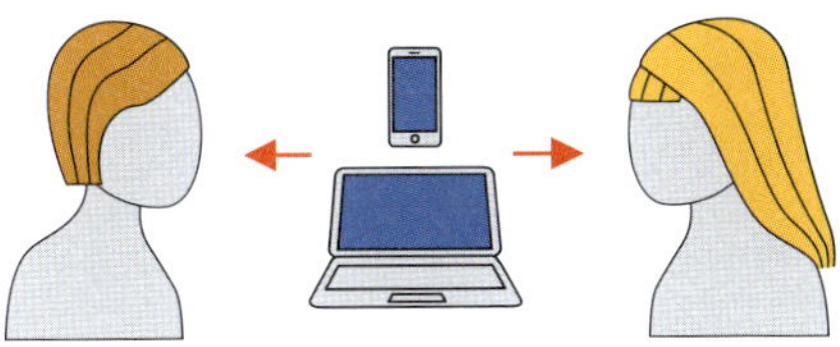

digitale Kommunikation
di·gi·ta·le Kom·mu·ni·ka·ti·on
Kommunikation über digitale Kanäle, wie Internet und E-Mail
03.011

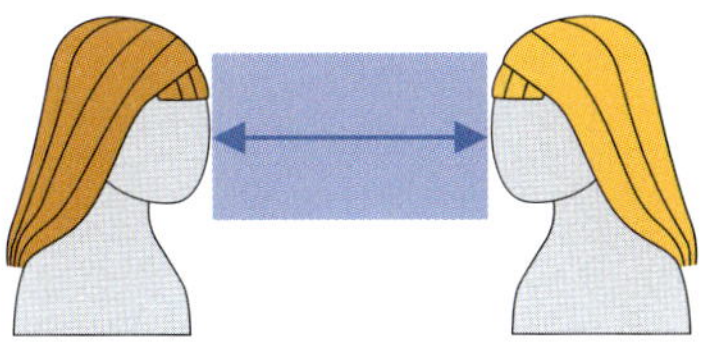

die **Distanzzone**
Dis·tanz·zo·ne <–n>
Entfernung zu einer anderen Person
03.012

die **Duftnote**
Duft·no·te <–n>
ein typischer Geruch
03.013

die **Dynamik**
Dy·na·mik <–en>
schnelles Tempo, etwas schnell und aktiv erledigen
03.014

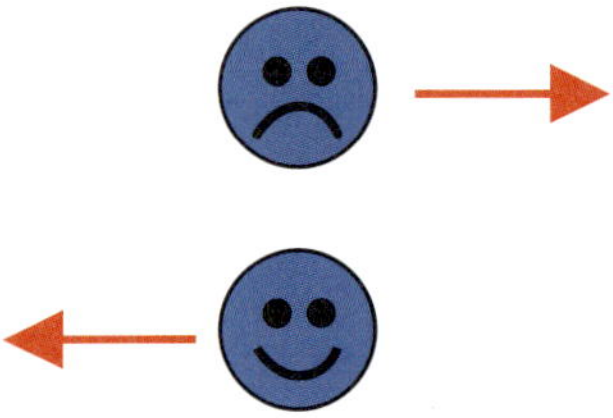

emotionales Motiv
emo·ti·o·na·les Mo·tiv
Gefühl ist der Grund für ein bestimmtes Verhalten
03.015

die **Empathie**
Em·pa·thie <–n>
erkennen, wie ein anderer Mensch sich fühlt und was er sich wünscht
03.016

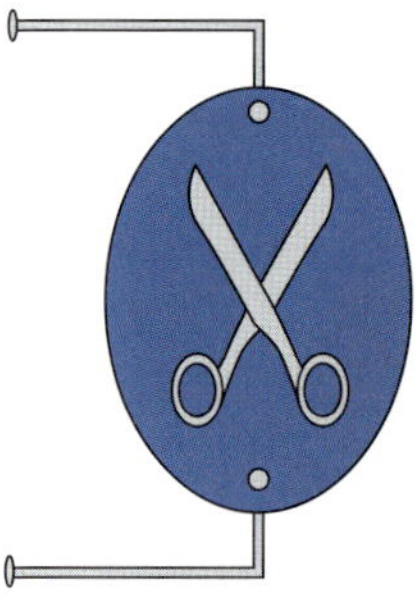

das **Erscheinungsbild**
Er·schei·nungs·bild <–er>
die äußerliche Präsentation einer Person oder eines Unternehmens
03.017

die **Fragetechnik**
Fra·ge·tech·nik <–en>
ein Gespräch gezielt mit **offenen Fragen** oder **geschlossenen Fragen** führen
03.018

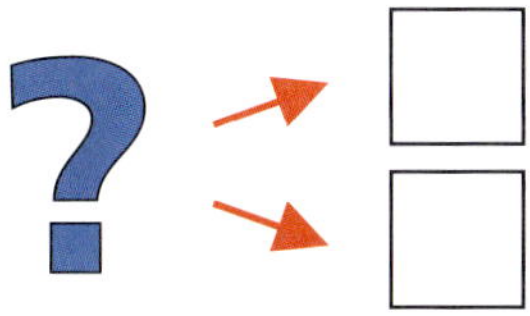

die Alternativfrage
Al·ter·na·tiv·fra·ge <–n>
mit der Frage werden zwei mögliche Antworten genannt
03.019

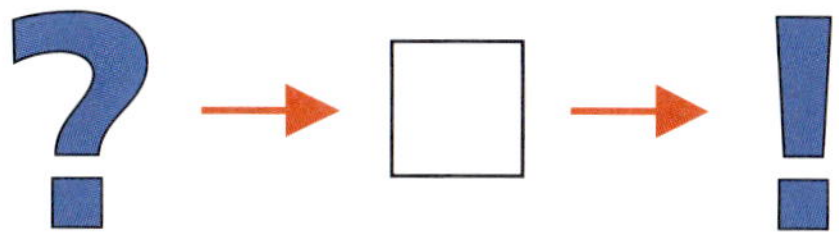

die Bestätigungsfrage
Be·stä·ti·gungs·fra·ge <–n>
eine Frage stellen, um sicher zu sein, dass man den anderen richtig verstanden hat
auch Kontrollfrage
03.020

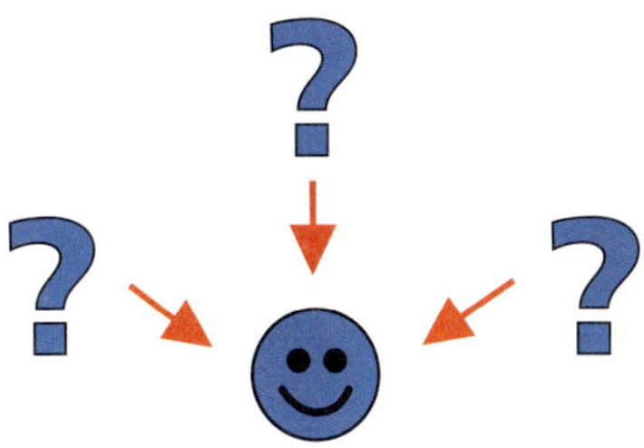

die Erkundungsfrage
Er·kun·dungs·fra·ge <–n>
die Frage nach den Wünschen des Kunden
03.021

geschlossene Frage
ge·schlos·se·ne Fra·ge
eine Frage, auf die nur mit Ja oder Nein geantwortet werden kann
03.022

die **Kontaktfrage**
Kon·takt·fra·ge <–n>
Frage, die es möglich macht, mit jemandem ins Gespräch zu kommen
auch Einstiegsfrage
03.023

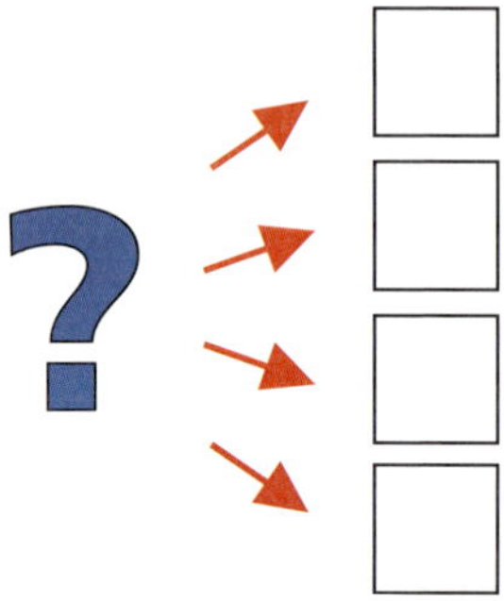

offene Frage
of·fe·ne Fra·ge
Frage, auf die man nicht mit Ja oder Nein antworten kann; die Antwort muss eine Information enthalten
03.024

rhetorische Frage
rhe·to·ri·sche Fra·ge
die Antwort steht bereits fest, wenn die Frage gestellt wird
03.025

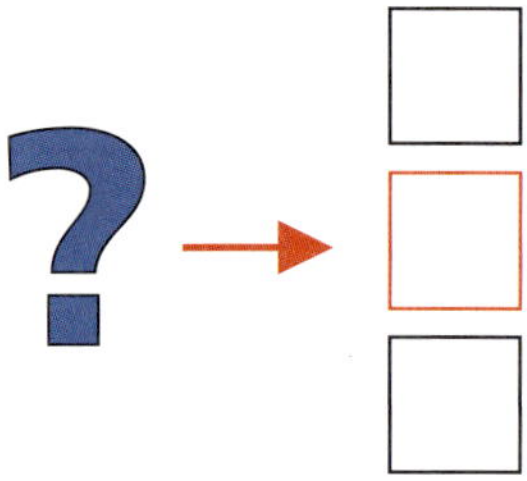

die **Suggestivfrage**
Sug·ges·tiv·fra·ge <–n>
es wird so gefragt, dass nur eine bestimmte Antwort möglich ist
03.026

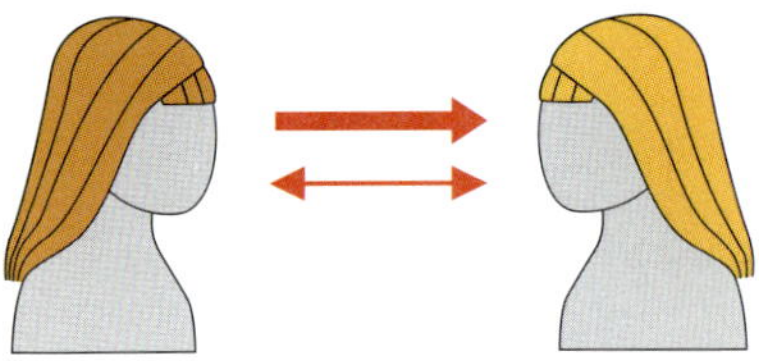

der **Gesprächsförderer**
Ge·sprächs·för·de·rer <–>
freundliche Worte und Blicke, zuhören und lächeln unterstützen eine erfolgreiche Kommunikation
03.027

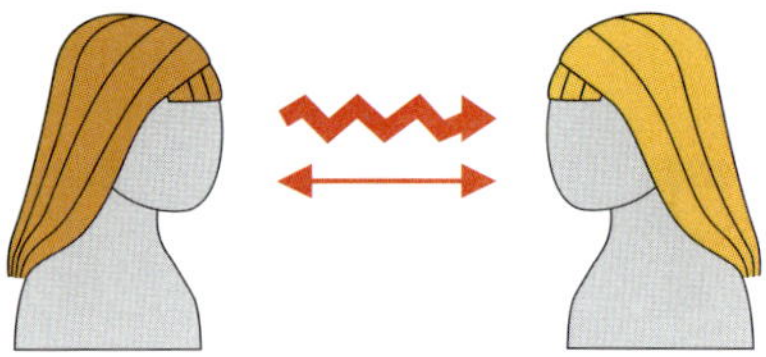

der **Gesprächsstörer**
Ge·sprächs·stö·rer <–>
häufige Fragen, dauerndes Unterbrechen, zu viel selbst sprechen stören die Kommunikation
03.028

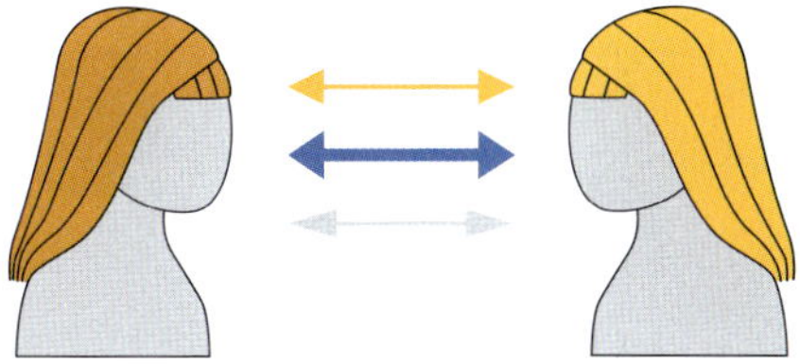

die Gesprächstechnik
Ge·sprächs·tech·nik <–en>
ein Gespräch so führen, dass ein bestimmtes Ziel erreicht wird
03.029

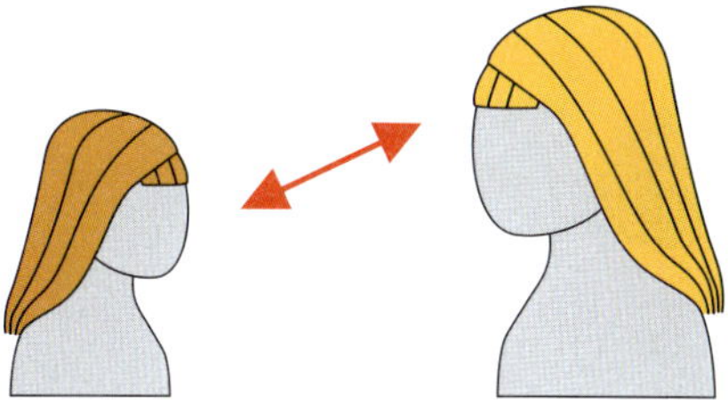

inferiore Position
in·fe·ri·o·re Po·si·ti·on
schwächere Position im Verhältnis zu einem anderen
03.030

die Informationsaufbereitung
In·for·ma·ti·ons·auf·be·rei·tung <–en>
aus vielen Informationen werden die ausgewählt, die für bestimmte Personen wichtig sind
03.031

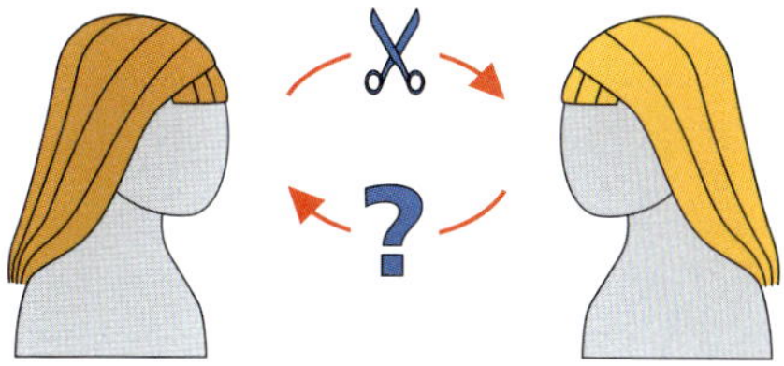

das Informationsgespräch
In·for·ma·ti·ons·ge·spräch <–e>
ein Gespräch, in dem jemand einer anderen Person Informationen gibt
03.032

die Informationsgewinnung
In·for·ma·ti·ons·ge·win·nung <–en>
Informationen sammeln und analysieren
03.033

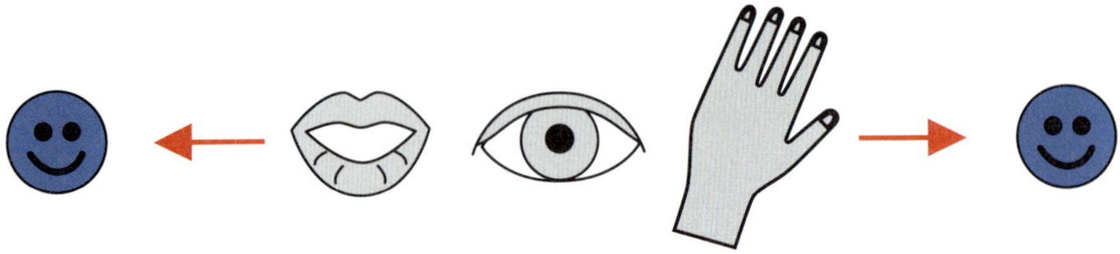

das **Kommunikationsmodell**
Kom·mu·ni·ka·ti·ons·mo·dell <–e>
theoretische Erklärung; beschreibt, wie menschliche Kommunikation mit Worten, Blicken und Bewegungen funktioniert
03.034

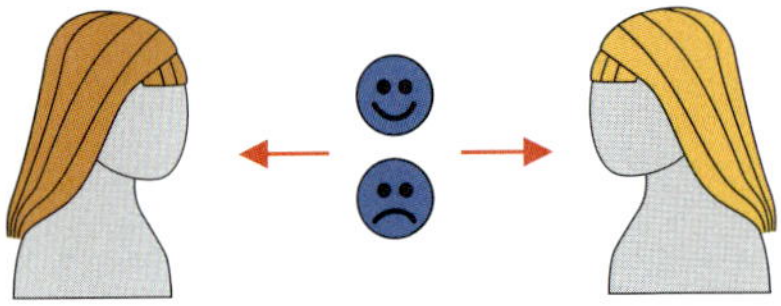

die **Beziehungsebene**
Be·zie·hungs·ebe·ne <–n>
dem Gesprächspartner positiv oder negativ begegnen
03.035

die **Gefühlsebene**
Ge·fühls·ebe·ne <–n>
durch die Wahl der Worte auch etwas über sich selbst sagen, z. B. über die eigenen Gefühle
03.036

die **Sachebene**
Sach·ebe·ne <–n>
Informationen geben, etwas deutlich sagen oder verständlich erklären
03.037

die **Verstandesebene**
Ver·stan·des·ebe·ne <–n>
Nachdenken und Einsatz des Verstandes während des Sprechens
03.038

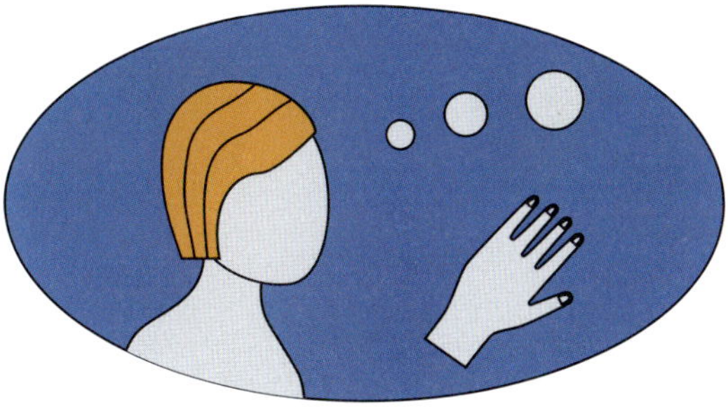

die **Kompetenz**
Kom·pe·tenz <–en>
Fähigkeiten in einem bestimmten Bereich
03.039

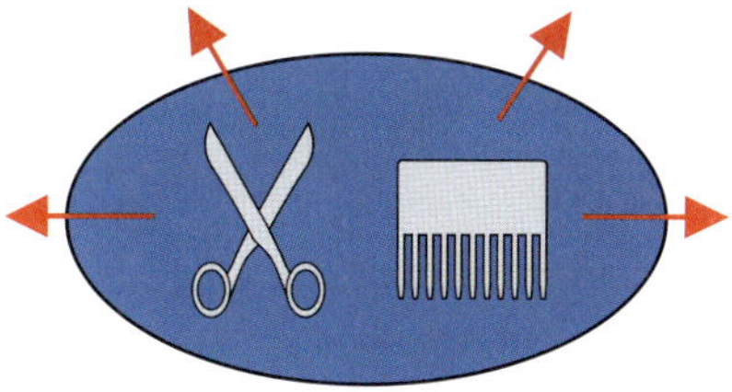

berufliche Handlungskompetenz
be·ruf·li·che Hand·lungs·kom·pe·tenz
die Fähigkeit und das Wissen, als Fachfrau/Fachmann arbeiten und sprechen zu können
03.040

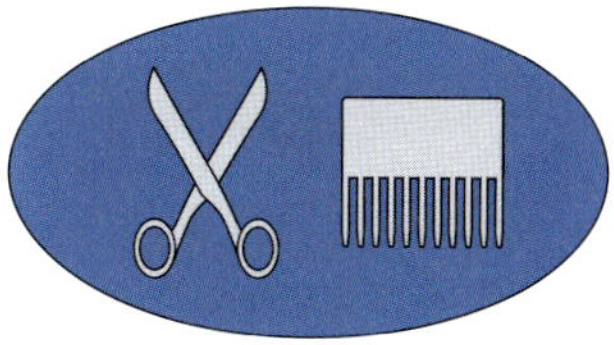

die Fachkompetenz
Fach·kom·pe·tenz <–en>
die Fähigkeit, die Aufgaben eines bestimmten Berufs selbstständig zu erfüllen
03.041

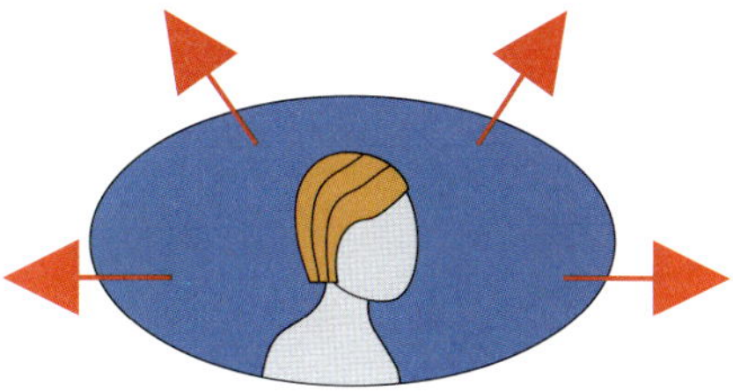

die Handlungskompetenz
Hand·lungs·kom·pe·tenz <–en>
die Fähigkeit, richtig zu handeln und sich verantwortlich zu verhalten
03.042

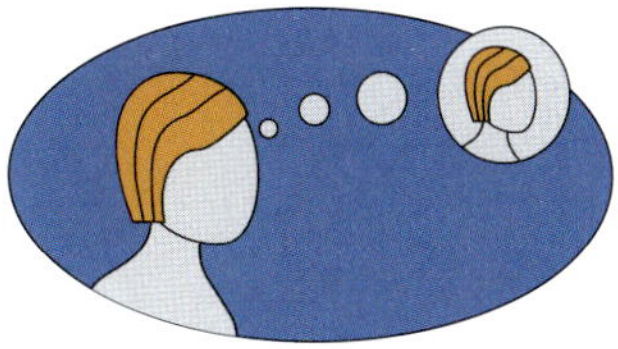

die Humankompetenz
Hu·man·kom·pe·tenz <–en>
über das eigene Verhalten nachdenken, um es zu verbessern
03.043

die **Kommunikationskompetenz**
Kom·mu·ni·ka·ti·ons·kom·pe·tenz <–en>
die Fähigkeit, ein Gespräch positiv zu führen
03.044

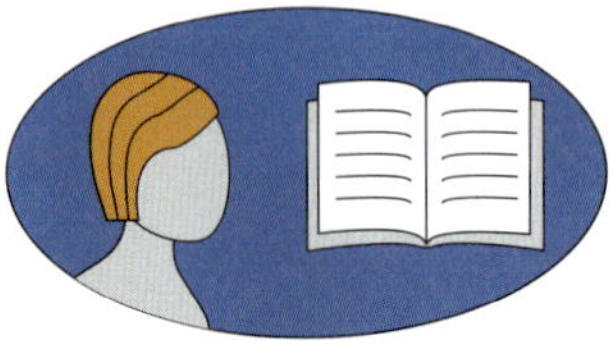

die **Lernkompetenz**
Lern·kom·pe·tenz <–en>
die Fähigkeit, Neues selbstständig und gemeinsam mit anderen zu verstehen und zuordnen zu können
03.045

die **Methodenkompetenz**
Me·tho·den·kom·pe·tenz <–en>
die Fähigkeit, Informationen zu finden, zu ordnen und zu verwenden
03.046

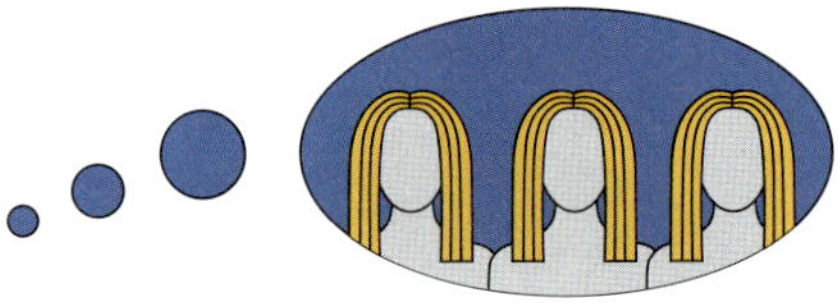

die **Sozialkompetenz**
So·zi·al·kom·pe·tenz <–en>
die Fähigkeit, andere Menschen zu achten und sich fair zu verhalten
03.047

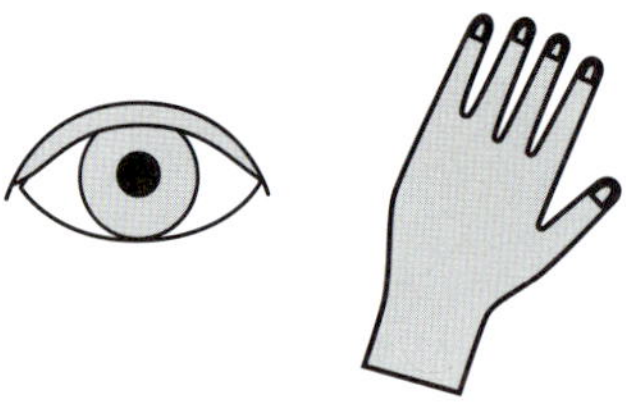

die **Körpersprache**
Kör·per·spra·che <–n>
Kommunikation ohne Worte; der Körper zeigt, was der Mensch denkt oder fühlt
03.048

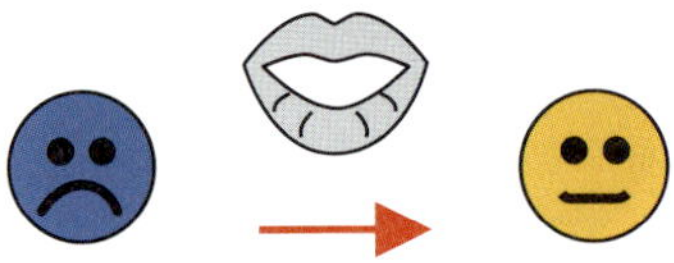

die **Kritikfähigkeit**
Kri·tik·fä·hig·keit <–en>
die Fähigkeit, kritische Worte zu akzeptieren
03.049

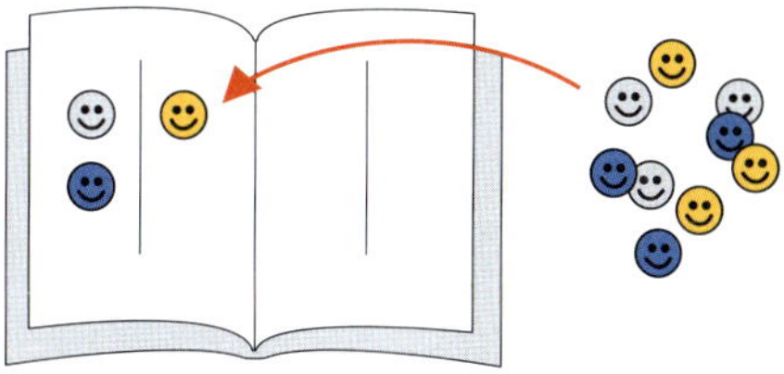

die **Kundenanalyse**
Kun·den·ana·ly·se <–n>
Informationen über Kunden sammeln und analysieren, um neue Kunden zu gewinnen
03.050

die **Kundenauswertung**
Kun·den·aus·wer·tung <–en>
erkennen, warum Kunden zufrieden oder nicht zufrieden sind
03.051

die **Kundenbetreuung**
Kun·den·be·treu·ung <–en>
sich um Kunden kümmern, damit sie sich wohlfühlen
03.052

die **Kundenbewertung**
Kun·den·be·wer·tung <–en>
feststellen, wie wichtig einzelne Kunden sind
03.053

die **Kundendaten**
Kun·den·da·ten *nur Plural*
Informationen über Kunden
auch Kundenkartei, Kundenstammdaten, Stammdaten
03.054

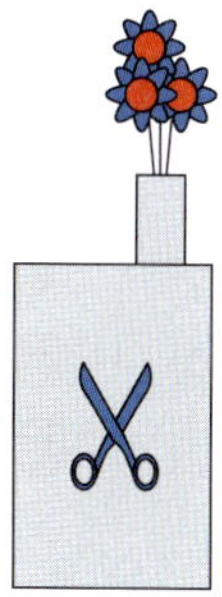

der **Kundenempfang**
Kun·den·emp·fang <Kundenempfänge>
die Kunden begrüßen, meist an einem bestimmten Platz
03.055

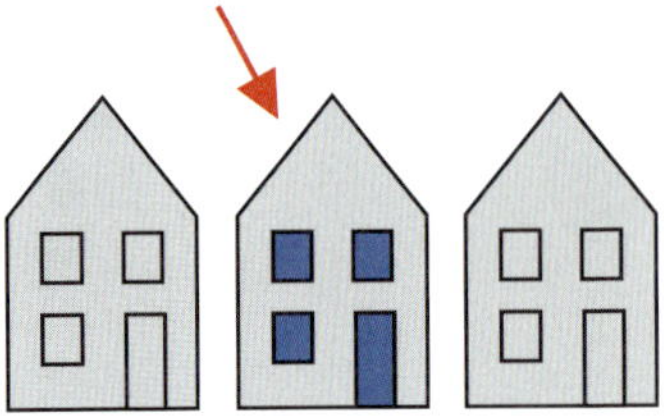

die **Kundengeografie**
Kun·den·geo·gra·fie <–n>
analysieren, wo die Kunden wohnen
03.056

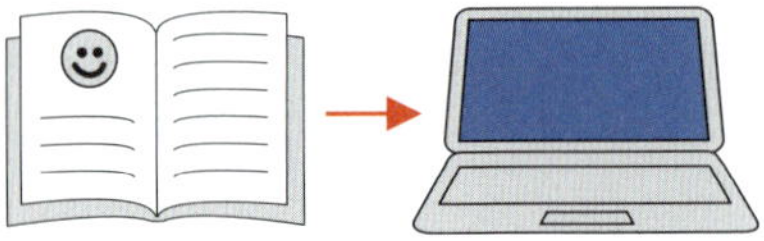

der **Kundenimport**
Kun·den·im·port <–e>
die Übernahme von **Kundendaten** in ein Computerprogramm
03.057

die **Kundenorientierung**
Kun·den·ori·en·tie·rung <–en>
sich auf die Wünsche des Kunden einstellen
03.058

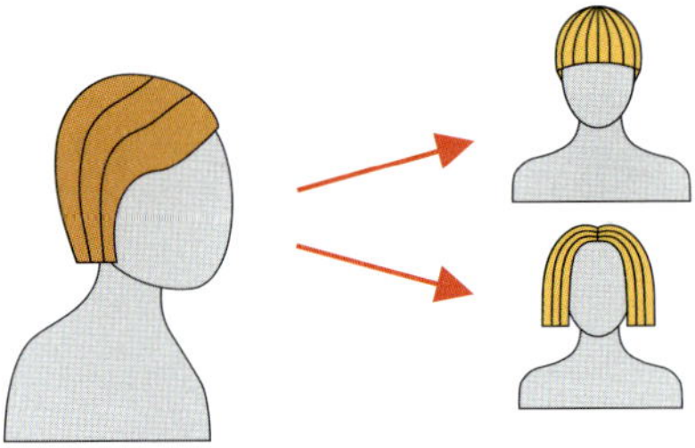

kundenpsychologischer Beratungsaspekt
kun·den·psy·cho·lo·gi·scher Be·ra·tungs·as·pekt
den Charakter des Kunden erkennen und bei der Beratung beachten
03.059

die **Kundenstatistik**
Kun·den·sta·tis·tik <–en>
Daten über Kunden sammeln und z. B. nach männlich und weiblich oder Alter ordnen
03.060

der **Kundentyp**
Kun·den·typ <–en>
Charakter des Kunden, z. B. freundlich, ernst, schwierig
03.061

der Kundenumsatz
Kun·den·um·satz <Kundenumsätze>
das Geld, das ein Kunde für **Dienstleistungen** und Waren ausgibt
03.062

die Kundenverwaltung
Kun·den·ver·wal·tung <–en>
das Sammeln von Informationen über Kunden und **Dienstleistungen**
03.063

der Laufkunde
Lauf·kun·de <–n>
jemand, der zufällig Kunde wird
03.064

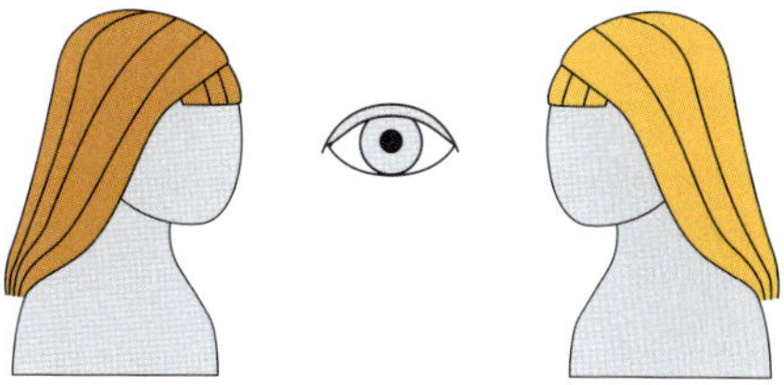

nonverbale Kommunikation
non·ver·ba·le Kom·mu·ni·ka·ti·on
Kommunikation ohne Worte
03.065

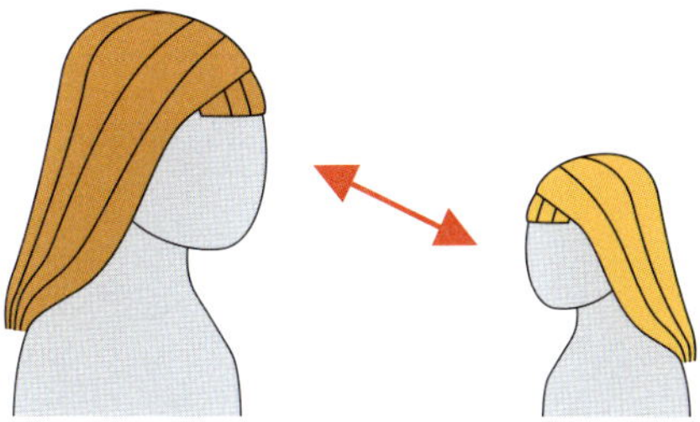

superiore Position
su·pe·ri·o·re Po·si·ti·on
stärkere Stellung im Verhältnis zu einem anderen
03.066

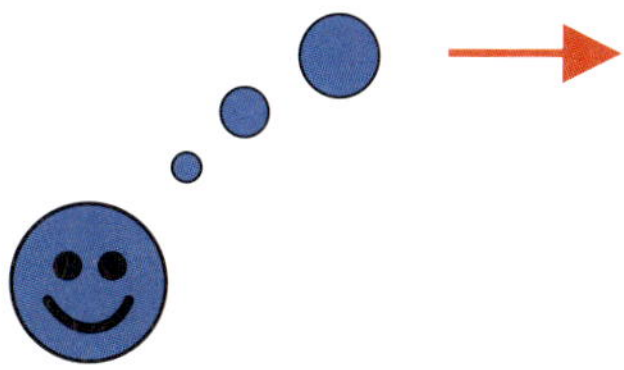

rationales Motiv
ra·ti·o·na·les Mo·tiv
Handeln auf der Grundlage vernünftiger Gedanken
03.067

die **Reflexion**
Re·fle·xi·on <–en>
über das eigene Denken, Handeln und Verhalten nachdenken
03.068

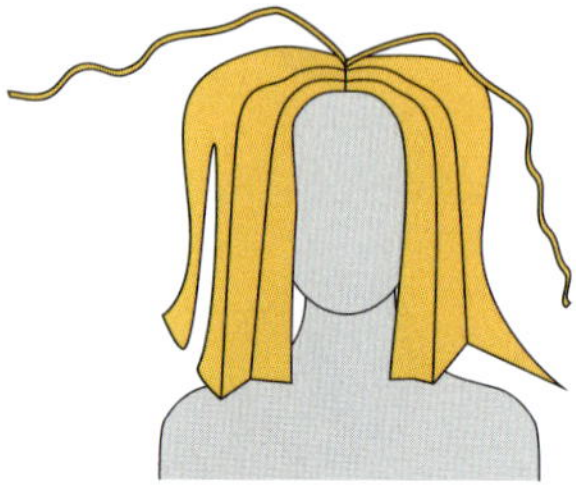

die **Reklamation**
Re·kla·ma·ti·on <–en>
sich über ein Produkt, einen Fehler oder Mangel beschweren
03.069

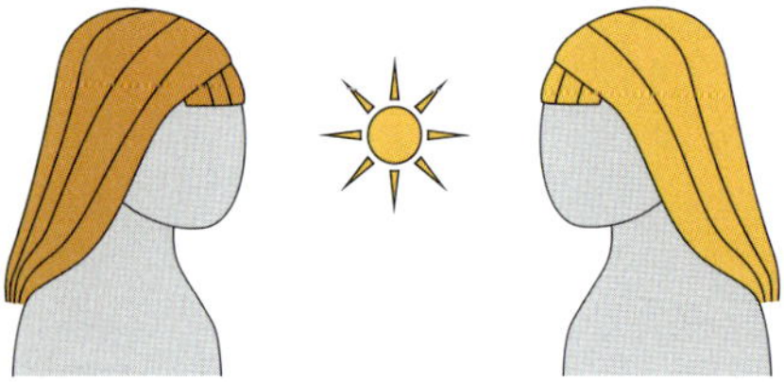

der **Small Talk**
Small Talk <–s>
angenehmes Gespräch über unkomplizierte Themen
03.070

die **Souveränität**
Sou·ve·rä·ni·tät <–en>
sicheres Auftreten
03.071

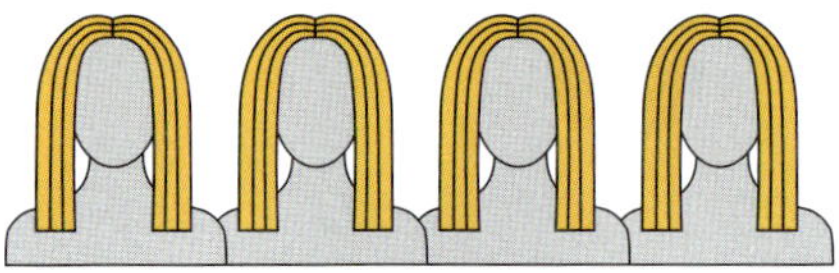

der **Standard**
Stan·dard <–s>
das Normale; das, was üblich ist
03.072

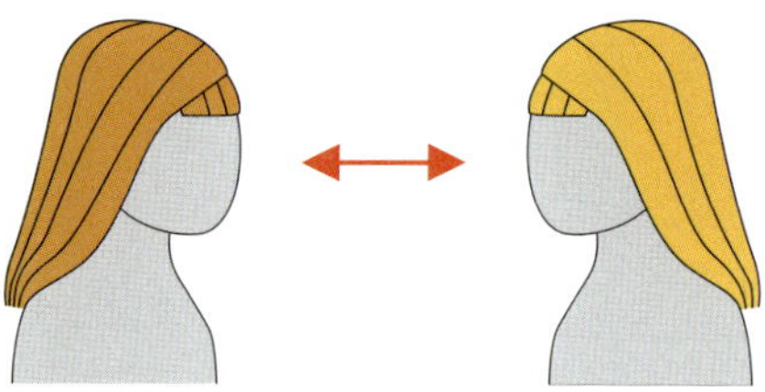

symmetrische Kommunikation
sym·me·tri·sche Kom·mu·ni·ka·ti·on
alle Gesprächspartner sind gleichberechtigt
03.073

das **Temperament**
Tem·pe·ra·ment <e>
wie man fühlt, reagiert und handelt
03.074

der Choleriker
Cho·le·ri·ker <–>
die Cholerikerin
Cho·le·ri·ke·rin <–nen>
Person, die schnell wütend wird
03.075

der Melancholiker
Me·lan·cho·li·ker <–>
die Melancholikerin
Me·lan·cho·li·ke·rin <–nen>
Person, die grundsätzlich traurig ist
03.076

der Phlegmatiker
Phleg·ma·ti·ker <–>
die Phlegmatikerin
Phleg·ma·ti·ke·rin <–nen>
Person, die ruhig und langsam ist
03.077

der Sanguiniker
San·gu·i·ni·ker <–>
die Sanguinikerin
San·gu·i·ni·ke·rin <–nen>
optimistische, fröhliche Person
mit viel Energie
03.078

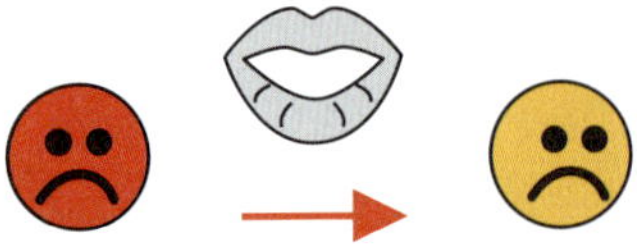

unzureichende Konfliktfähigkeit
un·zu·rei·chen·de Kon·flikt·fä·hig·keit
über unterschiedliche Meinungen nicht sprechen können
03.079

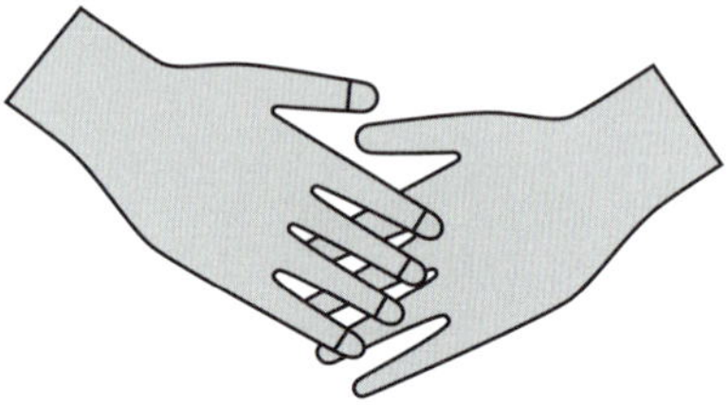

die Verabschiedungsform
Ver·ab·schie·dungs·form <–en>
bestimmte Art, sich oder jemanden zu verabschieden
03.080

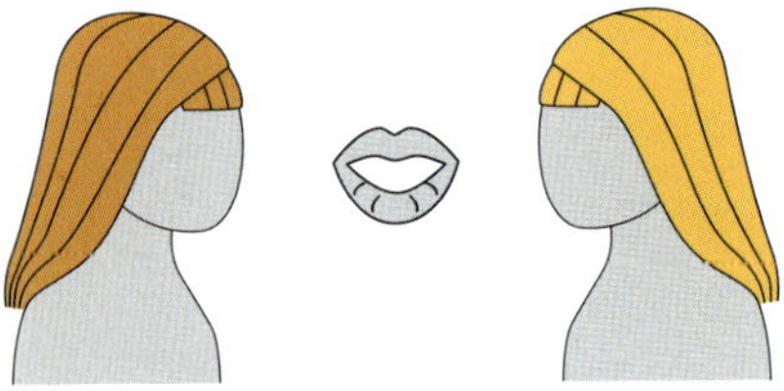

verbale Kommunikation
ver·ba·le Kom·mu·ni·ka·ti·on
mit jemandem sprechen
03.081

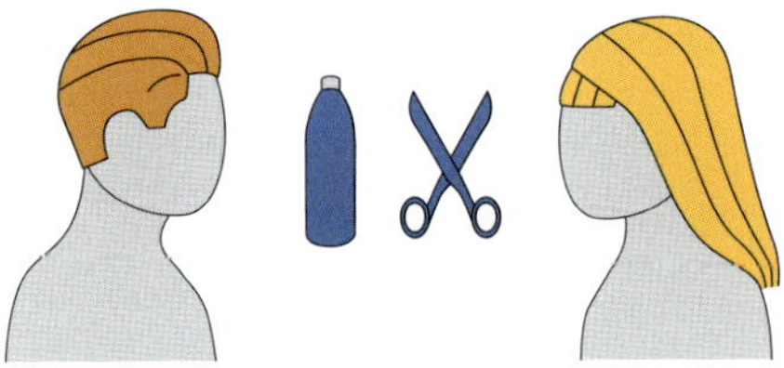

Verkaufsgespräch führen
Ver·kaufs·ge·spräch füh·ren
Dienstleistungen oder Produkte anbieten
03.082

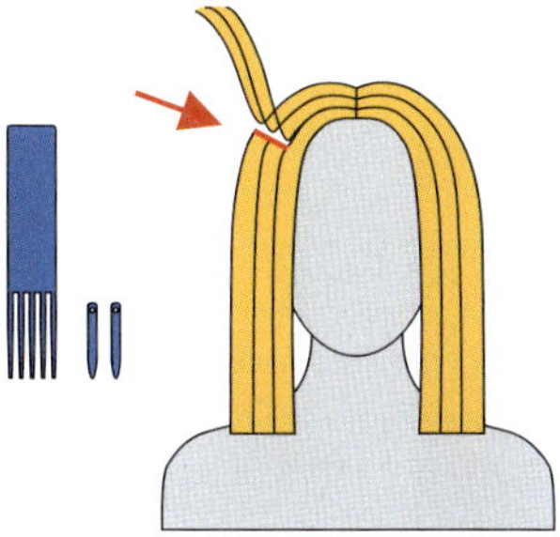

abteilen

ab·tei·len <teilt ab, teilte ab, hat abgeteilt>
mehrere oder einzelne **Strähnen** vom restlichen Haar durch einen **Scheitel** trennen
auch abscheiteln
04.001

die Ausgangshaarfarbe

Aus·gangs·haar·far·be <–n>
aktuelle Haarfarbe, vor dem Tönen oder **Färben**
04.002

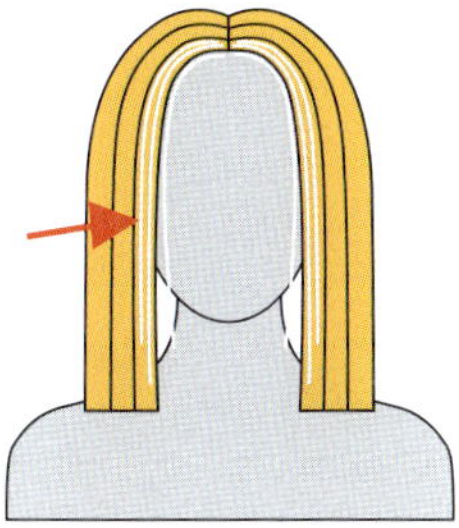

das Babylight

Ba·by·light <–s>
sehr feine, helle **Strähnen**; nur um das Gesicht herum
04.003

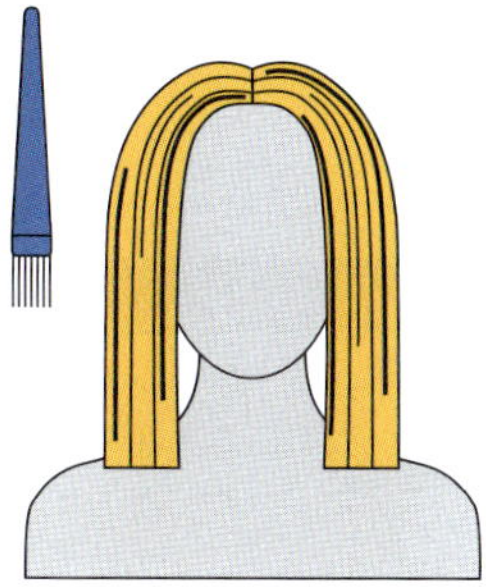

Balayage

Ba·la·yage
mit dem Pinsel in die Haare gemalte **Strähnen**, unterschiedlich dick und intensiv
04.004

die Balsamtönung

Bal·sam·tö·nung <–en>
ändert die Haarfarbe nur für kurze Zeit, enthält pflegende Zutaten
04.005

blondieren

blon·die·ren <blondiert, blondierte, hat blondiert>
Haare werden durch chemische Mittel blond **gefärbt**
04.006

Bronde

Bronde

aus Blond und Braun gemischte Farbe

04.007

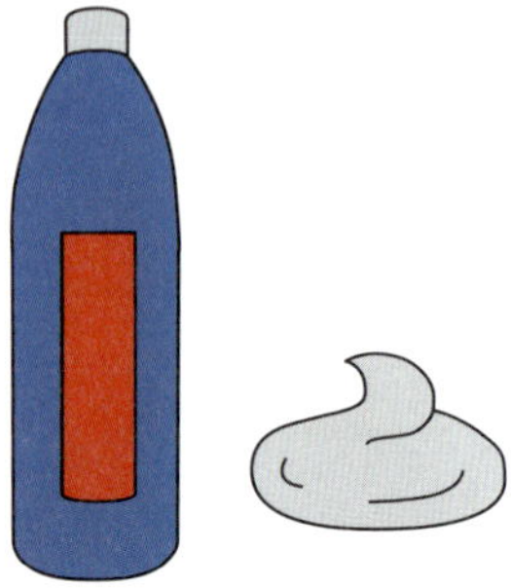

die Cremetönung

Creme·tö·nung <–en>

Farbstoff vermischt mit Creme, ändert die Haarfarbe

04.008

die Deckkraft

Deck·kraft <Deckkräfte>

wie intensiv eine Farbe eine andere abdeckt

04.009

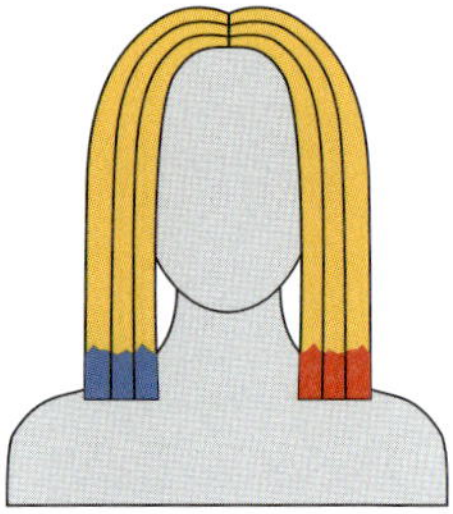

das Dip-Dyeing

Dip-Dye·ing

Haarspitzen werden in bunte Farben getaucht

04.010

der Direktzieher

Di·rekt·zie·her <–>

eine Farbe, die man nicht mischen muss; lagert direkt am Haar

auch direktziehende Tönung, Waschtönung, Pflegetönung

04.011

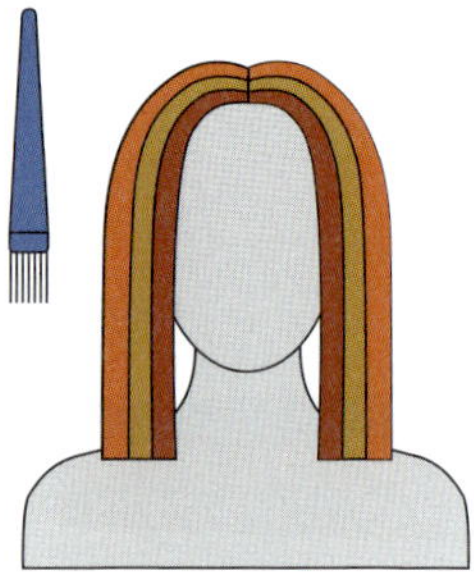

Ecaille

E·cail·le

unterschiedliche Brauntöne werden mit dem Pinsel auf das Haar gemalt

04.012

der **Farbbrei**
Farb·brei <–e>
dickflüssige Mischung aus Farbe und Creme
04.013

färben
fär·ben <färbt, färbte, hat gefärbt>
die Farbe der Haare dauerhaft ändern
04.014

der **Farbfestiger**
Farb·fes·ti·ger <–>
macht die Farbe haltbarer
04.015

die **Farbgestaltung**
Farb·ge·stal·tung <–en>
das Auswählen der passenden Farbe
04.016

die **Farbharmonie**
Farb·har·mo·nie <–n>
unterschiedliche, zusammenpassende Farben
04.017

subtraktive Farbmischung
sub·trak·ti·ve Farb·mi·schung
Farben werden gemischt und ergeben eine andere Farbe; Zyan, Gelb und Magenta ergeben Schwarz
04.018

additive Farbmischung
ad·di·ti·ve Farb·mi·schung
die Farben Rot, Grün und Blau werden übereinandergelegt und sehen durch unterschiedlich helles Licht weiß aus
04.019

der Farbkontrast
Farb·kon·trast <–e>
Gegensätze bei Farben, z. B. hell und dunkel
04.020

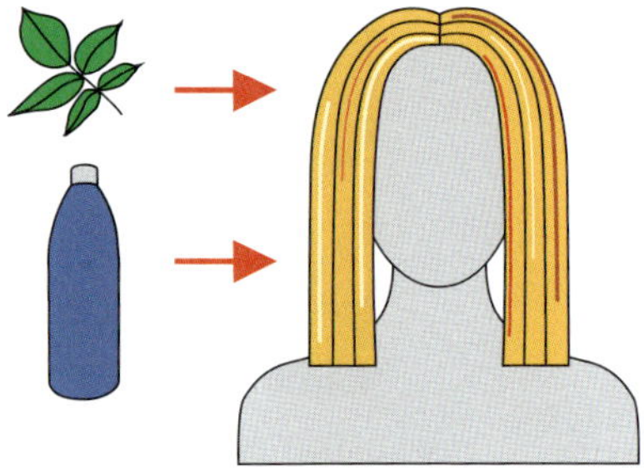

der Farbreflex
Farb·re·flex <–e>
nur einzelne **Strähnen** werden mit natürlichen oder chemischen **Farbstoffen gefärbt**
04.021

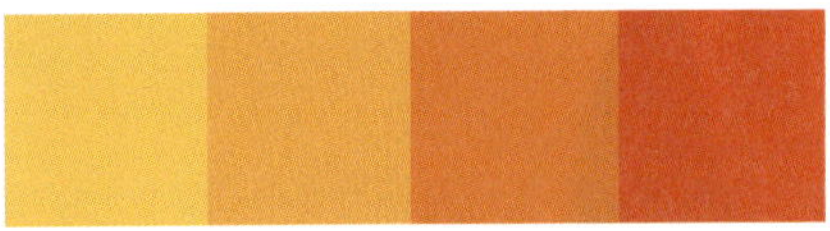

die Farbrichtung
Farb·rich·tung <–en>
beschreibt, ob eine Haarfarbe noch ein bisschen von einer anderen Farbe enthält, z. B. Braun mit ein wenig Rot
04.022

die Farbtiefe
Farb·tie·fe <–n>
beschreibt von Schwarz bis Weiß in zehn Stufen, wie dunkel oder hell die Haarfarbe ist
04.023

die Farbskala
Farb·ska·la <Farbskalen>
eine Tabelle mit allen Haarfarben
04.024

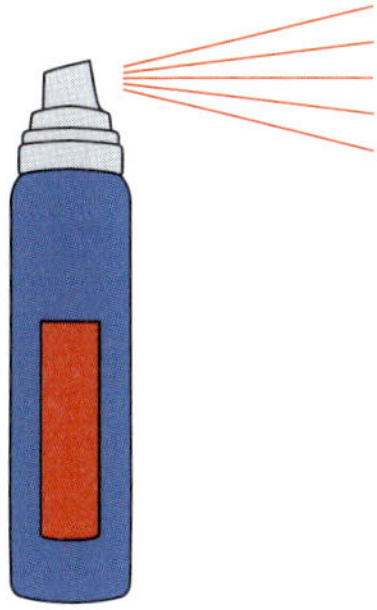

das Farbspray
Farb·spray <–s>
Haarfarbe, die sich wie feiner Nebel auf die Haare legt und nur kurz hält
04.025

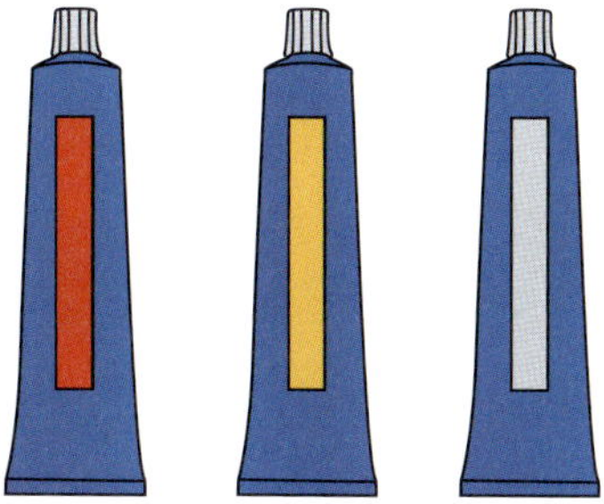

der Farbstoff
Farb·stoff <–e>
chemisches oder natürliches Mittel zum **Färben**
04.026

der **Farbtyp**
Farb·typ <–en>
Haut-, Augen- und natürliche Haarfarbe eines Menschen; zu jedem Typ passen bestimmte Farben besonders gut
04.027

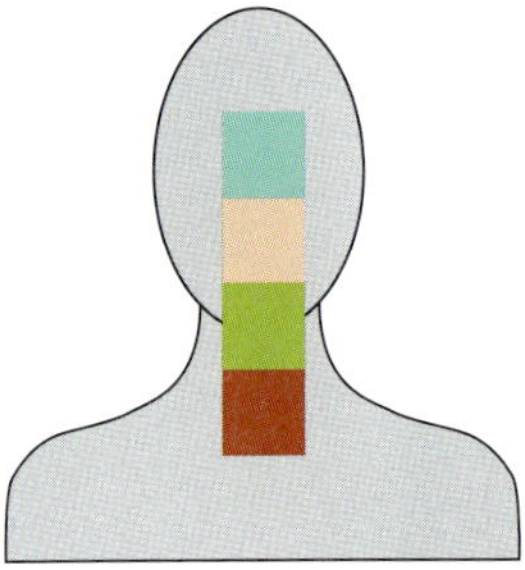

der Frühlingstyp
Früh·lings·typ <–en>
gold-rosa Haut, helle Augen (grün oder braun), helle Haare
04.028

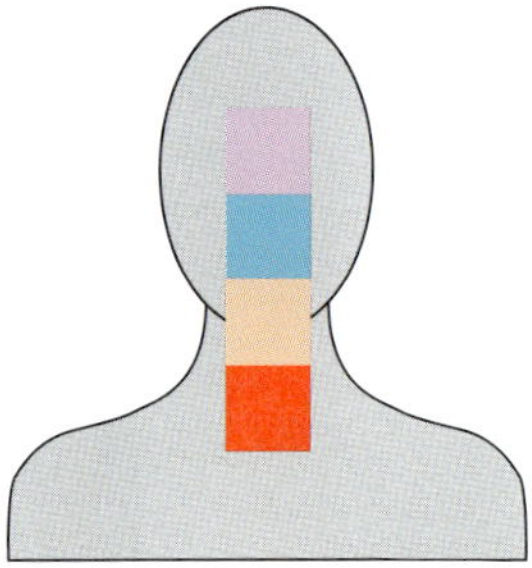

der Sommertyp
Som·mer·typ <–en>
blasse Haut; blaugraue, blaugrüne, graugrüne, graublaue oder graue Augen; Haare wirken grau (haben keine **Reflexe**)
04.029

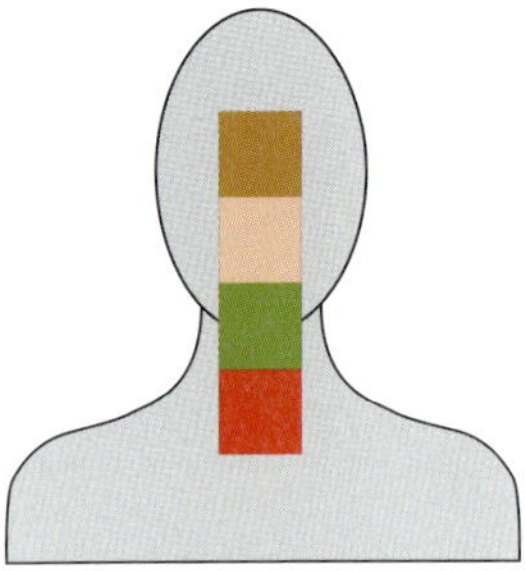

der Herbsttyp
Herbst·typ <–en>
gold-rosa Haut, braune oder grüne Augen; rotbraune oder mittel- bis dunkelblonde Haare
04.030

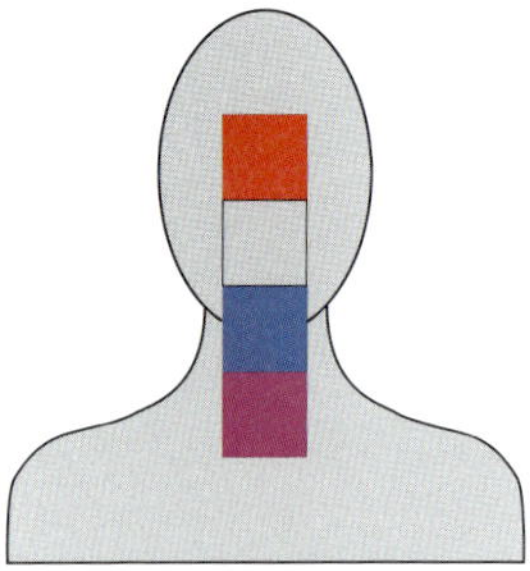

der Wintertyp
Win·ter·typ <–en>
bläulich bis olivfarbene Haut; bei den Augen jede Farbe möglich, Haare von hell bis dunkel
04.031

die **Farbvorstufe**
Farb·vor·stu·fe <–en>
kleine **Pigmente** ohne Farbe, können in das Haar eindringen, entwickeln dort durch H_2O_2 Farbe
04.032

Flamboyage
Flam·bo·yage
der Haaransatz ist dunkel, verschiedene **Strähnen** werden mit der Hand gesetzt, um das Gesicht herum sind die Spitzen immer hell
04.033

das **Gegenfarbenpaar**
Ge·gen·far·ben·paar <–e>
Rot/Grün und Gelb/Blau, werden vom Auge auf unterschiedlichen Kanälen verarbeitet
04.034

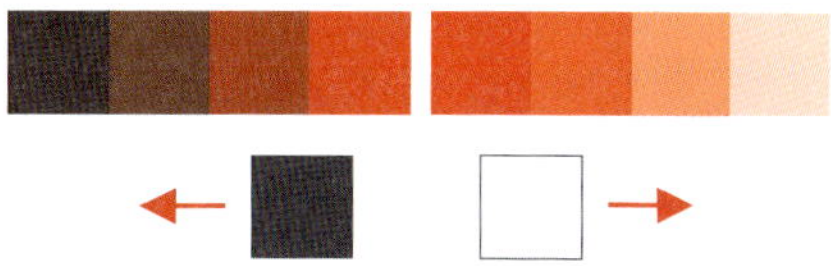

getrübte Farbe
ge·trüb·te Far·be
Farbe wird durch Mischen mit Schwarz, Grau oder Weiß blasser
04.035

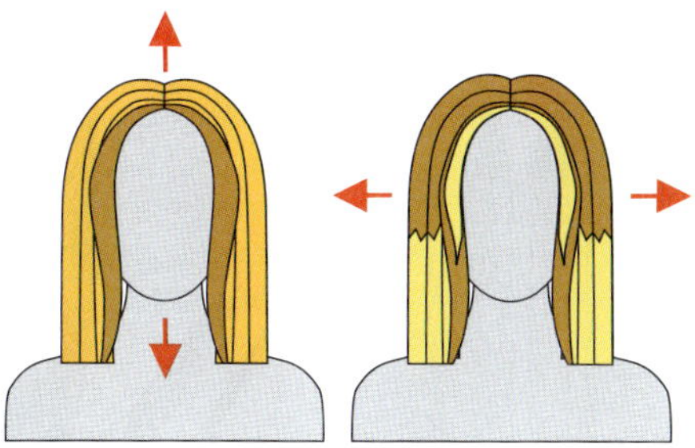

das **Haar-Contouring**
Haar-Con·tou·ring
Methode, um die Wirkung der Gesichtsform mit hellen und dunklen **Strähnen** positiv zu beeinflussen
04.036

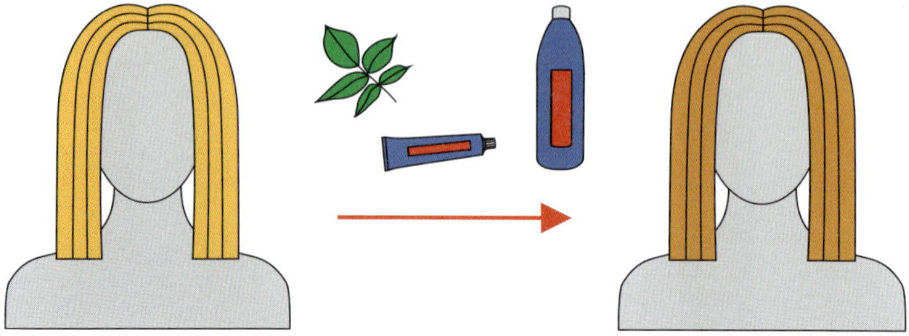

die **Haarfärbung**
Haar·fär·bung <–en>
Methode, die natürliche Farbe des Haares zu ändern
04.037

permanente Haarfärbung
per·ma·nen·te Haar·fär·bung
Färben mit chemischen Stoffen; Farbe verschwindet nur, wenn die Haare neu wachsen
04.038

semipermanente Haarfärbung
se·mi·per·ma·nen·te Haar·fär·bung
verschwindet nach einigen Haarwäschen
04.039

temporäre Haarfärbung
tem·po·rä·re Haar·fär·bung
verschwindet nach dem ersten Haarewaschen
04.040

die Haarkreide
Haar·krei·de <–n>
Farbe für **temporäre Haarfärbung**
04.041

die Haar-Mascara
Haar-Mas·ca·ra <–s>
temporäre Haarfärbung, überdeckt grauen Haaransatz, lässt sich schnell als **Strähnen** auftragen
04.042

die Komplementärfarbe
Kom·ple·men·tär·far·be <–n>
Farben, die gemischt Grau ergeben
04.043

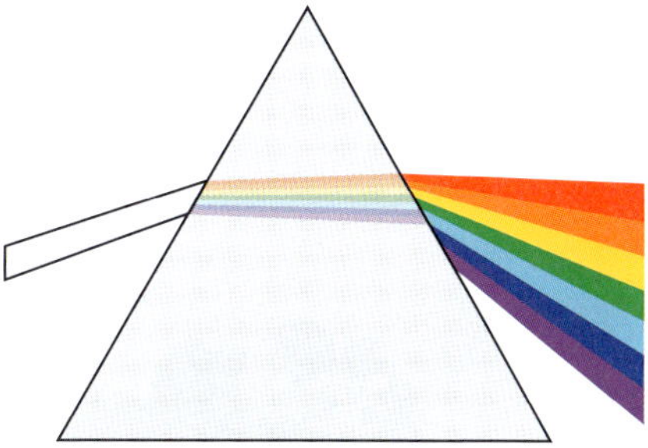

die Lichtbrechung
Licht·bre·chung <–en>
Licht trifft auf Material und zeigt **Reflexe**
04.044

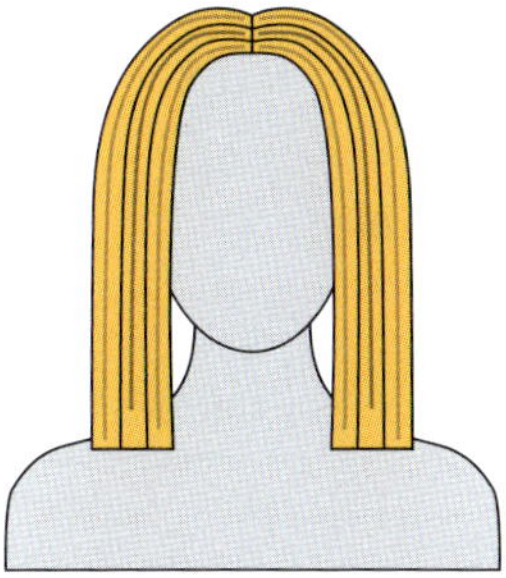

das Lowlight
Low·light <–s>
dunklere **Strähnen**, bringen Licht- und Schatten-**Reflexe** ins Haar
04.045

die Mischfarbe
Misch·far·be <–n>
Farbe, die aus mindestens zwei unterschiedlichen Farben besteht
04.046

die **Naturfarbe**
Na·tur·far·be <–n>
Farbstoffe aus Blumen und anderen Pflanzen
04.047

das Catechu
Ca·te·chu <–s>
dunkelbrauner **Farbstoff** aus Holz und Blättern des Akazienbaumes
04.048

die/das Henna
Hen·na *kein Plural*
verschiedene Farbtöne aus den Blättern und anderen Teilen der Hennapflanze
04.049

der/das Indigo
In·di·go <–s>
blauer **Farbbrei** aus der Indigopflanze
auch Reng
04.050

die Kamille
Ka·mil·le <–n>
Heilpflanze, gekocht hellt sie blonde Haare auf
04.051

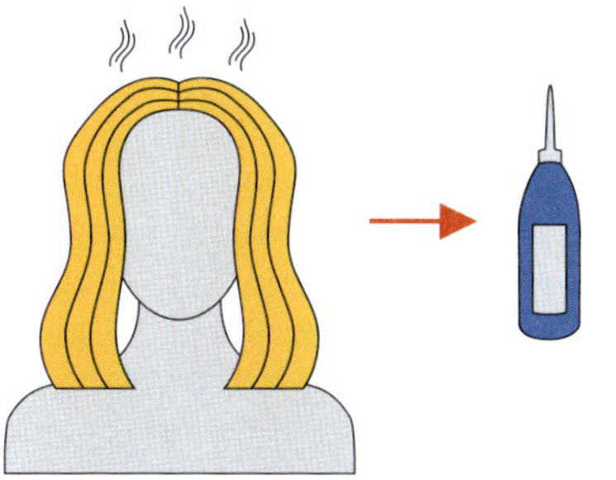

das Nachbehandlungsmittel
Nach·be·hand·lungs·mit·tel <–>
Flüssigkeit oder Creme zur Pflege nach dem **Färben**, zieht die äußere Schicht des Haares zusammen
04.052

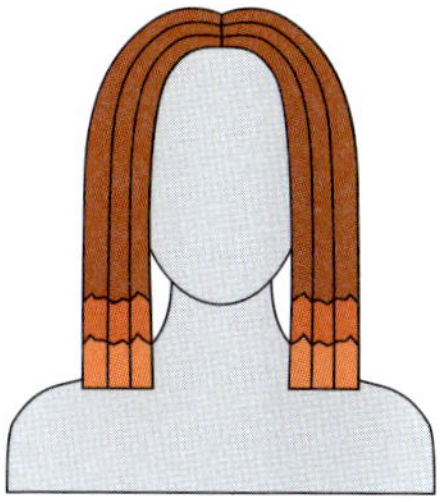

Ombré
Om·bré
Technik, das Haar in verschiedenen Brauntönen zu **färben**; die Spitzen sind hell
auch Ombré Hairstyle
04.053

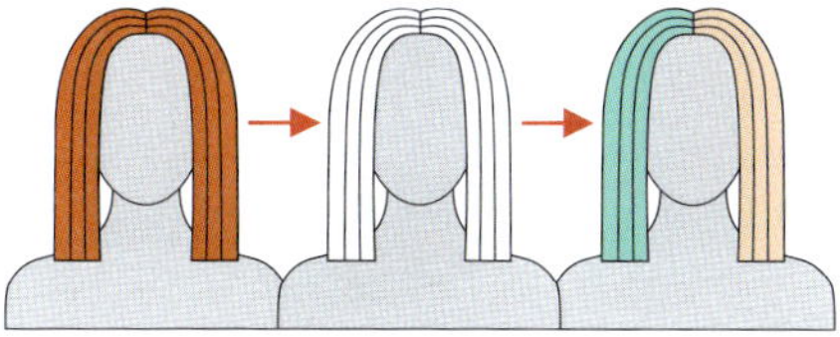

die Pastellfarbe
Pas·tell·far·be <–n>
semipermanente, helle, bunte **Haarfärbung**; die Haare müssen vorher **gebleicht** werden
04.054

die Reduktion
Re·duk·ti·on <–en>
Reste von Chemie und Farbe werden nach dem **Färben** vom Haar gelöst
auch reduktiver Farbabzug, saurer Farbabzug
04.055

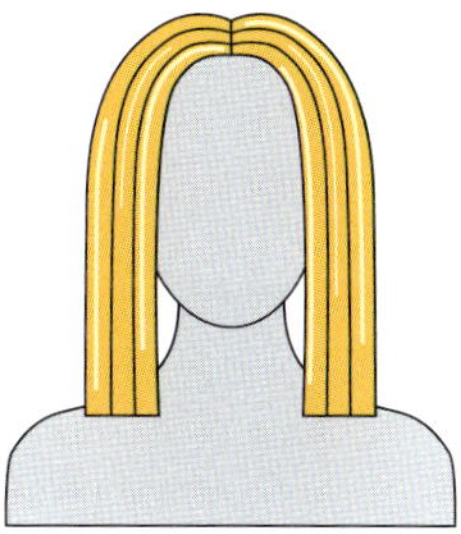

der Reflex
Re·flex <–e> *lang* Haarreflex
helle Haar**strähne**, die auffällt
auch Highlight
04.056

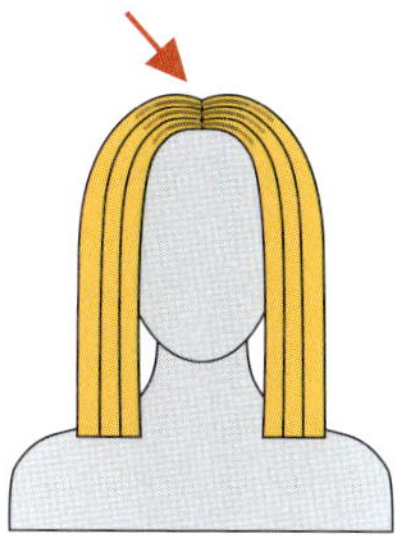

das Root Blurring
Root Blur·ring
die Grenze zwischen Haaransatz und Farbe ist fast nicht zu sehen
04.057

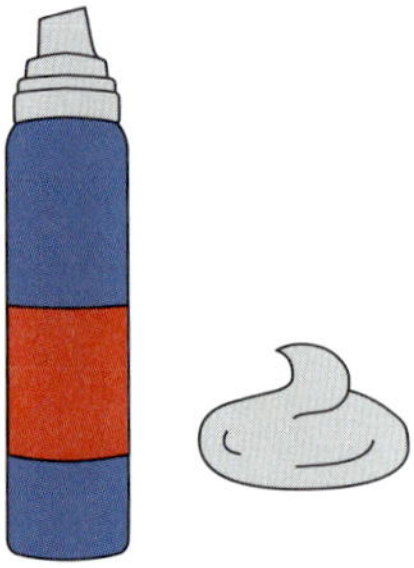

die **Schaumtönung**
Schaum·tö·nung <–en>
Schaum, der die Haarfarbe für kurze Zeit ändert
04.058

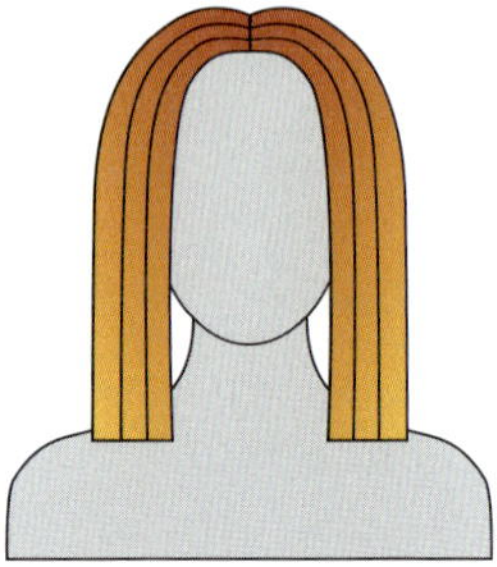

Sombré
Som·bré *lang* Soft Ombré
Färben ohne harte Farbgrenzen, ähnlich wie bei **Ombré**
04.059

die **Spektralfarbe**
Spek·tral·far·be <–n>
Rot, Orange, Gelb, Grün, Blau, **Indigo** und Violett; lassen sich nicht in andere Farben teilen
auch Regenbogenfarbe, reine Farbe
04.060

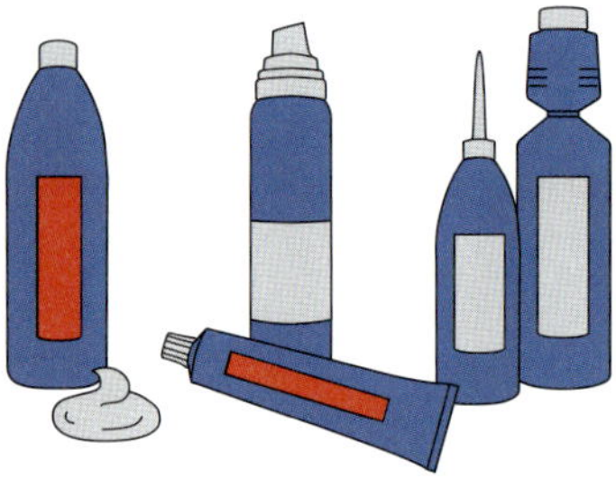

das **Tönungspräparat**
Tö·nungs·prä·pa·rat <–e>
Produkt, das die Haarfarbe für kurze Zeit ändert; **temporäre Haarfärbung**
04.061

das **Vorbehandlungsmittel**
Vor·be·hand·lungs·mit·tel <–>
schützt Kopfhaut vor Schaden durch Farbe
04.062

die **Zielfarbe**
Ziel·far·be <–n>
Farbe, die durch Tönung oder **Haarfärbung** erreicht werden soll
04.063

die **Ansatzwelle**
An·satz·wel·le <–n>
Wickler werden direkt am Ansatz platziert; das Haar wirkt voller, die **Frisur** hält länger
auch Ansatzgestaltung
05.001

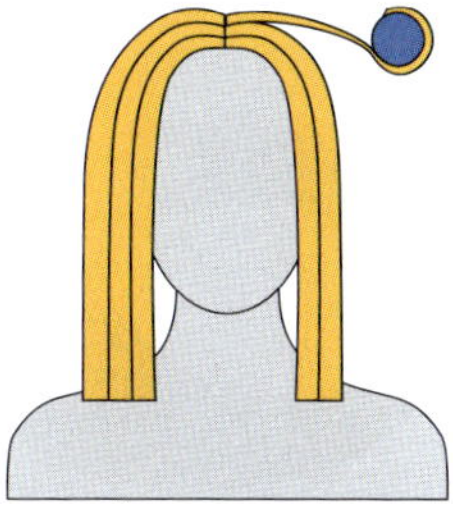

einlegen
ein·le·gen
<legt ein, legte ein, hat eingelegt>
Haare auf **Wickler** drehen
05.002

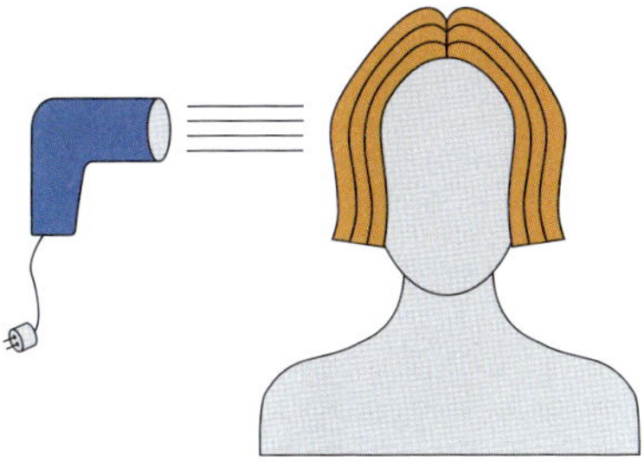

die **Föhnfrisur**
Föhn·fri·sur <–en>
Haare werden mit einer Bürste und warmer oder heißer Luft aus dem **Föhn** geformt
05.003

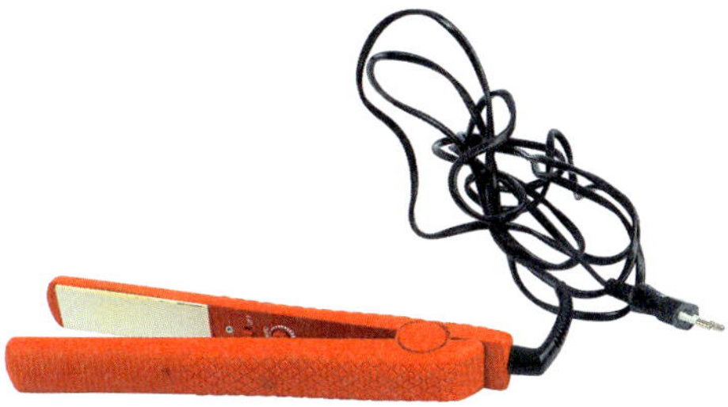

das **Glätteisen**
Glätt·ei·sen <–>
elektrisches Gerät,
macht Haare durch Hitze glatt
auch Haarglätter, Straightener
05.004

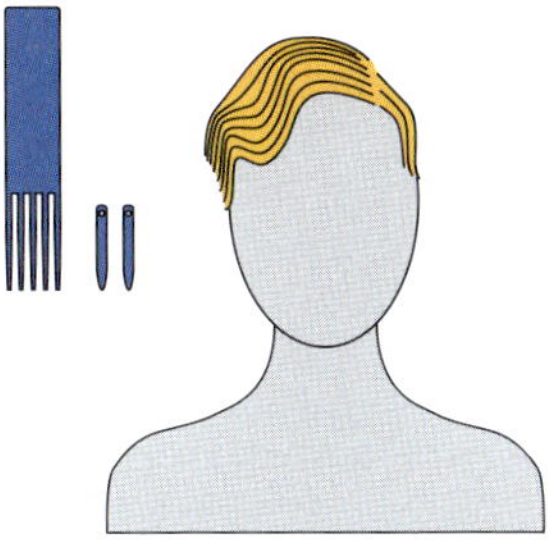

handgelegte Wasserwelle
hand·ge·leg·te Was·ser·wel·le
nasse Haar**strähnen** werden mit den Händen in **Wellen** gedrückt, mit kleinen **Kämmen** gehalten und getrocknet
05.005

der **Heizwickler**
Heiz·wick·ler <–>
der **Wickler** wird elektrisch erhitzt und formt Haare durch Wärme
05.006

die **Locke**
Lo·cke <–n>
mehr oder weniger stark gedrehte Haar**strähne**, natürlich oder künstlich
05.007

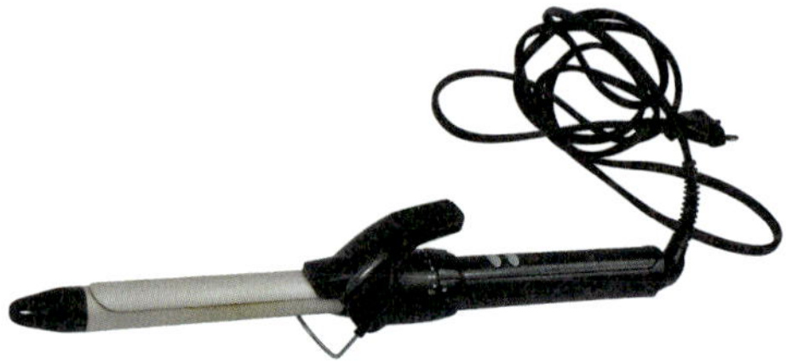

der **Lockenstab**
Lo·cken·stab <Lockenstäbe>
elektrisches Gerät aus Metall, formt Haare durch Hitze
05.008

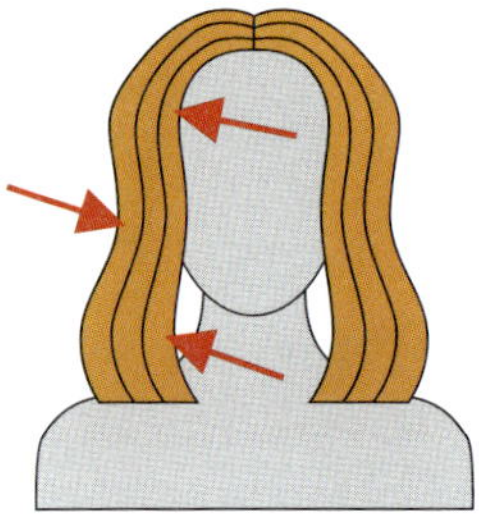

die **Ondulation**
On·du·la·ti·on <–en>
künstliches Herstellen von **Locken** oder **Wellen** im Haar
05.009

papillotieren
pa·pil·lo·tie·ren
<papillotiert, papillotierte, hat papillotiert>
Locken mit **Papillote einlegen**
05.010

die **Strähne**
Sträh·ne <–n>
mehrere Haare einheitlich zusammengenommen
auch Haarsträhne
05.011

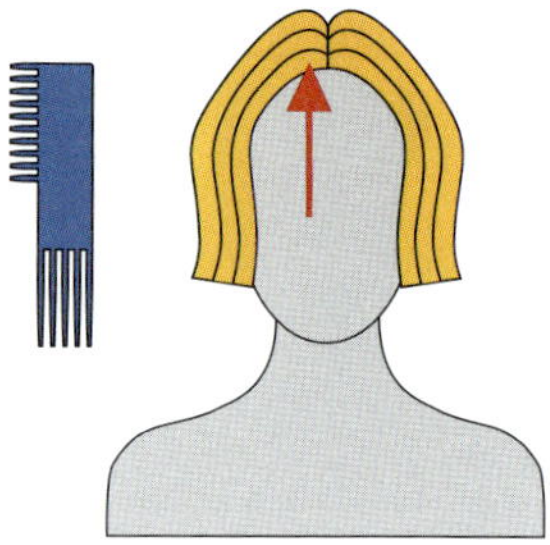

toupieren
tou·pie·ren
<toupiert, toupierte, hat toupiert>
Haare werden mit dem **Toupierkamm** zusammengeschoben, es entsteht **Volumen**
05.012

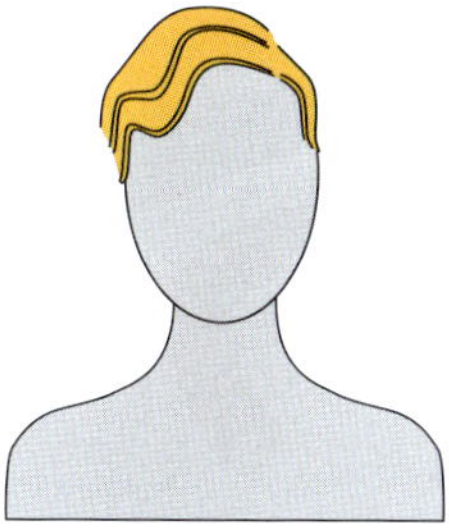

die **Welle**

Wel·le <–n>

einzelne Haar**strähnen** zu Bögen gelegt und geformt

05.013

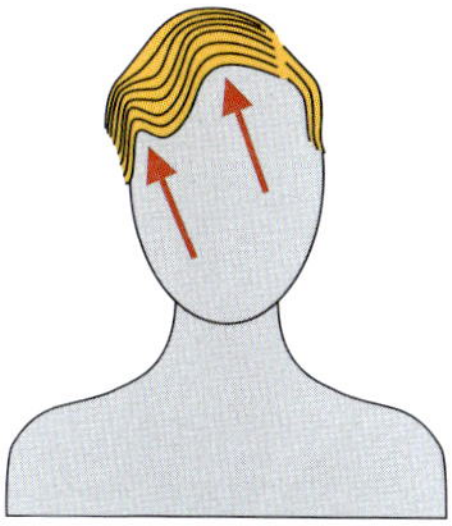

der **Wellenbogen**

Wel·len·bo·gen <Wellenbögen>

nach außen gerichteter Bogen der geformten Haare

05.014

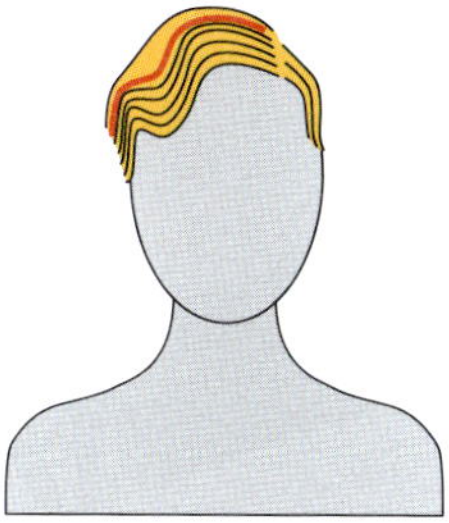

die **Wellenkante**

Wel·len·kan·te <–n>

Außenlinie der gelegten Haar**welle**

05.015

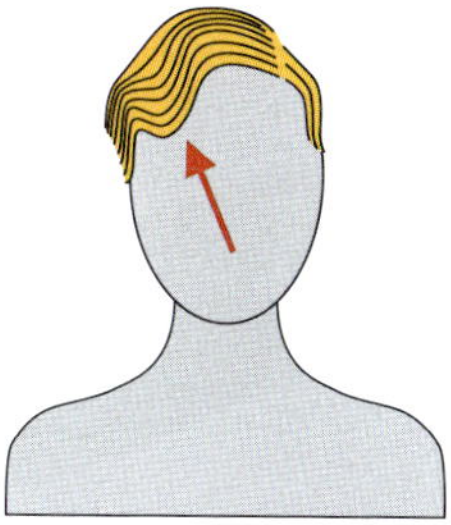

das **Wellental**

Wel·len·tal <Wellentäler>

nach innen zeigender Bogen der **Welle**

05.016

der **Wellenverlauf**

Wel·len·ver·lauf <Wellenverläufe>

innere und äußere Bögen der geformten **Strähnen**

05.017

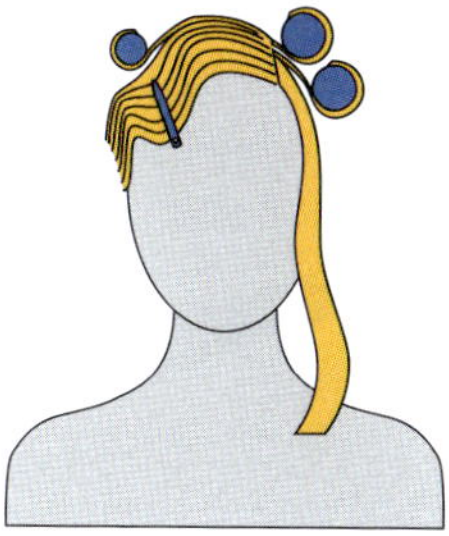

die **Welltechnik**

Well·tech·nik <–en>

Methode, nach der die **Wellen** im Haar geformt werden

05.018

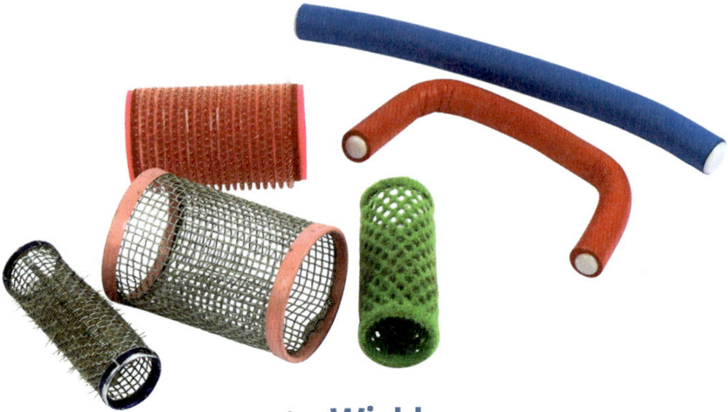

der **Wickler**
Wick·ler <–>
Rolle, mit der Haar**strähnen eingelegt** werden
auch Wickel
05.019

der **Volumenmetallwickler**
Vo·lu·men·me·tall·wick·ler <–>
Wickler sorgt für volleres Haar, außen weich bezogen
05.020

der **Borstenwickler**
Bors·ten·wick·ler <–>
Wickler aus feinem Metall (Draht), hat innen dickere Haare von Tieren oder Kunststoffmaterial
05.021

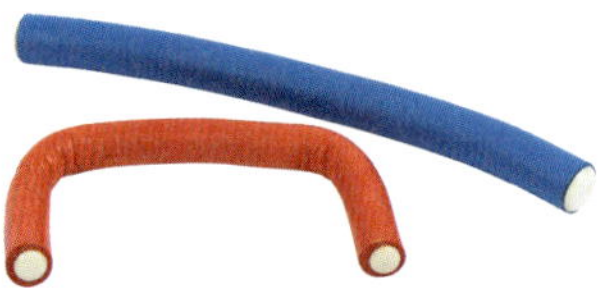

die **Papillote**
Pa·pil·lo·te <–n>
flexibles, langes Kunststoffteil, **Wickler** aus Schaumgummi
05.022

der **Vollkunststoffwickler**
Voll·kunst·stoff·wick·ler <–>
Wickler aus Plastik, hält gut im Haar
auch Haftwickler, Klettwickler
05.023

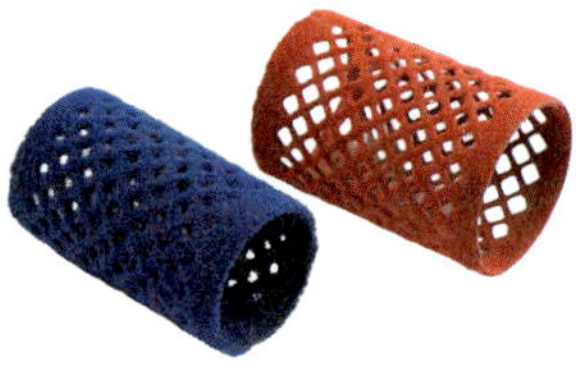

der **Volumenwickler**
Vo·lu·men·wick·ler <–>
Wickler für voller erscheinende Haare, verschiedene Farben für unterschiedliche Größen der **Locken** oder **Wellen**
05.024

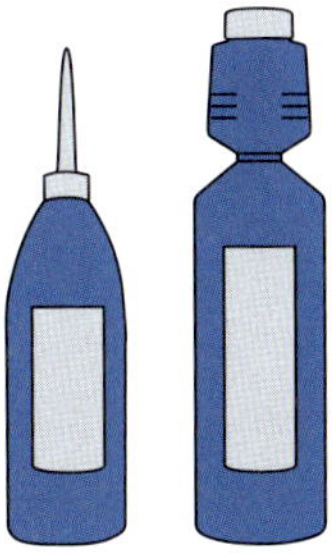

der **Applikator**
Ap·pli·ka·tor <–en>
kleine Flasche, mit der man Flüssigkeit oder Creme auf Haar oder Kopfhaut bringt
auch Applikatorflasche
06.001

dauerhafte Umformung
dau·er·haf·te Um·for·mung
die Haare bekommen für längere Zeit eine neue Form
06.002

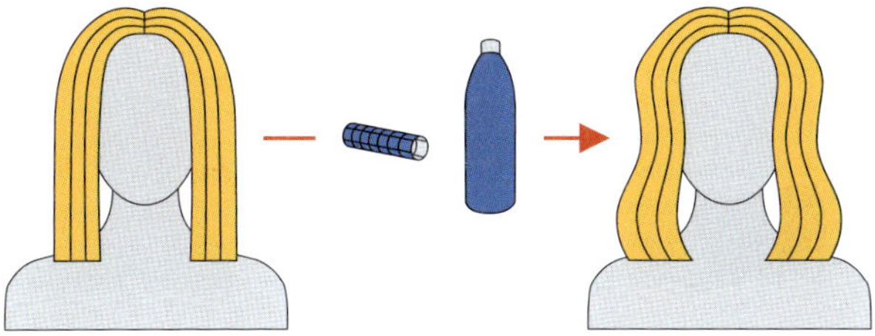

die **Dauerwelle**
Dau·er·wel·le <–n> *kurz* DW
mit unterschiedlichen **Wicklern** und chemischen Mitteln werden meist glatte Haare für längere Zeit zu **Locken** oder **Wellen** geformt
06.003

die **Ansatzdauerwelle**
An·satz·dau·er·wel·le <–n>
die **Wickler** werden so nah wie möglich an der Kopfhaut platziert
06.004

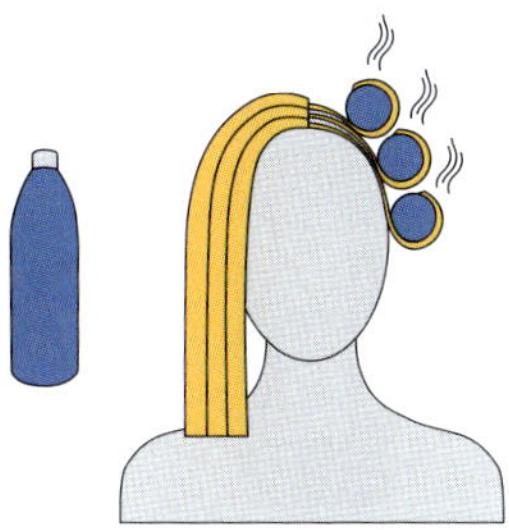

die **Heißwelle**
Heiß·wel·le <–n>
Dauerwelle, bei der die Haare erst mit **Wellmittel** behandelt und dann auf warme oder heiße **Wickler** gewickelt werden
06.005

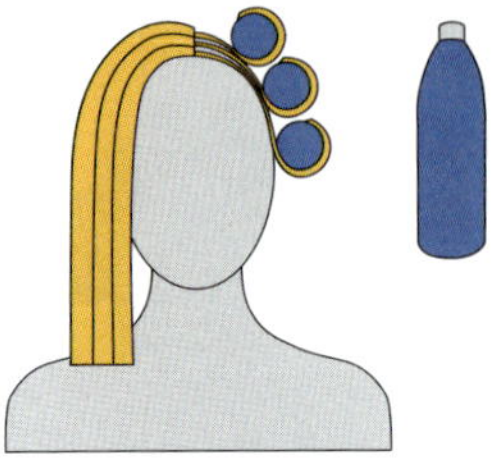

die Kaltwelle
Kalt·wel·le <–n>
rein chemische **Dauerwelle**,
funktioniert ohne Wärme oder Hitze
06.006

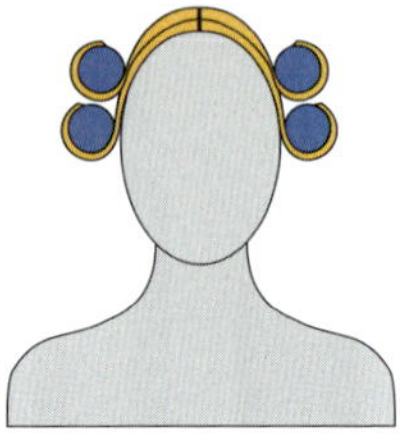

die Teildauerwelle
Teil·dau·er·wel·le <–n>
Dauerwelle mit wenig **Wicklern**,
meist nur in einem Bereich
des Kopfes oder der Haare
06.007

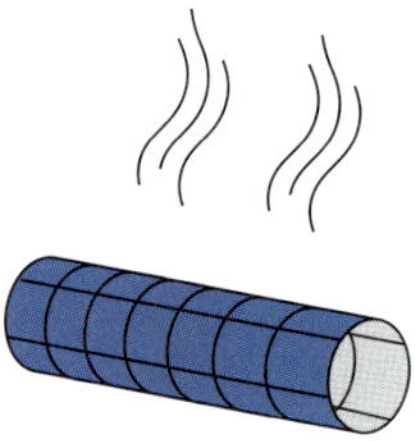

thermogesteuerte Dauerwelle
ther·mo·ge·steu·er·te Dau·er·wel·le
unterschiedlich intensive Wärme
reduziert den Schaden am Haar
06.008

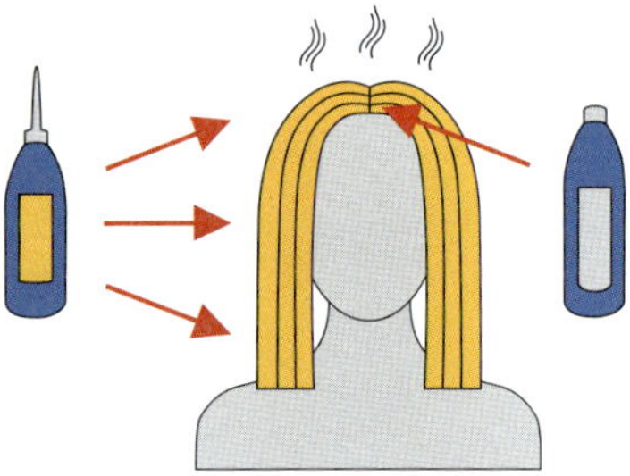

die Zwei-Phasen-Dauerwelle
Zwei-Pha·sen-Dau·er·wel·le <–n>
besteht aus zwei Produkten;
die Flüssigkeit wird auf alle Haare verteilt,
die Creme nur am Haaransatz
06.009

das Dauerwellpräparat
Dau·er·well·prä·pa·rat <–e>
chemisches Mittel, mit dem die
Form des Haares geändert wird
auch Dauerwellmittel, Wellflüssigkeit, Wellmittel
06.010

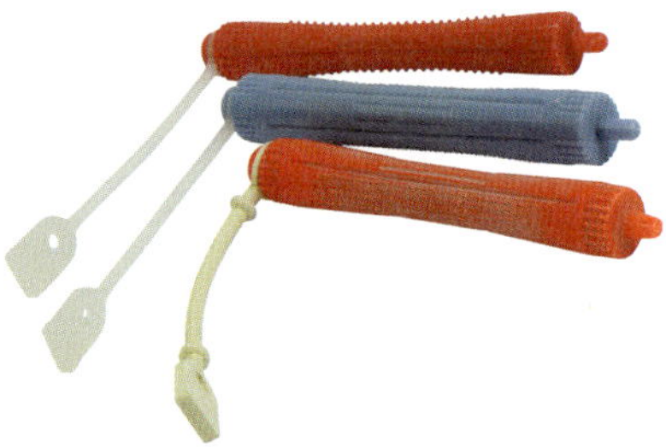

der Dauerwellwickler
Dau·er·well·wick·ler <–>
eine Rolle aus Kunststoff; verschiedene Größen
in unterschiedlichen Farben, je kleiner der
Wickler, umso kleiner die **Locken**
06.011

das **Fixierschwämmchen**
Fi·xier·schwämm·chen <–>
sehr kleines Kissen, natürliches oder künstliches Material; nimmt Flüssigkeit auf und gibt sie durch Drücken wieder ab
06.012

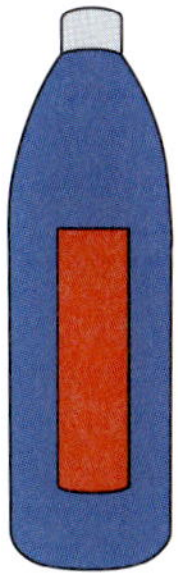

die **Fixierung**
Fi·xie·rung <–en>
chemische Flüssigkeit, die eine **Dauerwelle** haltbar macht
06.013

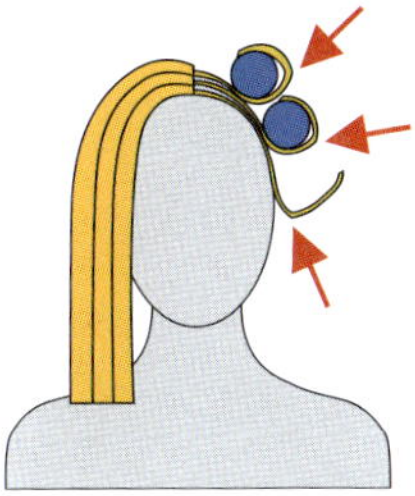

die **Knickstelle**
Knick·stel·le <–n>
hässliche Stelle, die entsteht, wenn Haare falsch auf dem **Wickler eingelegt** werden
06.014

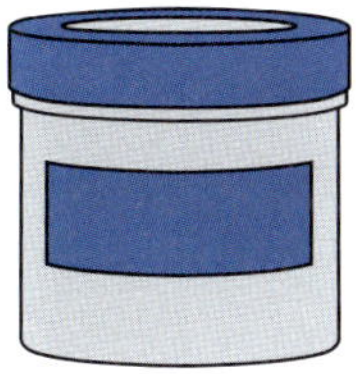

das **Nachbehandlungsmittel**
Nach·be·hand·lungs·mit·tel <–>
eine Flüssigkeit, die chemische Reste nach der **Dauerwelle** vom Haar entfernt
06.015

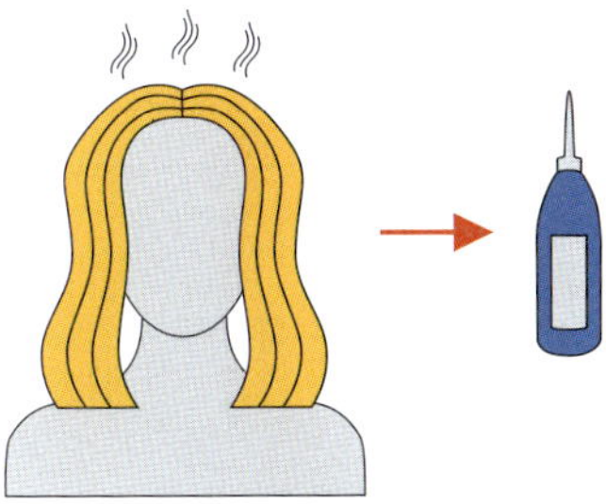

saurer Abzug
sau·rer Ab·zug
die Reste des chemischen Mittels werden nach der **Dauerwelle** vom Haar gelöst
auch reduktiver Abzug, Reduktion
06.016

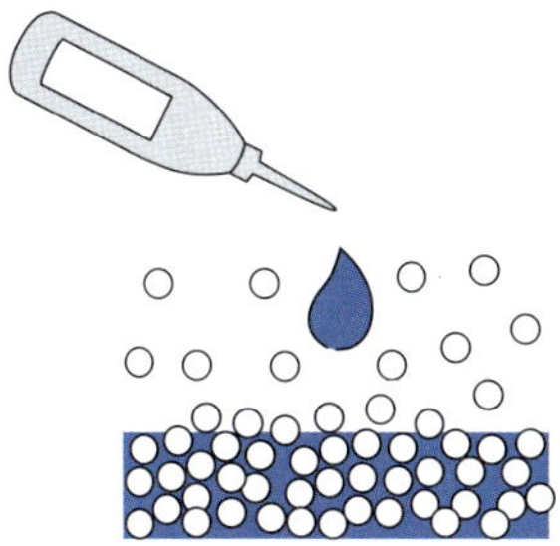

der **Schaum**
Schaum <Schäume>
entsteht, wenn Flüssigkeit mit Luft gemischt wird
06.017

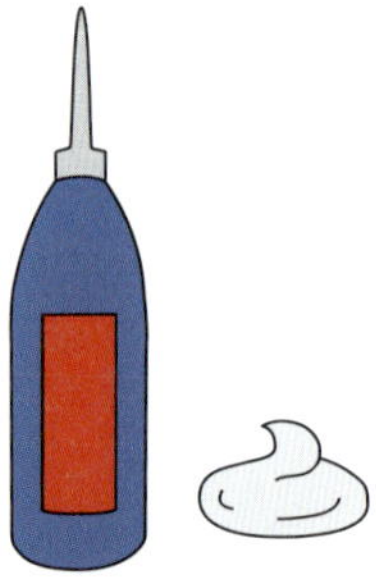

die **Schaumfixierung**
Schaum·fi·xie·rung <–en>
Flüssigkeit wird mit **Fixierschwämmchen** zu **Schaum**, sorgt auf gewickeltem Haar für Halt der **Dauerwelle**
06.018

die **Schaumwelle**
Schaum·wel·le <–n>
das **Wellmittel** ist nicht flüssig, sondern besteht aus einem festen **Schaum**, der einfach aufzubringen ist
06.019

das **Spitzenpapier**
Spit·zen·pa·pier <–e>
ein weiches Material, ähnlich wie Papier, schützt die Haarspitzen vor Bruch
06.020

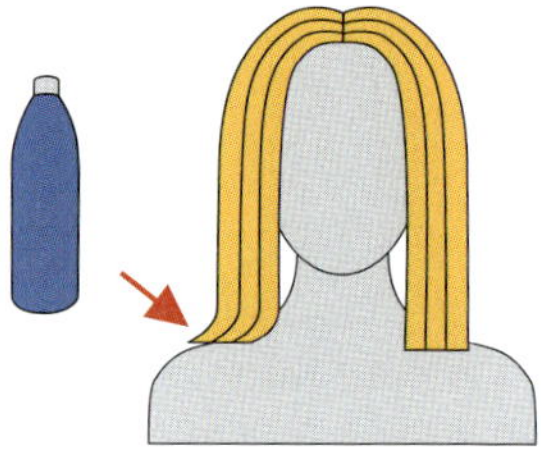

die **Spitzenumformung**
Spit·zen·um·for·mung <–en>
die unteren Enden der Haare werden durch chemische Mittel verändert
06.021

überkrausen
über·krau·sen
<überkraust, überkrauste, hat überkraust>
zu lange Wirkung von chemischer Flüssigkeit führt zu ganz kleinen **Locken** und Schäden am Haar
06.022

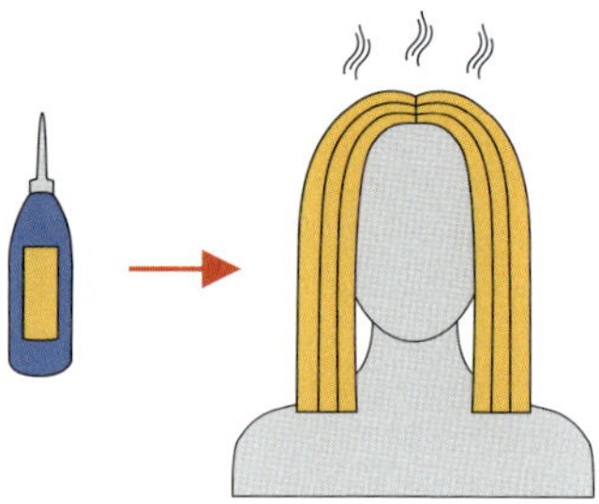

das **Vorbehandlungsmittel**
Vor·be·hand·lungs·mit·tel <–>
chemisches Mittel, das Bruch und Schaden am Haar verhindern soll
06.023

die **Wickeltechnik**

Wi·ckel·tech·nik <–en>
unterschiedliche Methoden, **Dauerwellen** mit verschiedenen **Wicklern** zu legen
auch Wickelschema
06.024

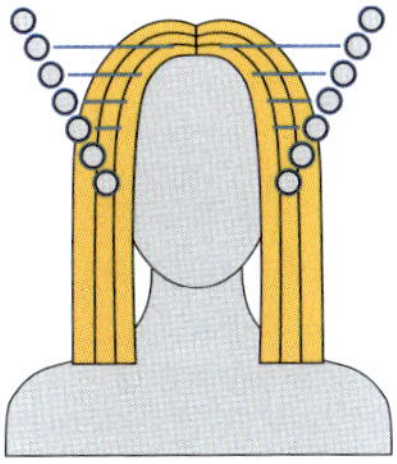

die Pyramidenwicklung

Py·ra·mi·den·wick·lung <–en>
die Haare werden mit unterschiedlicher Entfernung zum Kopf auf **Wicklern** eingedreht
06.025

rechtwinkelige Wicklung

recht·win·ke·li·ge Wick·lung
die **Wickler** werden im **rechten Winkel** zum Kopf gesetzt, eignet sich für leichte **Wellen-Frisuren**
06.026

die Spiralwicklung

Spi·ral·wick·lung <–en>
Dauerwellen-Technik mit speziellen **Wicklern** für lange Haare
06.027

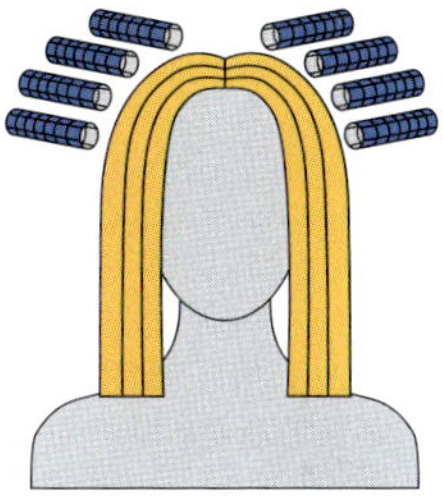

stumpfwinkelige Wicklung

stumpf·win·ke·li·ge Wick·lung
unterstützt **Volumen-Frisuren**
06.028

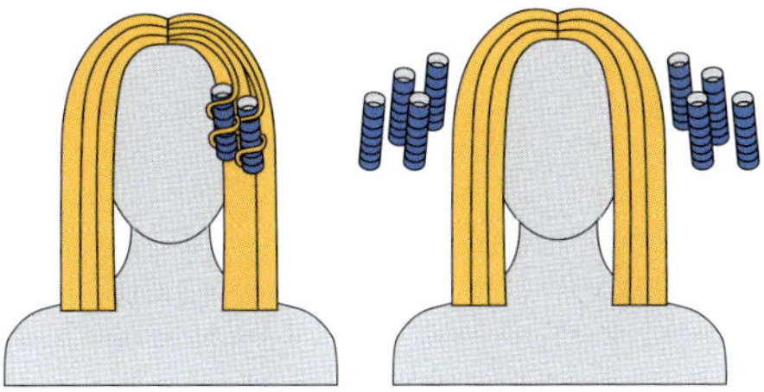

spitzwinkelige Wicklung

spitz·win·ke·li·ge Wick·lung
für flach am Kopf anliegende **Frisuren**
06.029

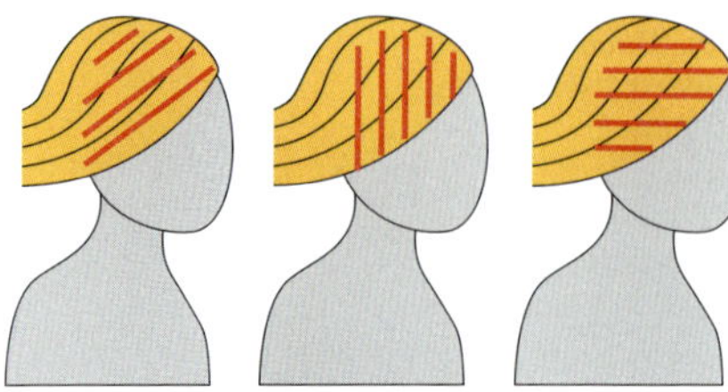

die **Abteillinie**

Ab·teil·li·nie <–n>

die Haare werden mit einem oder mehreren **Scheiteln** in verschiedene Bereiche geteilt

07.001

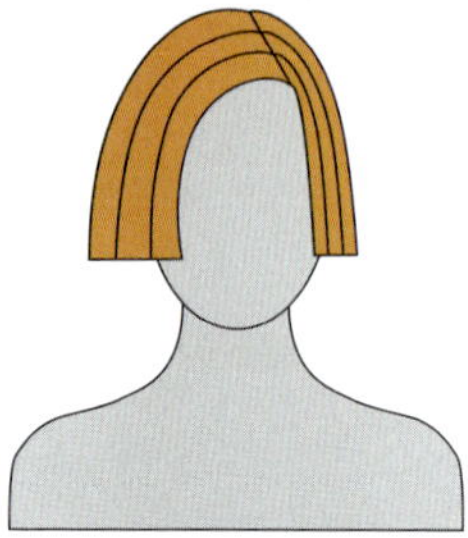

die **Asymmetrie**

Asym·me·trie <–n>

eine **Formanordnung**, eine **Frisur** oder ein Haarschnitt ist auf beiden Seiten unter-schiedlich, aber trotzdem ordentlich

07.002

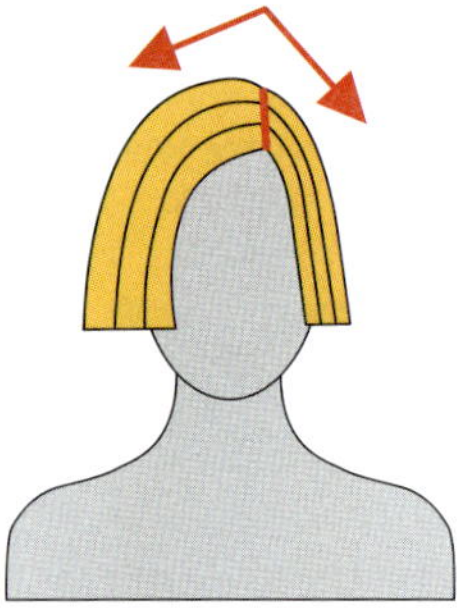

der **Ausgangspunkt**

Aus·gangs·punkt <–e>

die Stelle des Kopfes, an der eine **Frisur** beginnt

07.003

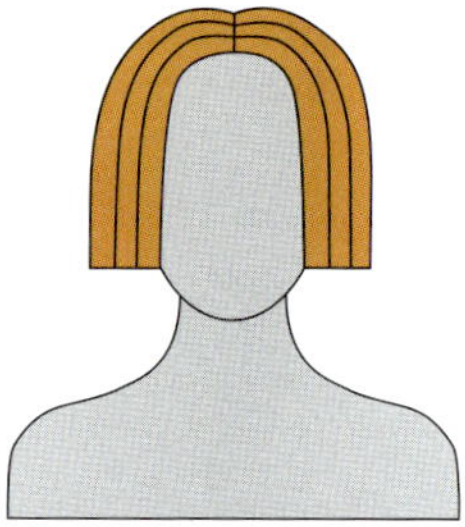

der **Basisschnitt**

Ba·sis·schnitt <–e>

die Grundlage für Haarschnitte, es gibt vier unterschiedliche Formen

auch Blunt Cut

07.004

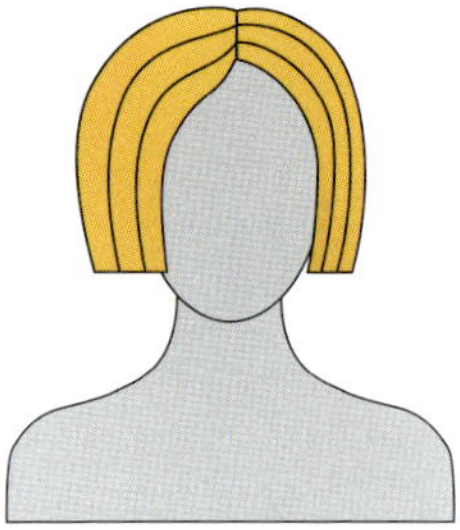

der **Bob**

Bob <–s>

ein Kurzhaarschnitt mit einheitlicher Haarlänge, meistens bis zum unteren Ende der Ohren

07.005

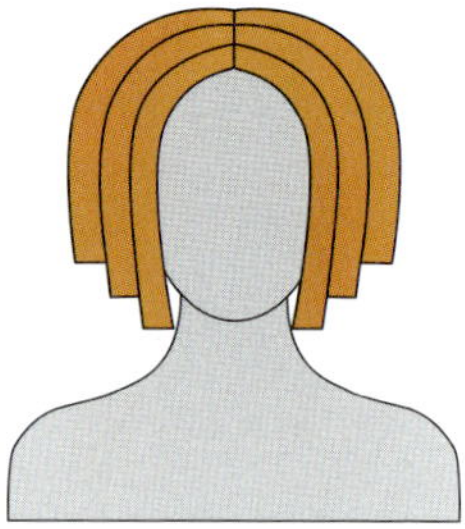

die **C-Form**

C-Form <–en>

die Haare sind in einheitlichen Stufen geschnitten

07.006

der **Chanel-Haarschnitt**
Cha·nel-Haar·schnitt <–e>
ein **Bob** mit unterschiedlich langen Haaren, Name kommt von der Modemacherin Coco Chanel
07.007

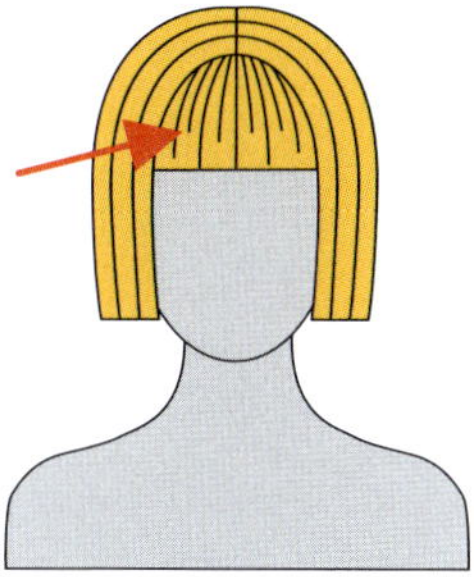

effilieren
ef·fi·lie·ren
<effiliert, effilierte, hat effiliert>
die Haare werden vor allem im Bereich des **Ponys** und an den Seiten dünner geschnitten
07.008

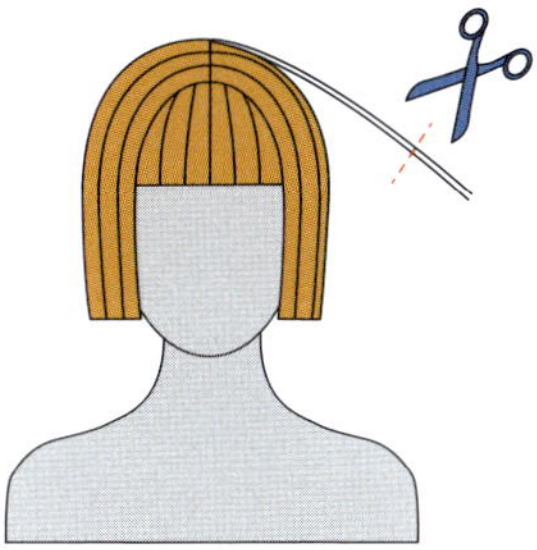

die **Führungslinie**
Füh·rungs·li·nie <–n>
gibt vor, wie Haare geschnitten werden sollen; meist im **rechten Winkel**
07.009

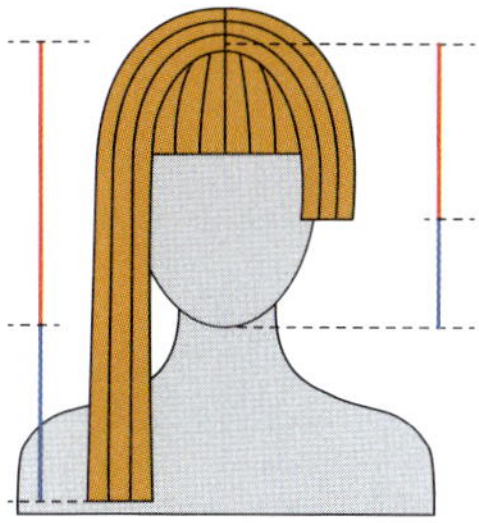

goldener Schnitt
gol·de·ner Schnitt
das perfekte Verhältnis von kleinen und großen Teilen zueinander; hier: ein Haarschnitt, der ideal zur Gesichtsform passt
07.010

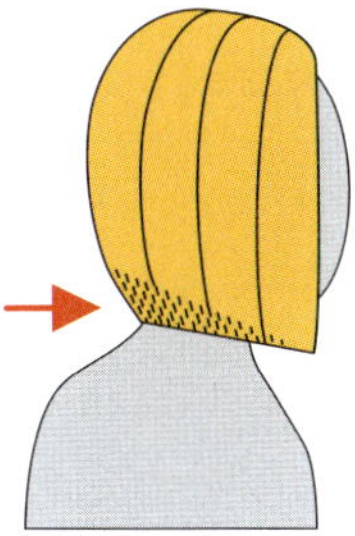

graduieren
gra·du·ie·ren
<graduiert, graduierte, hat graduiert>
das Haar wird gleichmäßig gerade geschnitten; am **Nacken** kurz, am Hinterkopf länger
07.011

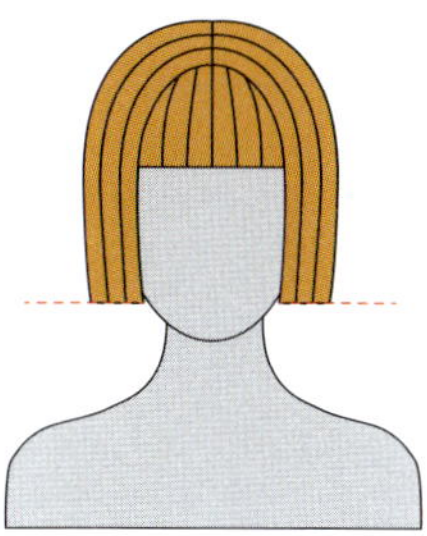

die **Grundlinie**
Grund·li·nie <–n>
legt die grundsätzliche Länge der **Frisur** fest
07.012

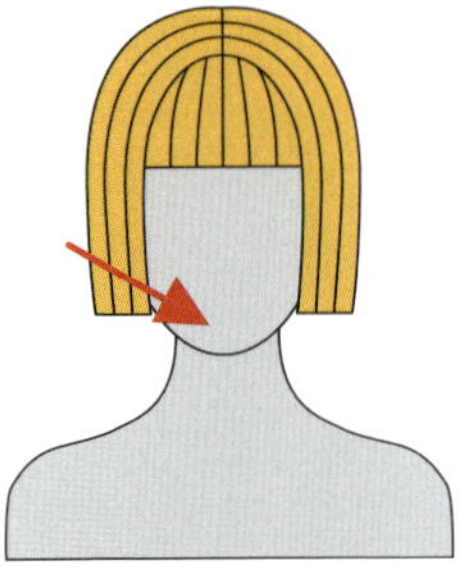

das **Kinn**
Kinn <–e>
der untere Teil des Gesichts, unterhalb des Mundes
07.013

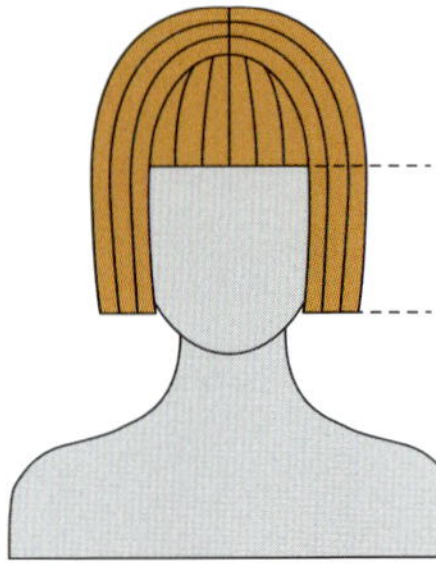

klassische Form
klas·si·sche Form
ein Haarschnitt mit festgelegten Kennzeichen, z. B. Länge der Haare
07.014

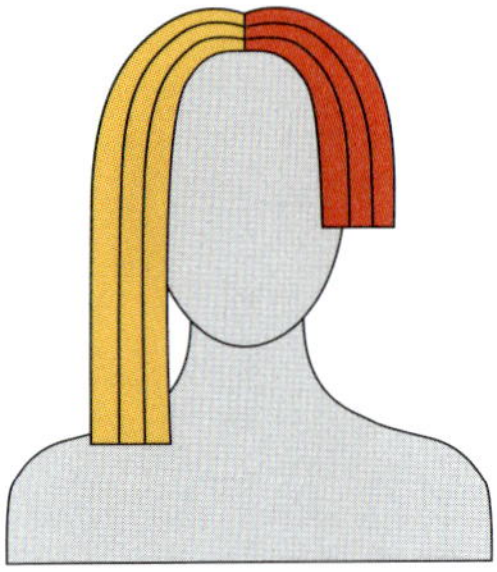

der **Kontrast**
Kon·trast <–e>
der Gegensatz, hier: deutlich unterschiedlich geschnittene oder **gefärbte** Haare
07.015

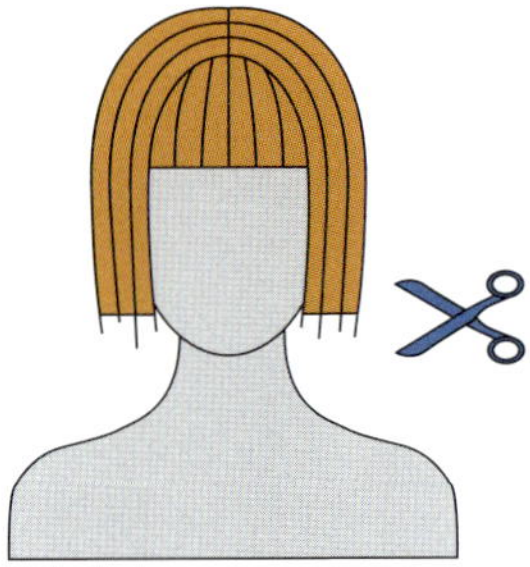

der **Kontrollschnitt**
Kon·troll·schnitt <–e>
die Überprüfung der korrekten Haarlänge, zu lange Haare werden abgeschnitten
07.016

der **Konturenschnitt**
Kon·tu·ren·schnitt <–e>
Haare werden in gewünschter Länge parallel zur **Kontur** geschnitten
07.017

modellieren
mo·del·lie·ren
<modelliert, modellierte, hat modelliert>
das Haar wird so geschnitten, dass es durch den Schnitt dünner aussieht
auch Thinning
07.018

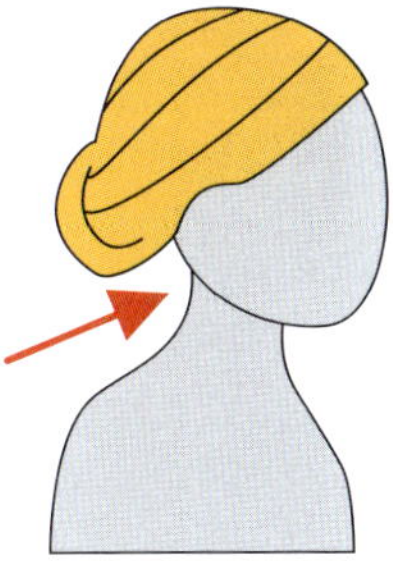

der Nacken
Na·cken <–>
der hintere Teil des Halses zwischen Kopf und Rücken
07.019

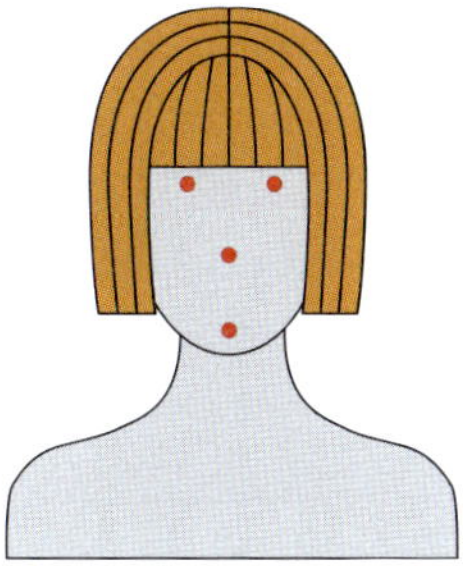

der Orientierungspunkt
Ori·en·tie·rungs·punkt <–e>
ein Teil des Gesichts gibt die Linie für den Haarschnitt vor; z. B. Nasenspitze, **Augenbrauen**, **Kinn**
07.020

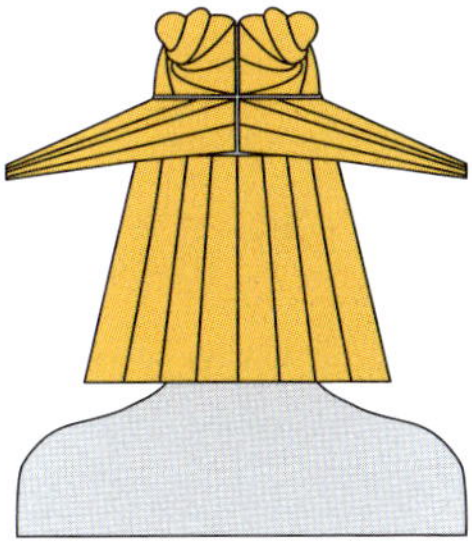

das Passé
Pas·sé <–s>
das **Abteilen** der Haare in schmale **Strähnen** für den Haarschnitt
07.021

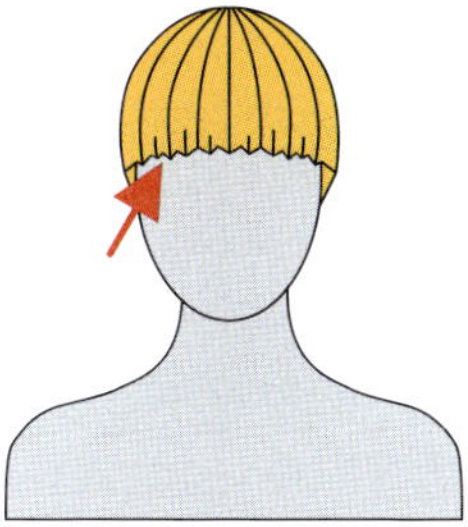

pointen
poin·ten
<pointet, pointete, hat gepointet>
Haare werden kurz geschnitten, mit spitzen Haarenden
07.022

der Pyramidenhaarschnitt
Py·ra·mi·den·haar·schnitt <–e>
die **Frisur** wirkt unten breiter; besonders bei Haaren mit **Locken**, wenn die Haare gleich lang geschnitten werden
07.023

rechter Winkel
rech·ter Win·kel
der Bereich zwischen zwei Linien, die sich in einem Punkt treffen; eine Linie ist senkrecht, die andere gerade nach vorne
auch 90°-Winkel
07.024

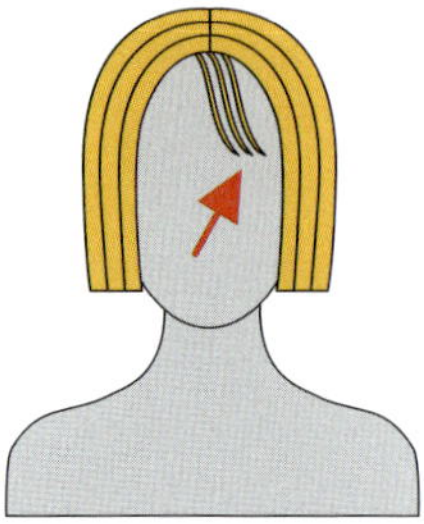

die **Reihung**
Rei·hung <–en>
eine festgelegte Form wird in bestimmter Reihenfolge wiederholt, z. B. Fransen
07.025

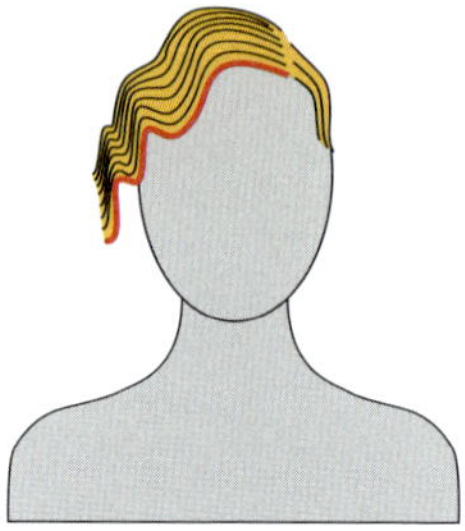

der **Rhythmus**
Rhyth·mus <Rhythmen>
bestimmte Formen wechseln sich ab; z. B. auf und ab bei **Wasserwellen**, rechts und links bei **Zickzack-Scheitel**
07.026

die **Schnittbeschreibung**
Schnitt·be·schrei·bung <–en>
die Erklärung, wie ein bestimmter Haarschnitt gemacht wird
07.027

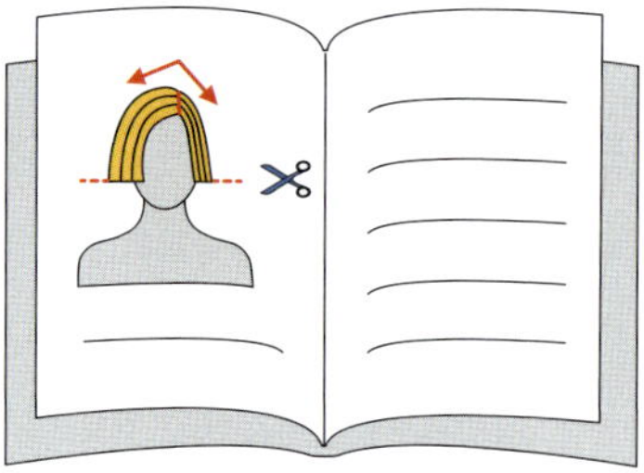

die **Schnittgrafik**
Schnitt·gra·fik <–en>
eine **Schnittbeschreibung** mit einer Zeichnung
07.028

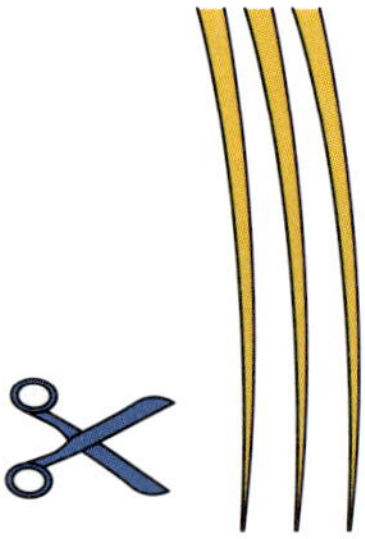

das **Slicing**
Sli·cing
die Haarenden werden so geschnitten, dass sie spitzer und dünner sind
07.029

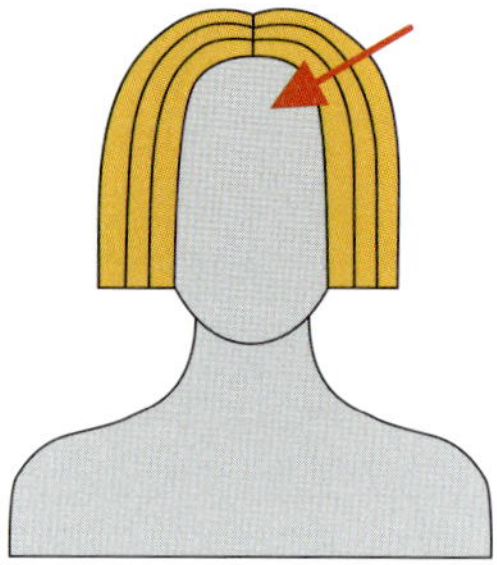

die **Stirn**
Stirn <–en>
der obere Teil des Gesichts zwischen **Augenbrauen** und Haaransatz
07.030

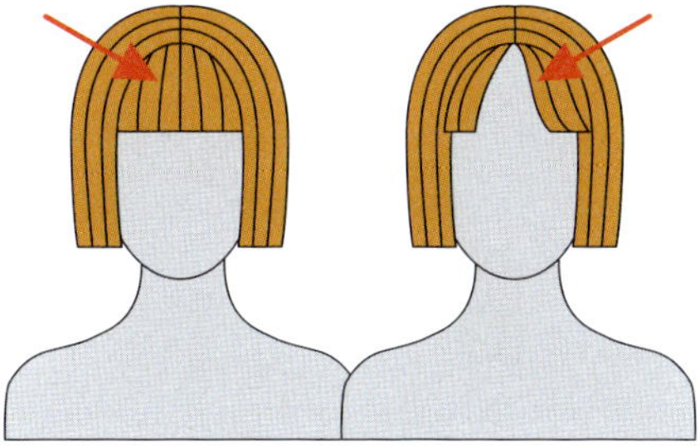

das **Stirnmotiv**
Stirn·mo·tiv <–e>
die unterschiedliche Gestaltung des **Ponys**
07.031

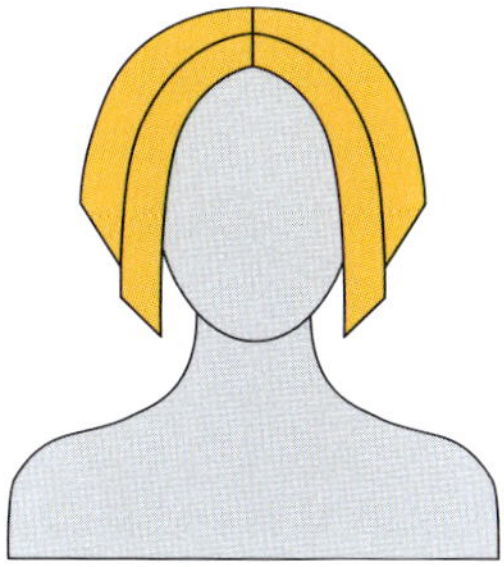

der **Stufenschnitt**
Stu·fen·schnitt <–e>
die Haare werden von unten nach oben in Stufen kürzer geschnitten
07.032

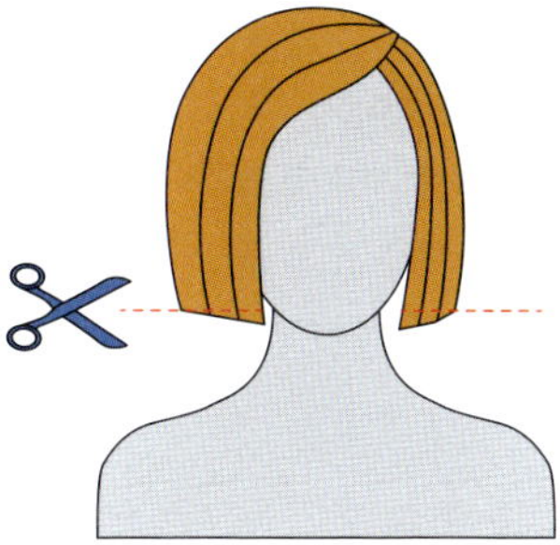

das **Stumpfschneiden**
Stumpf·schnei·den
eine Schneidetechnik für feines Haar
07.033

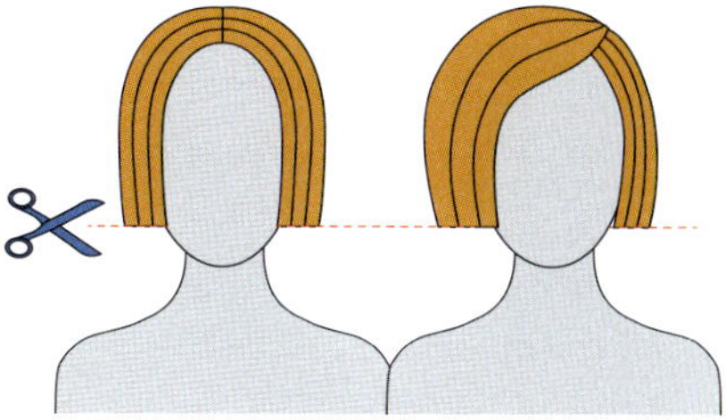

die **Symmetrie**
Sym·me·trie <–n>
die Haare werden mit oder ohne **Scheitel** gleich lang geschnitten
07.034

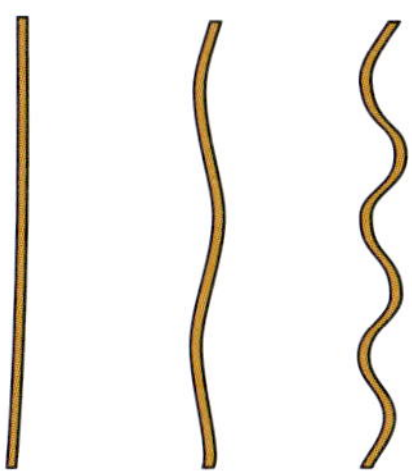

die **Textur**
Tex·tur <–en>
die Oberfläche des Haares, wie sie gesehen wird; z. B. glatt oder gelockt
07.035

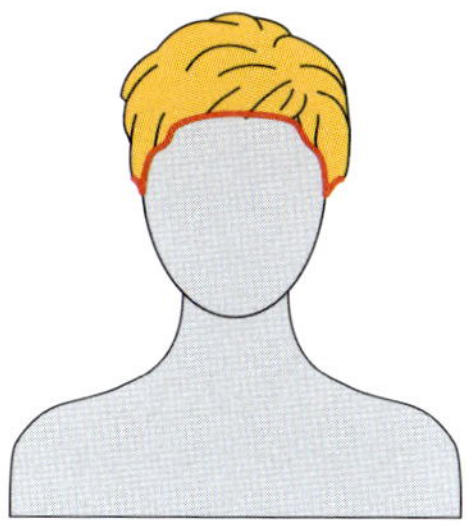

die **Umrisslinie**
Um·riss·li·nie <–n>
Linie entlang des **Konturenschnitts**; Grenze der **Frisur** zu Gesicht, Seiten, **Nacken**
auch Silhouette
07.036

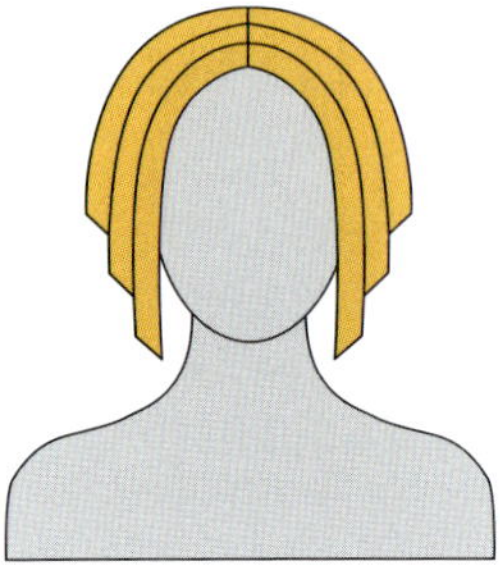

uniforme Stufung

uni·for·me Stu·fung
die Haare werden in gleichmäßigen Stufen geschnitten
07.037

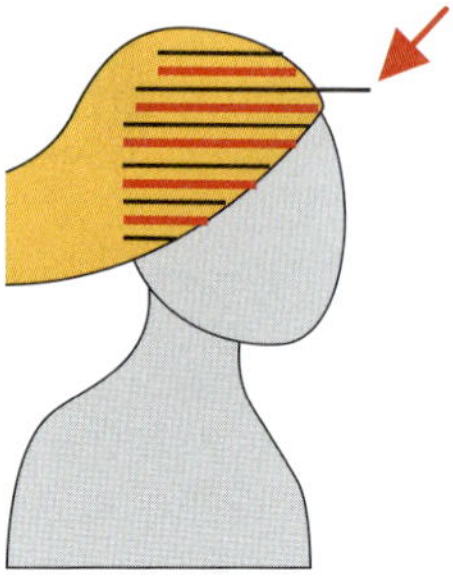

die Unterteilungslinie

Un·ter·tei·lungs·li·nie <–n>
auf Grundlage der **Abteillinien** werden engere Linien gezogen
07.038

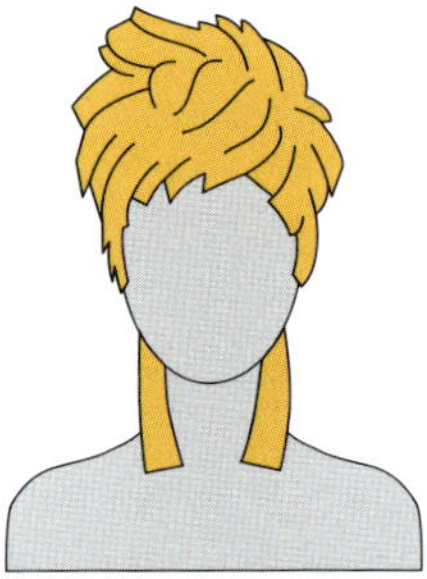

die Vokuhila

Vo·ku·hi·la <–s> *lang* vorne kurz, hinten lang
die Haare sind vorne kurz und hinten lang
07.039

die **Bartform**

Bart·form <–en>
unterschiedliche Rasuren und die Länge der **Barthaare** bestimmen die Form des Bartes
08.001

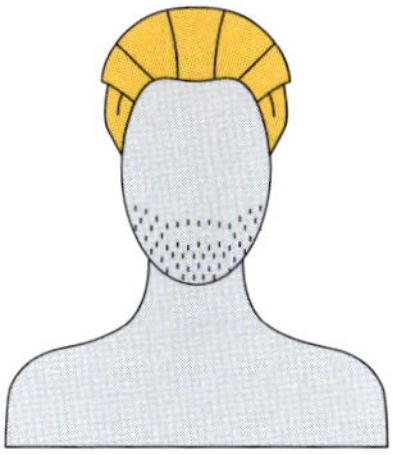

der Dreitagebart

Drei·ta·ge·bart <Dreitagebärte>
kurzer Bart; Gesicht sieht aus, wie drei Tage nicht rasiert
08.002

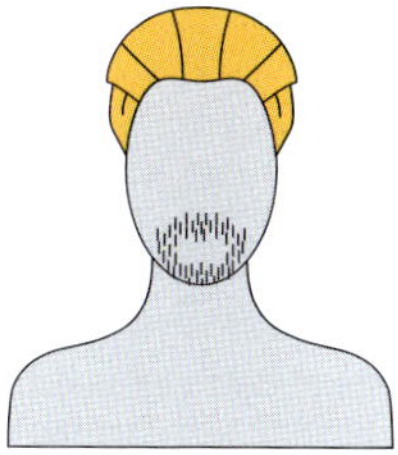

der Henriquatre

Hen·ri·qua·tre <–s>
Bart rund um den Mund; wird spätestens alle fünf Tage geschnitten
auch königlicher Bart, Rund-um-den-Mund-Bart
08.003

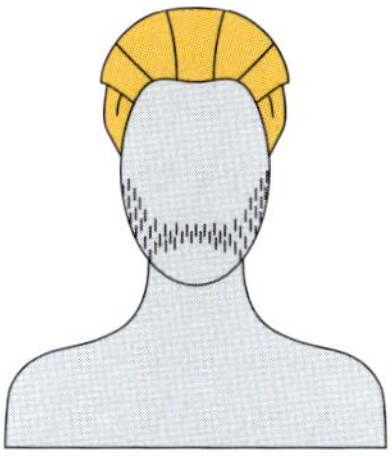

kaiserlicher Backenbart

kai·ser·li·cher Ba·cken·bart
Bart von einem **Ohrentampel** zum anderen, über der Oberlippe mit **Schnurrbart**
08.004

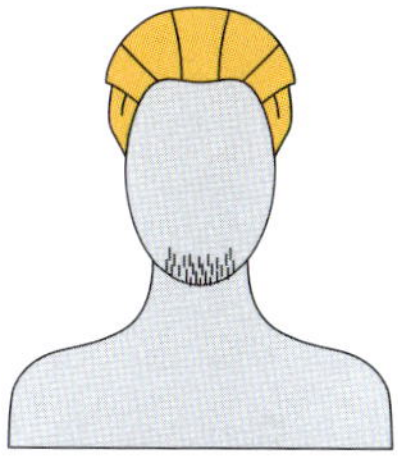

der Kinnbart

Kinn·bart <Kinnbärte>
wächst unterhalb des Mundes, streckt das Gesicht
auch Goatee, Spitzbart, Ziegenbart
08.005

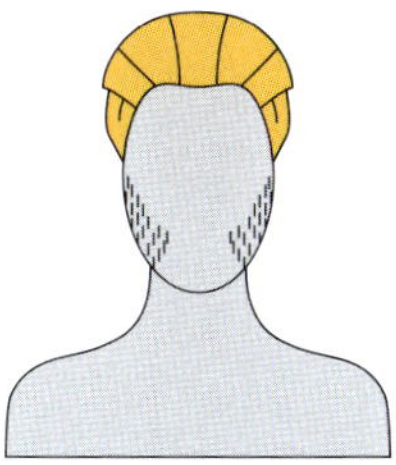

der Kotelettenbart

Ko·te·let·ten·bart <Kotelettenbärte>
reicht von den **Ohrentampeln** bis an den Mund
auch Backenbart
08.006

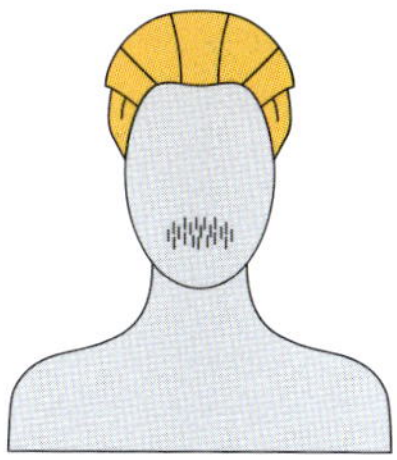

der Schnurrbart

Schnurr·bart <Schnurrbärte>
wächst zwischen Nase und Oberlippe
auch Moustache, Oberlippenbart
08.007

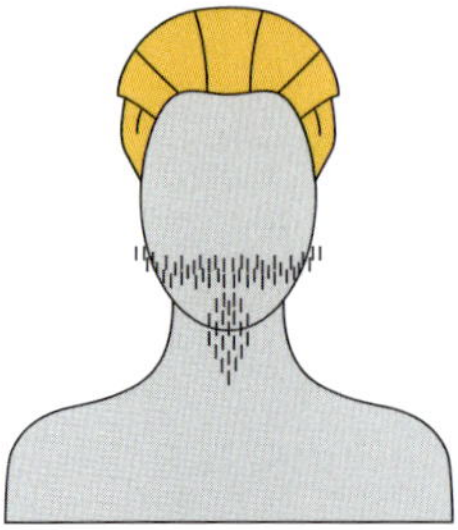

der Victor-Emanuel-Bart
Vic·tor-Ema·nu·el-Bart <Victor-Emanuel-Bärte>
Bart besteht aus **Kinnbart** und gedrehtem **Schnurrbart**
auch Knebelbart, osirischer Bart
08.008

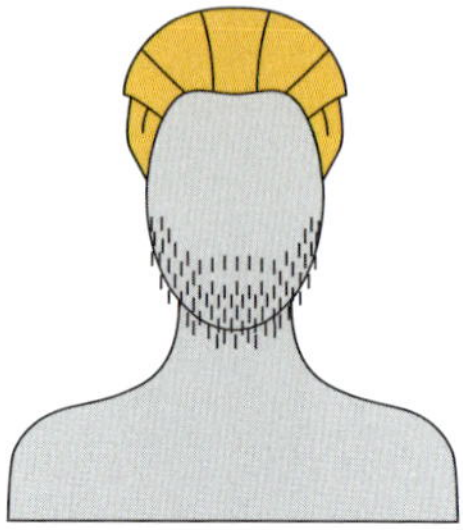

der Vollbart
Voll·bart <Vollbärte>
bedeckt den ganzen unteren Teil des Gesichtes
08.009

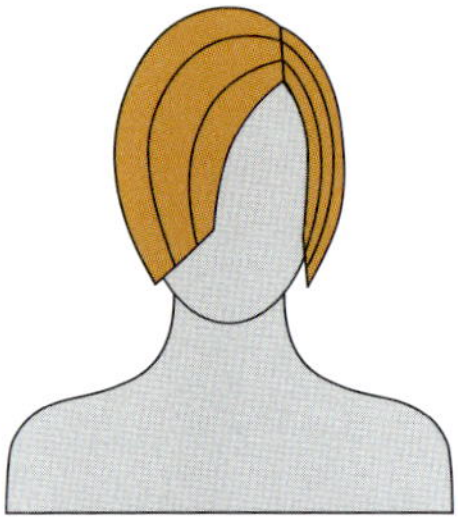

der Bob
Bob <–s>
mittellange, glatte Haare, meist mit **Seitenscheitel**
08.010

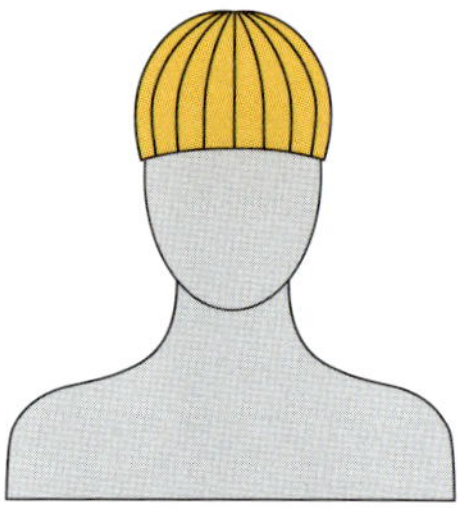

der Bowl-Cut
Bowl-Cut <–s>
alle Haare sind von oben bis etwa zur Mitte der Ohren gleich lang, die restlichen Haare sind rasiert
08.011

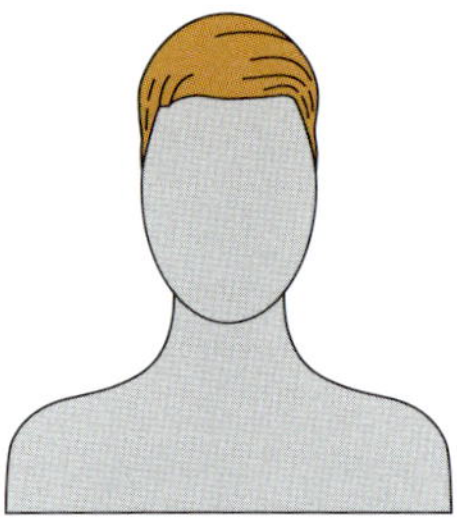

der Boxerschnitt
Bo·xer·schnitt <–e>
auf dem Kopf oben kurze Haare, an den Seiten sehr kurz oder komplett rasierte Haare
auch Tyson-Schnitt
08.012

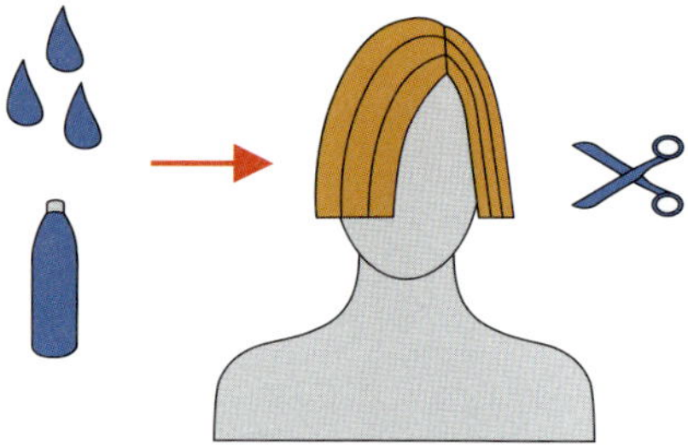

der Formhaarschnitt
Form·haar·schnitt <–e>
Haare werden nass geschnitten
08.013

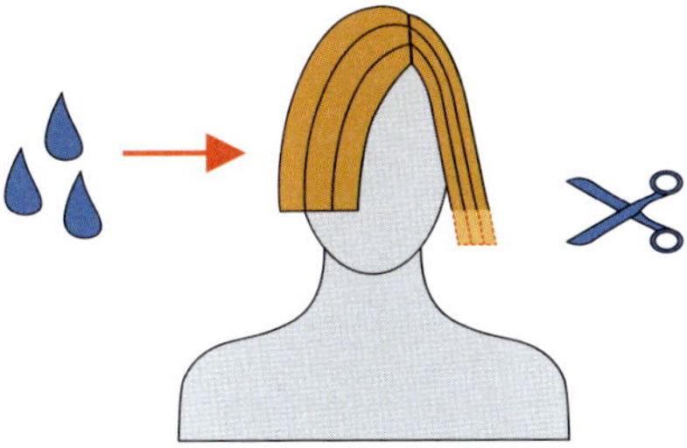

die Graduation
Gra·du·a·ti·on <–en>
nasse Haare werden zum Schneiden in eine bestimmte Richtung gezogen und gewinnen so 20 Prozent Länge
08.014

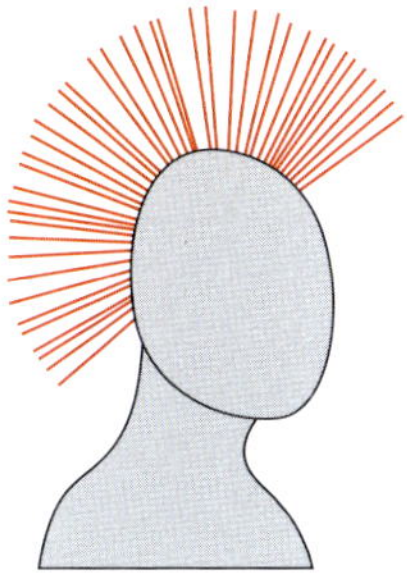

der Irokesenschnitt
Iro·ke·sen·schnitt <–e> *kurz* Iro
Haare werden an den Seiten rasiert, auf der Mitte des Kopfes bleibt eine schmale Haarlinie
08.015

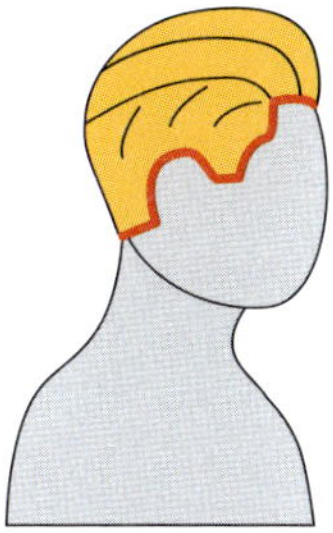

die **Kontur**
Kon·tur <–en>
Haut am Haaransatz
08.016

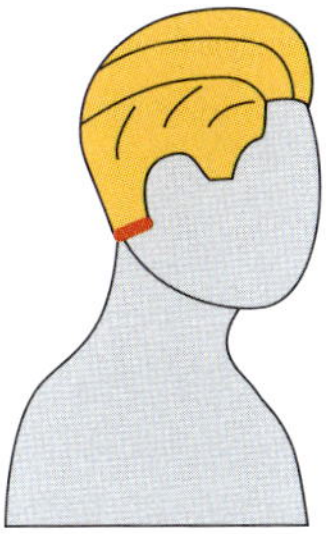

der Nackenansatz
Na·cken·an·satz <Nackenansätze>
erste Haarlinie am **Nacken**
08.017

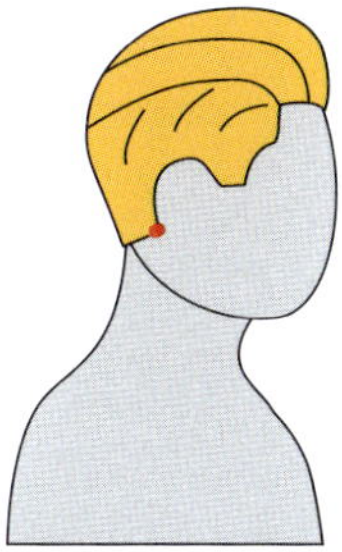

der Nackentampel
Na·cken·tam·pel <–>
Kontur hinten unter den Ohren
08.018

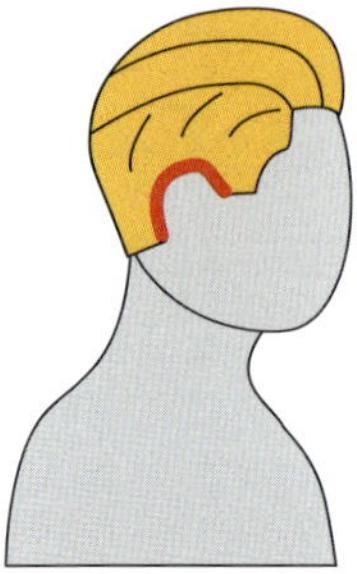

der **Ohrenansatz**
Oh·ren·an·satz <Ohrenansätze>
Haarlinie hinter dem Ohr
auf Höhe der Ohrenmitte
▶ 08.019

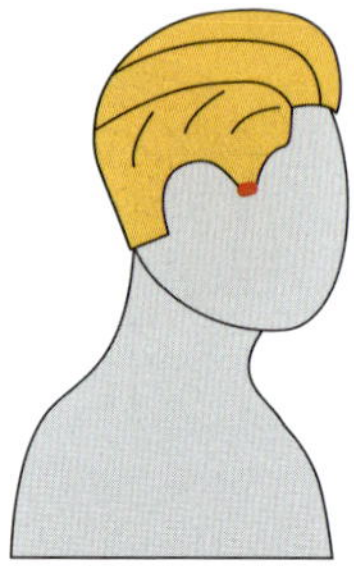

der **Ohrentampel**
Oh·ren·tam·pel <–>
Kontur vor dem Ohr
auf Höhe der Ohrmitte
▶ 08.020

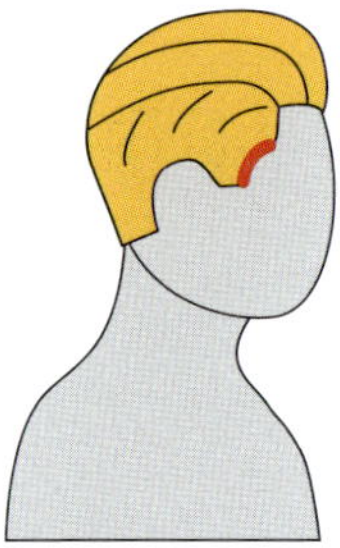

der **Schläfenansatz**
Schlä·fen·an·satz <Schläfenansätze>
Haarlinie auf Höhe des
äußeren **Augenbrauen**endes
▶ 08.021

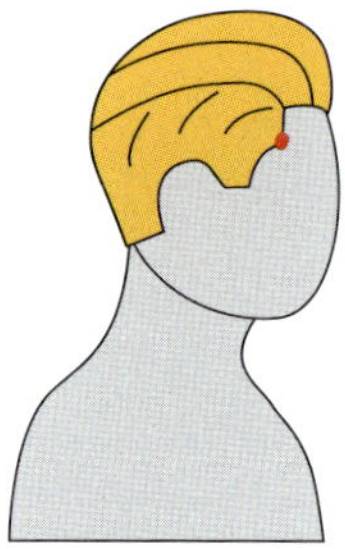

der **Schläfentampel**
Schlä·fen·tam·pel <–>
Haarlinie auf Höhe der
Augenbrauenmitte
▶ 08.022

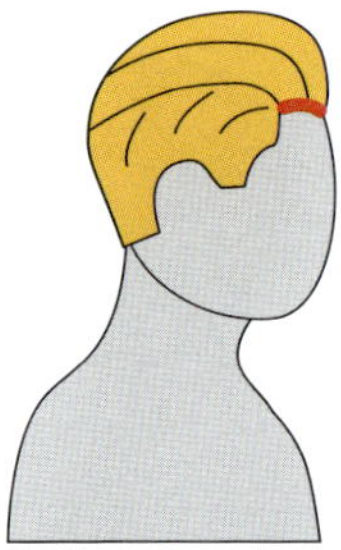

der **Stirnansatz**
Stirn·an·satz <Stirnansätze>
höchster Punkt der Haarlinie
über den **Augenbrauen**
▶ 08.023

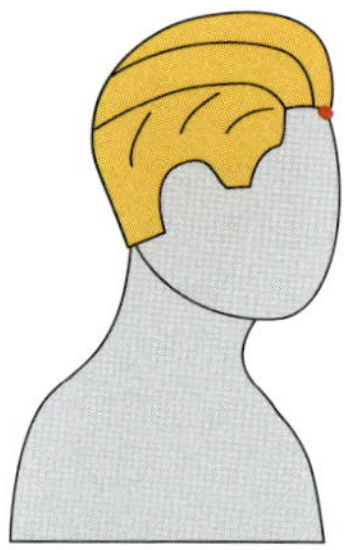

der **Stirntampel**
Stirn·tam·pel <–>
tiefster Punkt der **Kontur**
auf der **Stirn**
▶ 08.024

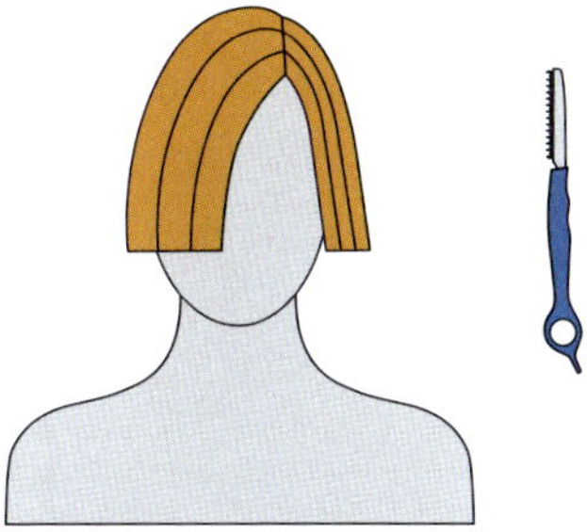

die **Messerarbeit**
Mes·ser·ar·beit <–en>
Haare werden trocken mit dem Messer geschnitten
08.025

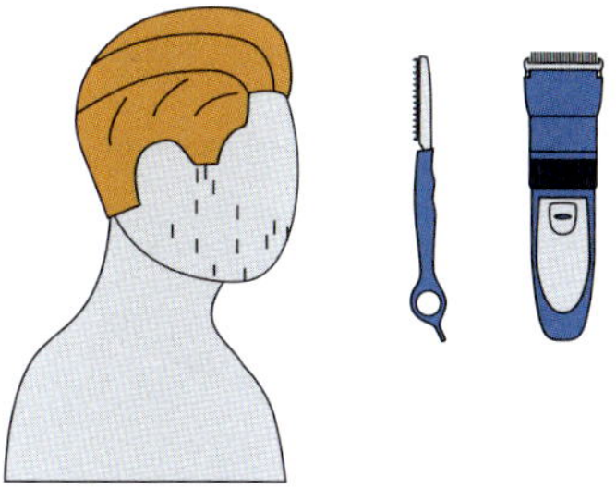

die **Nachrasur**
Nach·ra·sur <–en>
Rasieren nach dem ersten **Rasierzug**; gegen die Richtung, in der der Bart wächst
auch zweiter Rasierzug
08.026

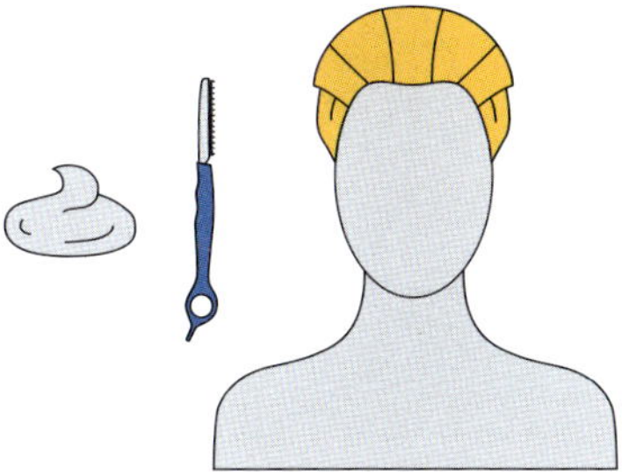

die **Nassrasur**
Nass·ra·sur <–en>
Bart wird mit Rasier**schaum** und Messer geschnitten
08.027

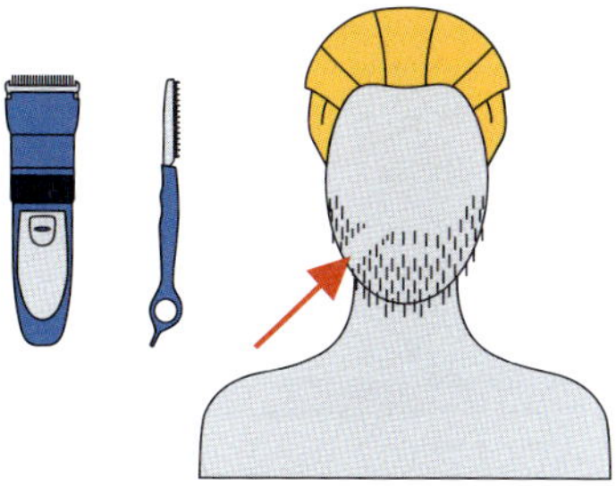

der **Rasierzug**
Ra·sier·zug <Rasierzüge>
jeder Arbeitsgang beim Rasieren ist ein Rasierzug
08.028

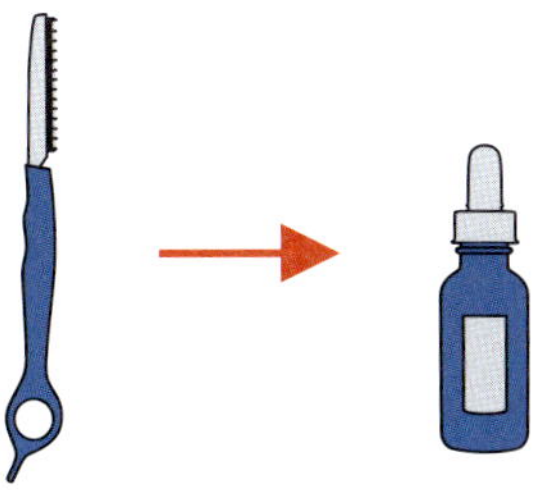

die **Rasurnachbehandlung**
Ra·sur·nach·be·hand·lung <–en>
das Pflegen der Haut nach dem Rasieren
auch After-Shave, Rasurnachbereitung
08.029

die **Rasurvorbehandlung**
Ra·sur·vor·be·hand·lung <–en>
das Reinigen der Haut vor dem Rasieren
auch Pre-Shave, Rasurvorbereitung
08.030

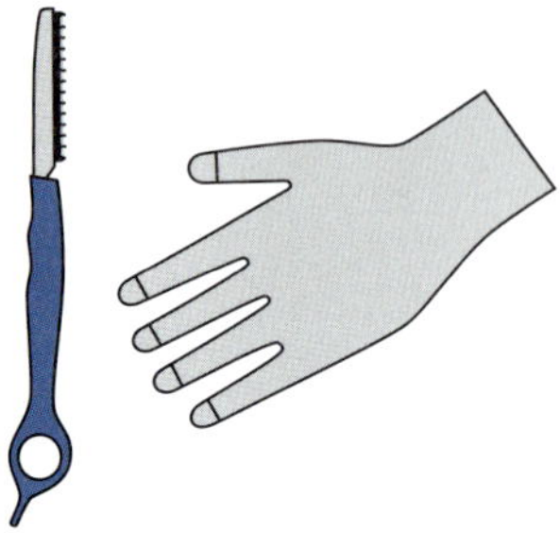

der **Rückhandgriff**
Rück·hand·griff <–e>
Schneide des Rasiermessers zeigt zum Handgelenk des Friseurs
08.031

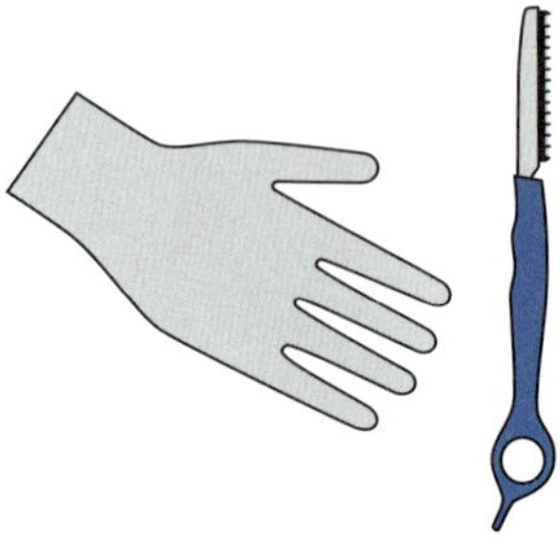

der **Vorhandgriff**
Vor·hand·griff <–e>
Schneide des Rasiermessers ist in einer Linie mit der unteren Seite des Daumens
08.032

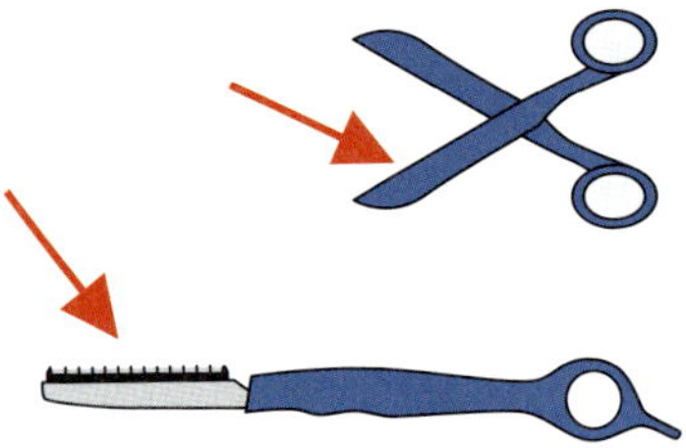

die **Schneide**
Schnei·de <–n>
scharfer Teil eines Messers oder einer **Schere**
08.033

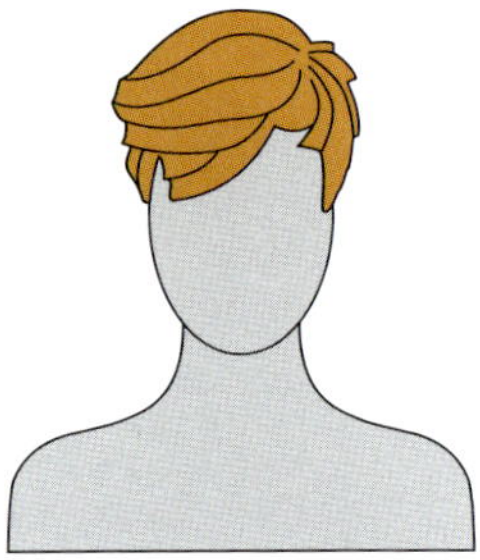

der **Short-Shag**
Short-Shag <–s>
kurzer **Stufenschnitt**, durcheinander frisiert
08.034

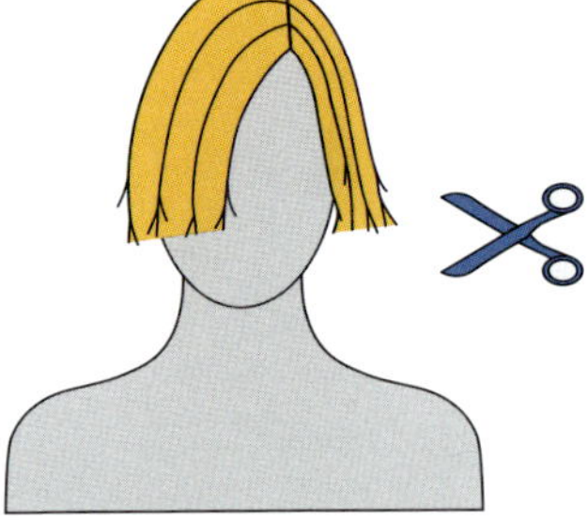

der **Splisshaarschnitt**
Spliss·haar·schnitt <–e>
kaputte Spitzen werden abgeschnitten
08.035

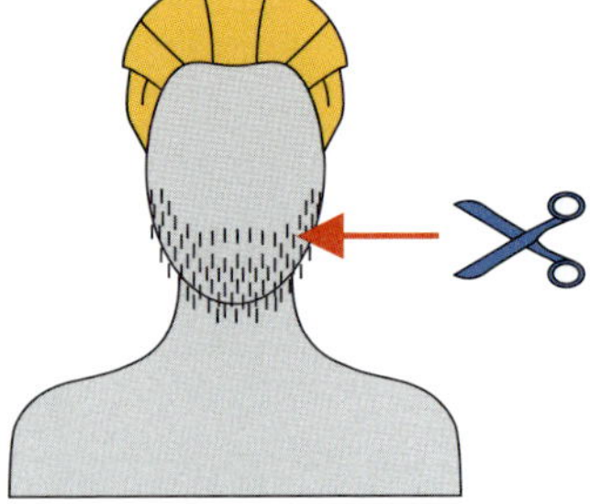

trimmen
trim·men <trimmt, trimmte, hat getrimmt>
den Bart in Form schneiden
08.036

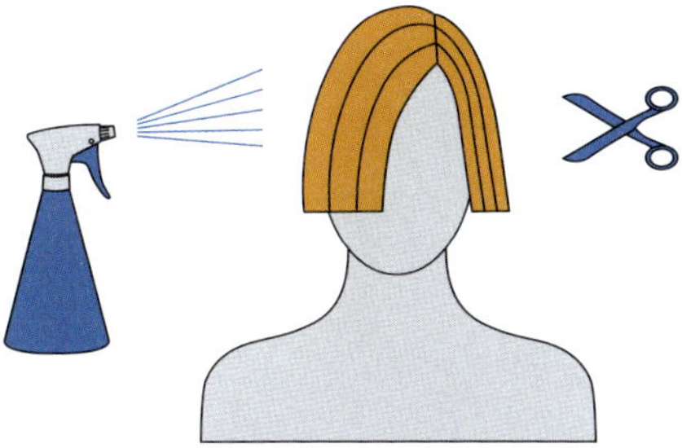

der **Trockenhaarschnitt**
Tro·cken·haar·schnitt <–e>
die Haare werden trocken geschnitten, geht schnell und ist preiswert
08.037

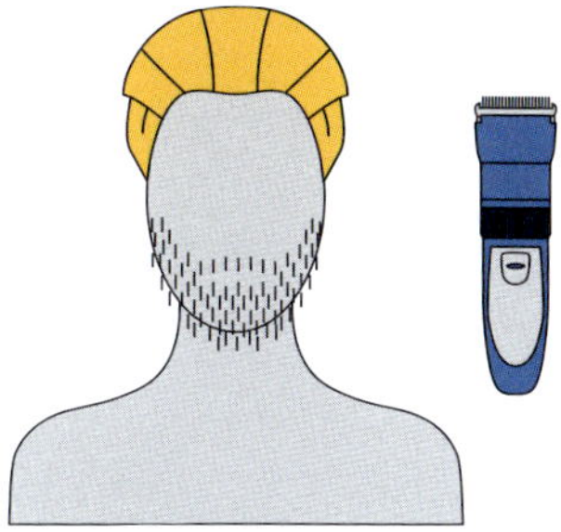

die **Trockenrasur**
Tro·cken·ra·sur <–en>
das Gesicht wird trocken rasiert, gut bei Infektionen oder Krankheiten der Haut
08.038

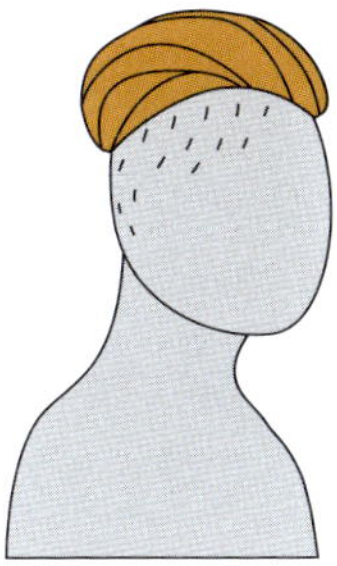

der **Undercut**
Un·der·cut <–s>
die **Deckhaare** sind länger, die Haare an den Seiten werden rasiert oder kurz geschnitten
08.039

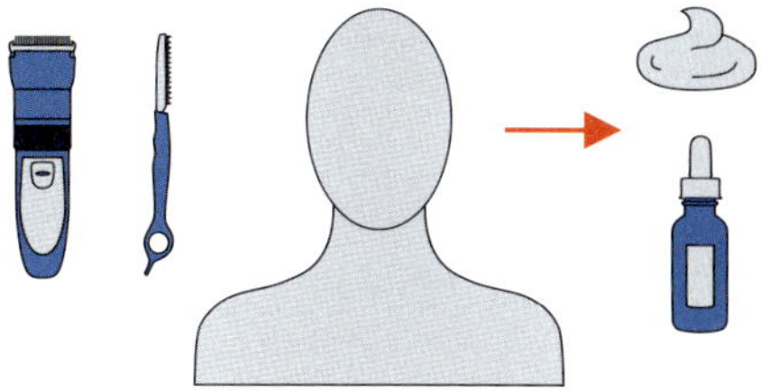

die **Vollglatze**
Voll·glat·ze <–en>
die Haare werden auf dem ganzen Kopf rasiert, danach Pflege mit Öl oder Creme
08.040

die **Vokuhila**
Vo·ku·hi·la <–s> *lang* vorne kurz, hinten lang
die Haare sind vorne kurz und hinten lang
08.041

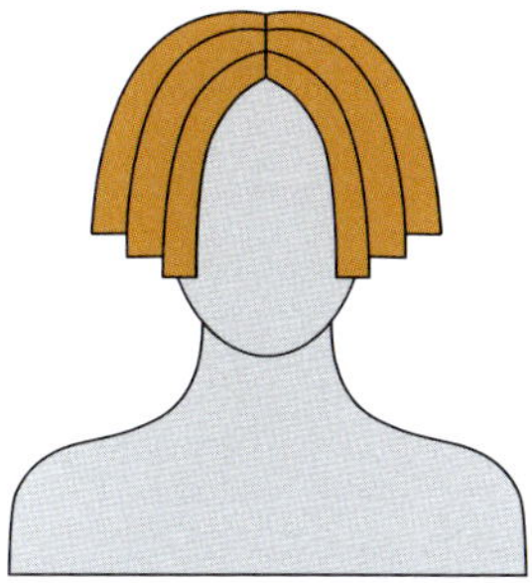

der **Volumenhaarschnitt**
Vo·lu·men·haar·schnitt <–e>
Stufenschnitt vor allem für feine Haare, damit diese voller wirken
08.042

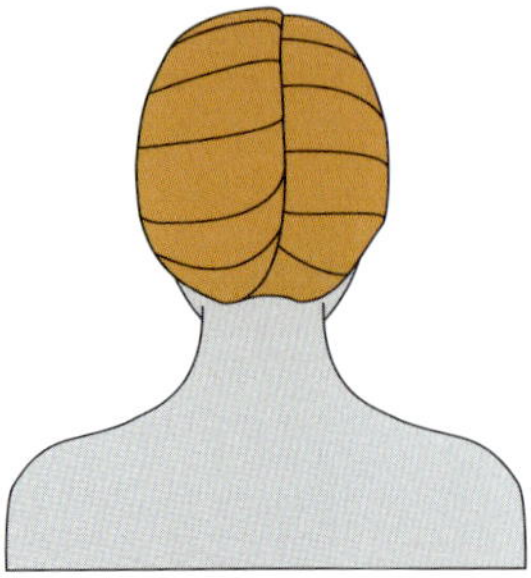

die **Banane**
Ba·na·ne <–n> *lang* Haarbanane
senkrecht hoch gesteckter **Gibson Tuck**
09.001

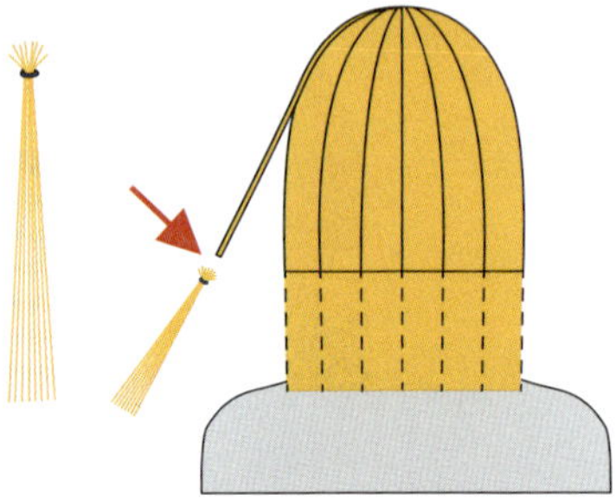

das **Bonding**
Bon·ding
einzelne **Strähnen** werden an und zwischen den Haaren befestigt, um sie zu verlängern und dichter wirken zu lassen
09.002

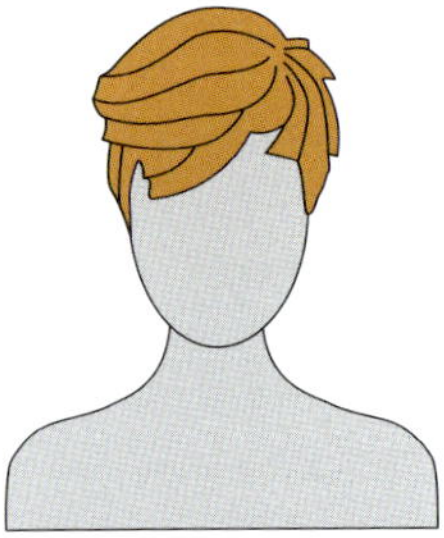

dynamische Frisur
dy·na·mi·sche Fri·sur
durch Schnitt und Form entsteht eine lebendige **Frisur**, sieht aus wie Bewegung im Haar
09.003

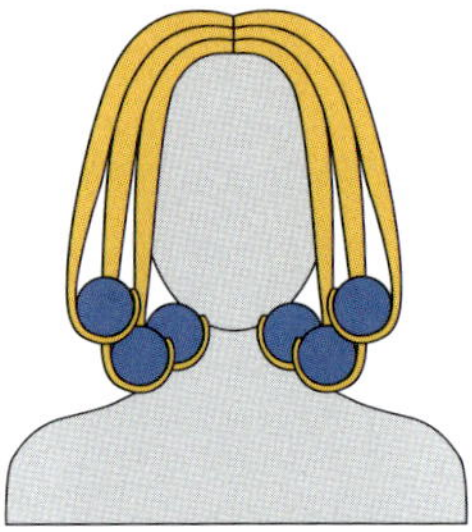

eingelegte Frisur
ein·ge·leg·te Fri·sur
Haare werden mit **Wicklern** in Form gebracht
09.004

die **Extension**
Ex·ten·sion <–s>
Strähne aus echtem Haar oder **Kunsthaar** verlängert die Haare
auch Haarverlängerung
09.005

flechten
flech·ten
<flicht, flocht, hat geflochten>
Haare werden in mindestens drei **Strähnen** aufgeteilt und wechselnd übereinandergelegt
09.006

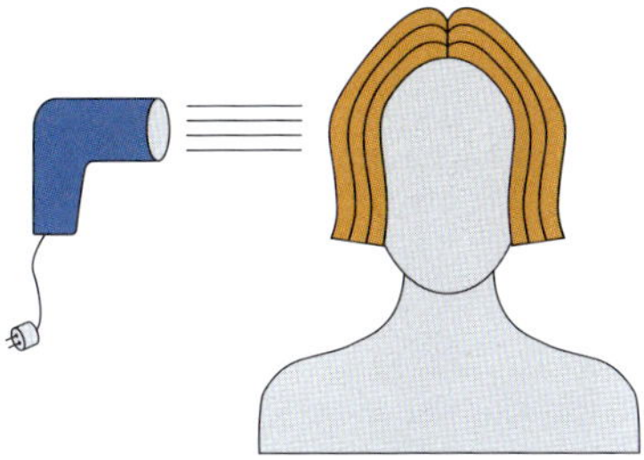

die **Föhnfrisur**
Föhn·fri·sur <–en>
Haare werden mit einer Bürste und warmer oder heißer Luft aus dem **Föhn** zu einer **Frisur** geformt
09.007

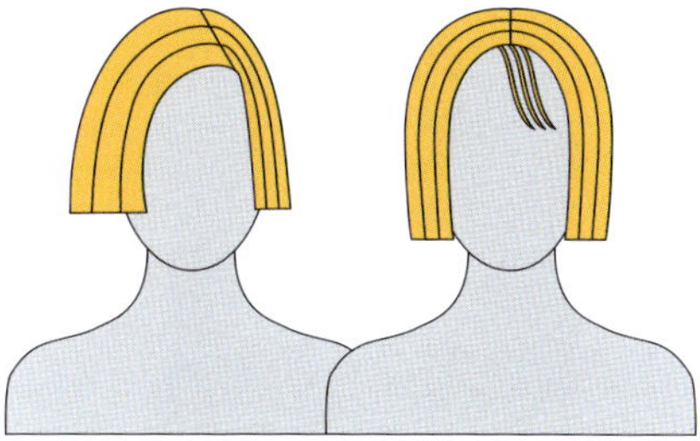

die **Formanordnung**
Form·an·ord·nung <–en>
unterschiedliche Formen von **Frisuren**, z. B. **Asymmetrie**, **Reihung**, **Rhythmus**
09.008

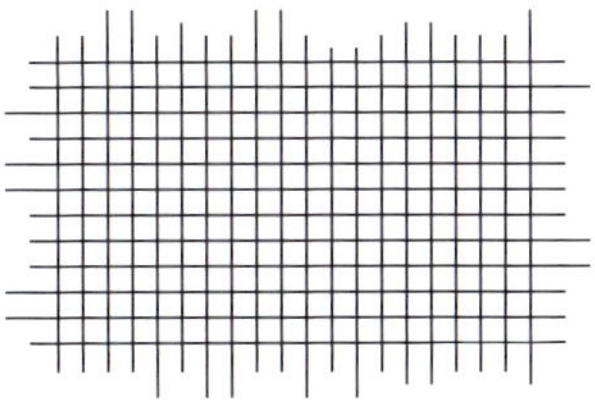

die **Gaze**
Ga·ze <–n>
sehr feines Material, sieht aus wie ein Netz, braucht man für **Perücken**
09.009

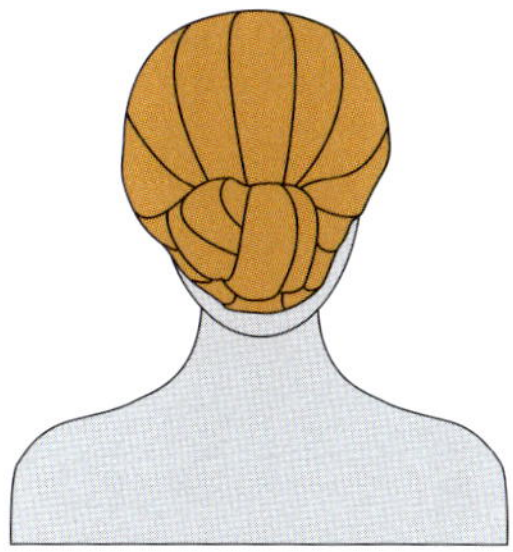

der **Gibson Tuck**
Gib·son Tuck <–s>
Spitzen werden unten zusammengebunden und nach oben zu einem Knoten aufgerollt
auch Gibson Roll
09.010

die **Haarergänzung**
Haar·er·gän·zung <–en>
echte oder **Kunsthaare** werden den eigenen Haaren hinzugefügt , z. B. durch **Bonding**
09.011

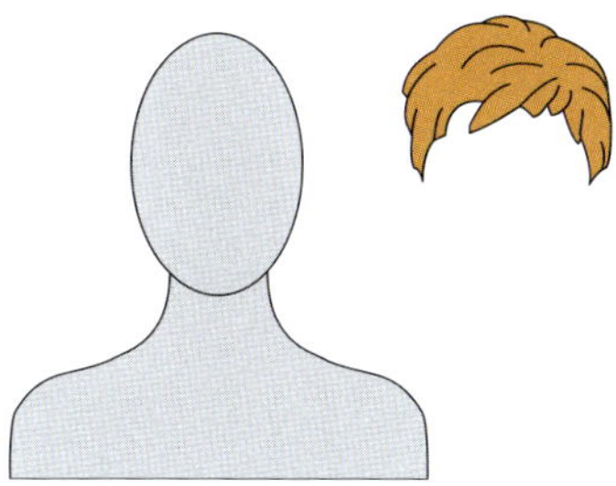

der **Haarersatz**
Haar·er·satz *kein Plural*
Haarteile oder **Perücken**, die fehlende Haare ersetzen
09.012

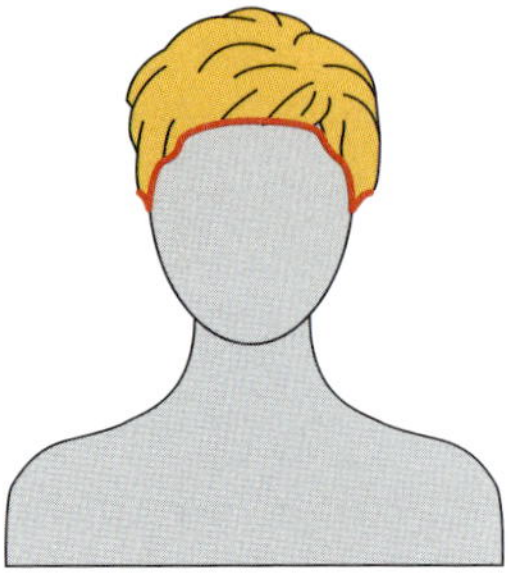

die **Haarkontur**
Haar·kon·tur <–en>
Verlauf des Haaransatzes
09.013

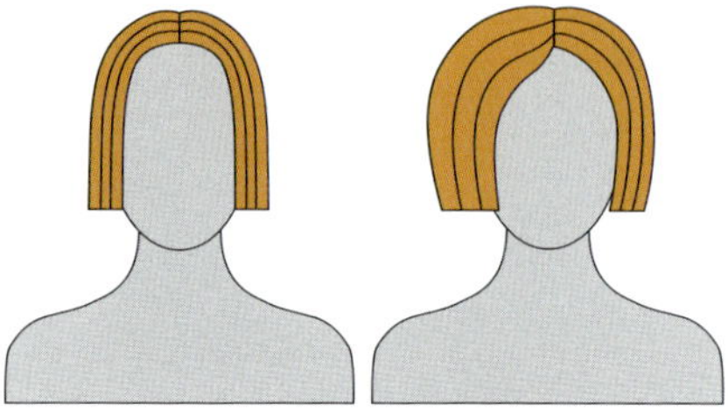

die **Haarquantität**
Haar·quan·ti·tät <–en>
Menge der Haare auf dem Kopf
09.014

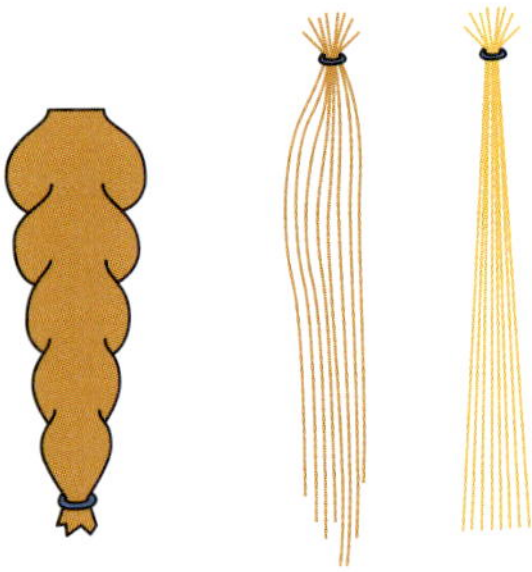

das **Haarteil**
Haar·teil <–e>
kleine Mengen von Haaren; ergänzen, verlängern oder ersetzen fehlende Haare
auch Toupet, Teilperücke, falsche Haare
09.015

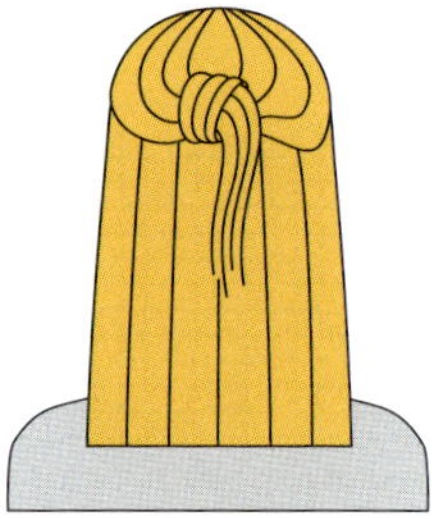

halbes Updo
hal·bes Up·do
ein Teil der Haare ist hoch gesteckt, der andere Teil bleibt offen
auch halbe Hochsteckfrisur
09.016

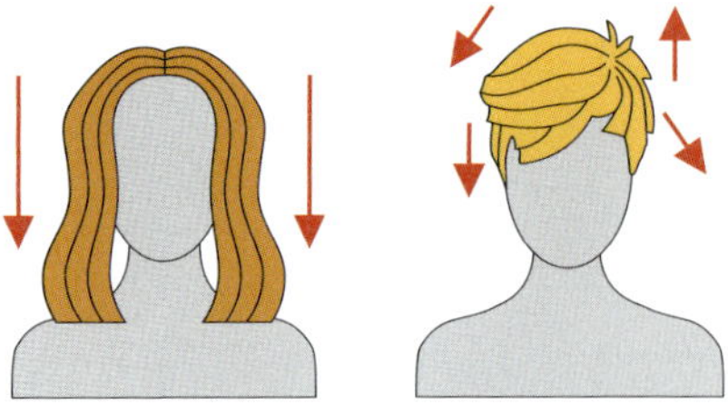

die **Kammführungslinie**
Kamm·füh·rungs·li·nie <–n>
wichtigste Linie der **Frisur**, bestimmt die Wirkung der **Frisur**
09.017

die **Konturenlinie**
Kon·tu·ren·li·nie <–n>
äußere Linie des Haarschnitts, beim **Konturenschnitt** besonders die Spitzen
09.018

das **Kunsthaar**
Kunst·haar <–e>
Kunststoff wird in sehr feine Streifen geschnitten, soll wie echtes Haar aussehen
auch Synthetikhaar
09.019

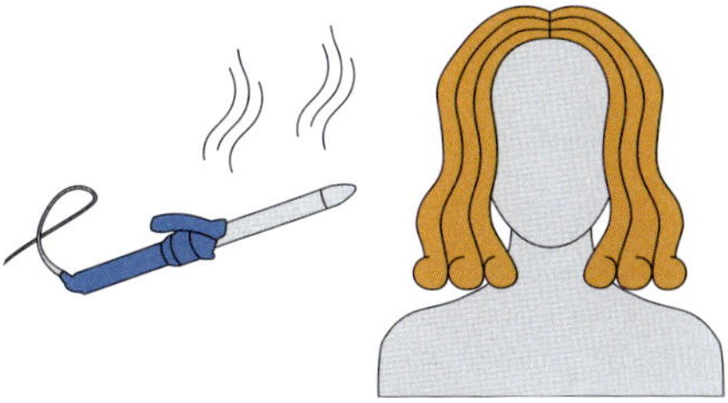

die **Lockenstabfrisur**
Lo·cken·stab·fri·sur <–en>
Locken und **Wellen** werden durch Hitze geformt
09.020

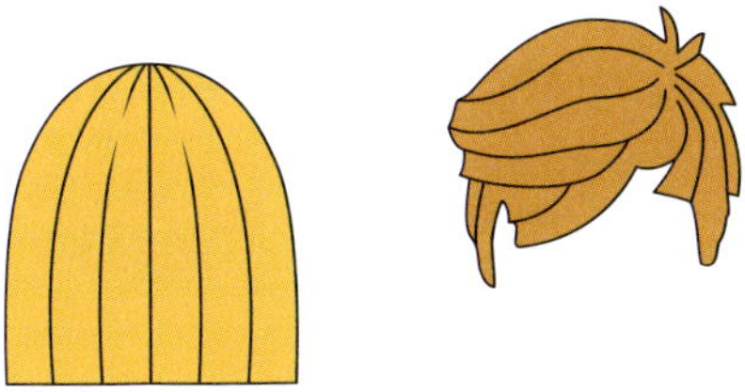

die **Perücke**
Pe·rü·cke <–n>
echte oder künstliche Haare sind auf **Gaze** zu einer **Frisur** verarbeitet
auch Haarersatz, Zweitfrisur
09.021

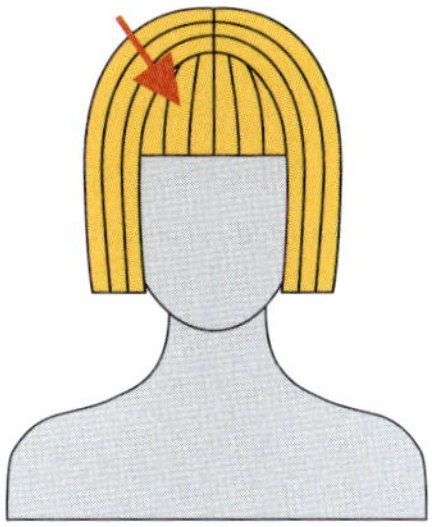

der **Pony**
Po·ny <–s>
Haare auf dem vorderen Teil des Kopfes werden zum Gesicht gekämmt und vor der **Stirn** geschnitten
auch Stirnfransen
09.022

der **Scheitel**
Schei·tel <–>
feine Linie, teilt Haare in unterschiedliche Bereiche
09.023

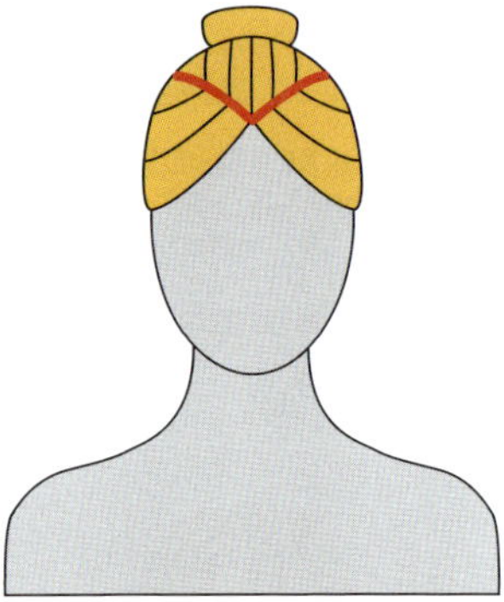

der Dreiecksscheitel
Drei·ecks·schei·tel <–>
Haare werden durch zwei schräge **Scheitel** in der Mitte des Oberkopfes **abgeteilt**
09.024

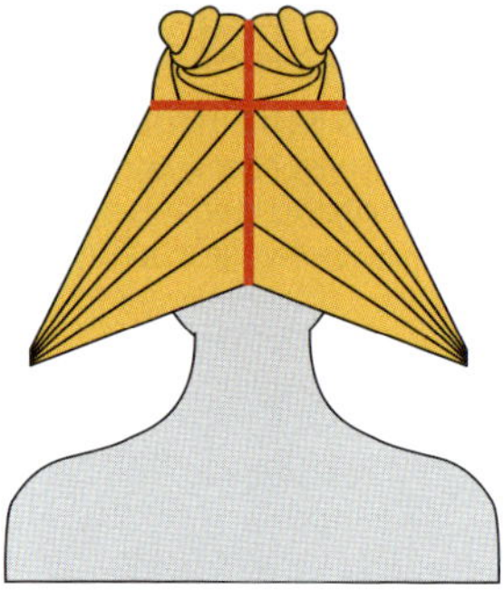

der Kreuzscheitel
Kreuz·schei·tel <–>
vom höchsten Punkt des Kopfes werden die Haare durch feine Linien in vier Bereiche **abgeteilt**
09.025

der Madonnenscheitel
Ma·don·nen·schei·tel <–>
Mittelscheitel in langem Haar
09.026

der Mittelscheitel
Mit·tel·schei·tel <–>
Scheitel von vorn nach hinten in der Mitte des Kopfes
09.027

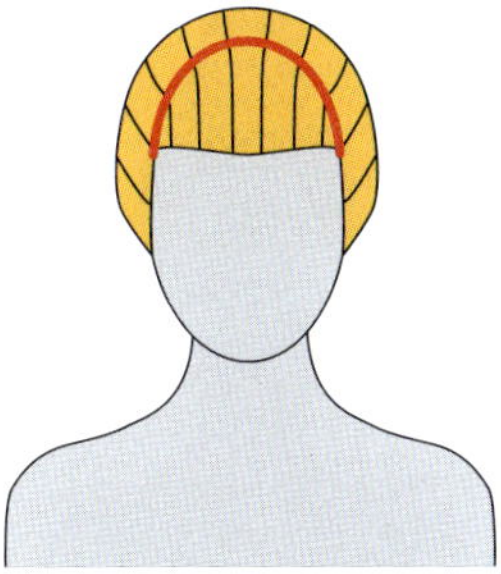

der **Querscheitel**
Quer·schei·tel <–>
Scheitel, der quer über den Kopf gezogen wird
09.028

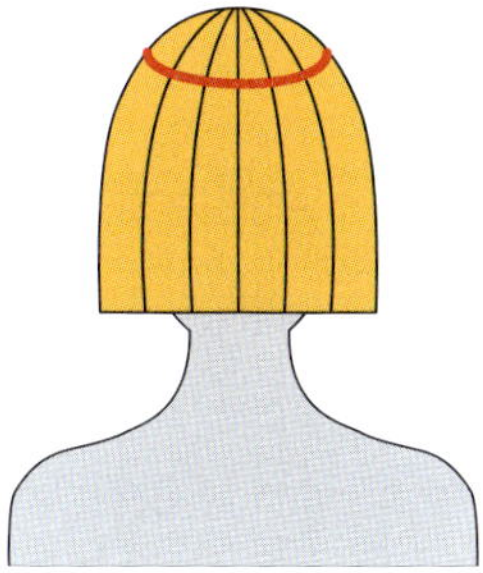

der **Rundscheitel**
Rund·schei·tel <–>
Scheitel, der wie ein Kreis um den Kopf geht
09.029

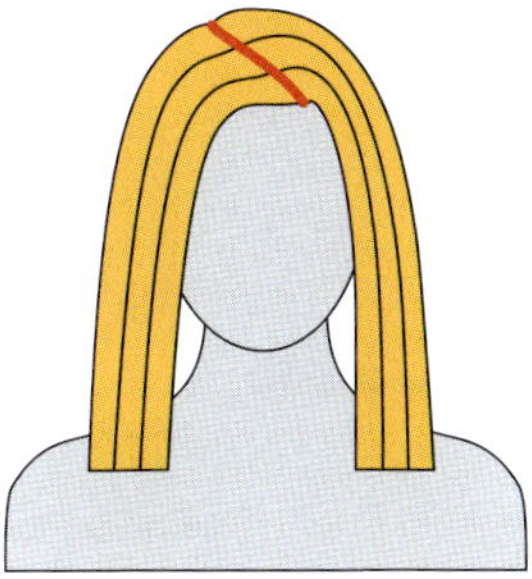

der **Schrägscheitel**
Schräg·schei·tel <–>
Scheitel, der Haare oder **Frisuren** asymmetrisch teilt
09.030

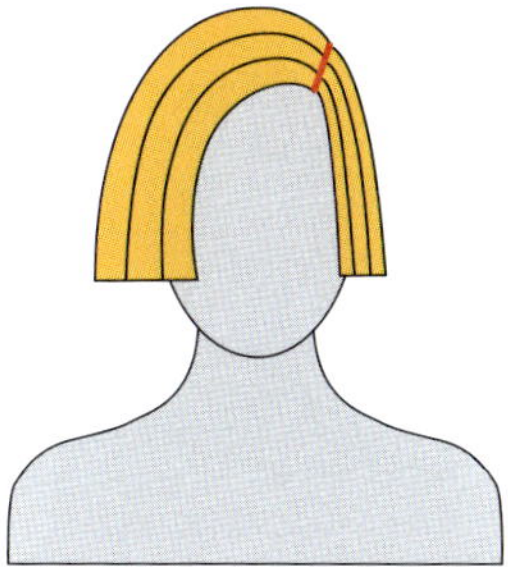

der **Seitenscheitel**
Sei·ten·schei·tel <–>
Scheitel von vorn nach hinten, rechts oder links von der Kopfmitte
09.031

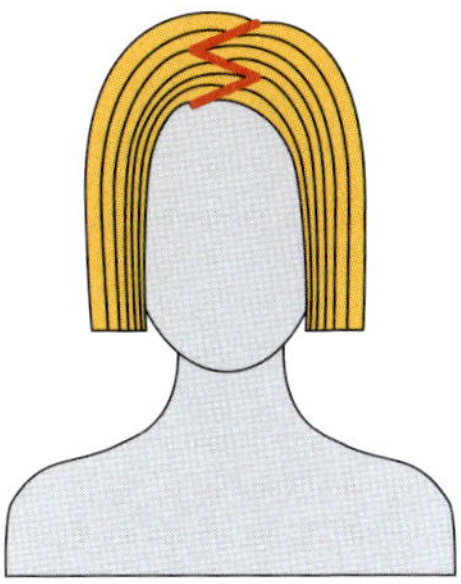

der **Zickzackscheitel**
Zick·zack·schei·tel <–>
Scheitel besteht aus kurzen Linien, die spitz aneinanderliegen
09.032

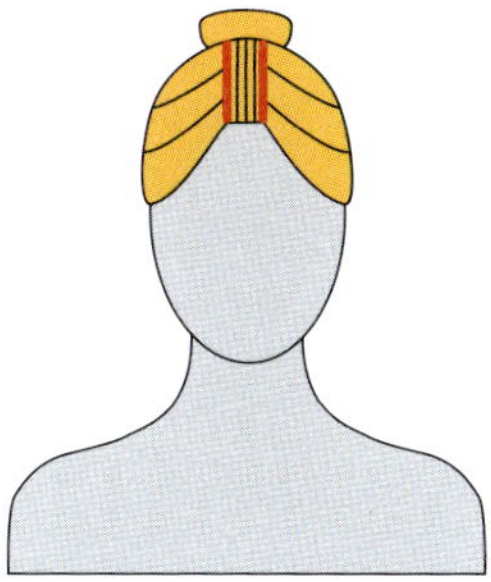

der **Zungenscheitel**
Zun·gen·schei·tel <–>
Haar**strähne**, die mit zwei parallel laufenden Linien in der Mitte **abgeteilt** wird
09.033

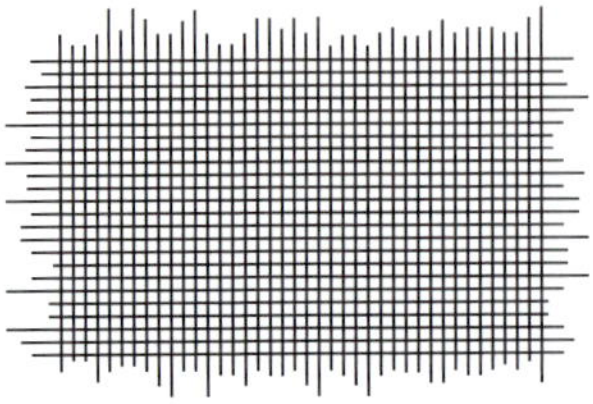

der **Steiftüll**
Steif·tüll <–e>
Material ähnlich wie **Gaze**,
Grundlage zum Üben für **Perücken**
09.034

die **Steigerung**
Stei·ge·rung <–en>
einzelne Teile einer **Frisur** werden
wiederholt übereinandergesetzt
09.035

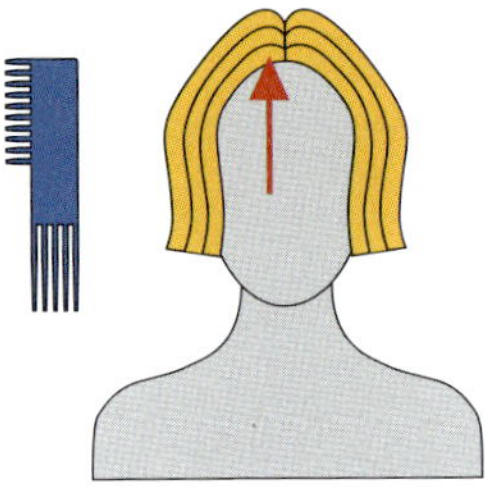

toupieren
tou·pie·ren
<toupiert, toupierte, hat toupiert>
Haare werden mit dem **Toupierkamm**
zusammengeschoben, es entsteht **Volumen**
09.036

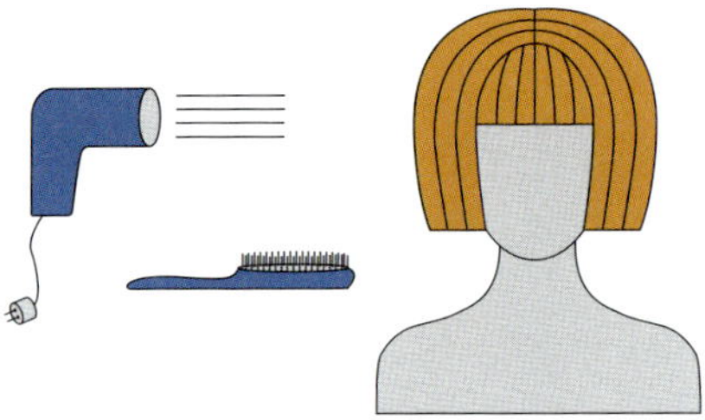

das **Volumen**
Vo·lu·men <–, Volumina>
die Menge von etwas, hier:
das Haar sieht durch den Schnitt
oder die **Frisur** dichter aus
09.037

der **Zopf**
Zopf <Zöpfe>
mindestens drei **Strähnen**
werden **geflochten**
09.038

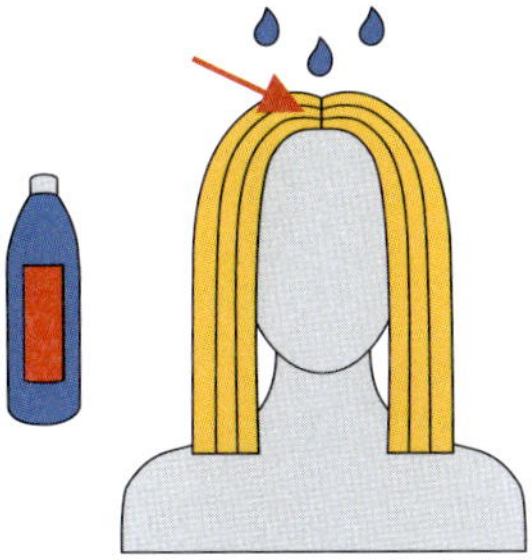

die **Ansatzhaarwäsche**
An·satz·haar·wä·sche <–n>
das **Shampoo** wird nur auf die Kopfhaut aufgetragen, um die Haarspitzen zu schonen
auch Kopfhautwäsche
10.001

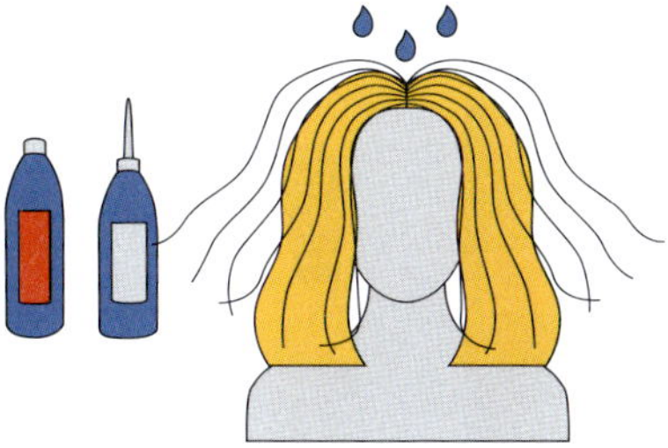

die **Anti-Frizz-Pflege**
An·ti-Frizz-Pfle·ge *kein Plural*
Produkte, die den Haaren Feuchtigkeit geben
10.002

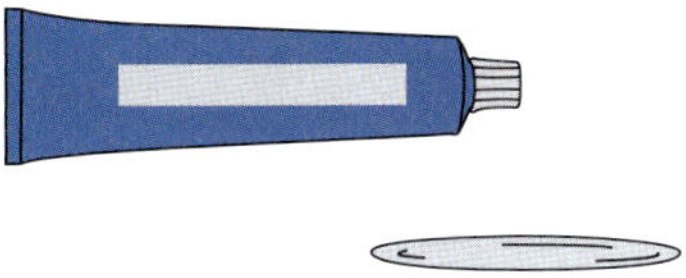

das **Cremegel**
Creme·gel <–e>
eine dünnflüssige Cremmischung für Pflege oder **Styling**
10.003

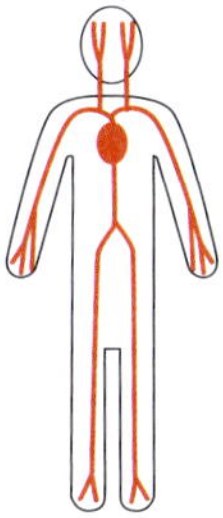

die **Durchblutung**
Durch·blu·tung <–en>
Fluss des Blutes durch den Körper
10.004

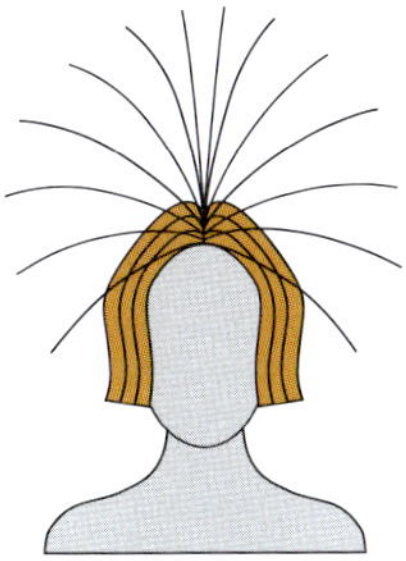

elektrostatische Aufladung
elek·tro·sta·ti·sche Auf·la·dung
kurz statische Aufladung
die Haare sind elektrisch geladen, sie stehen vom Kopf ab und scheinen zu fliegen
10.005

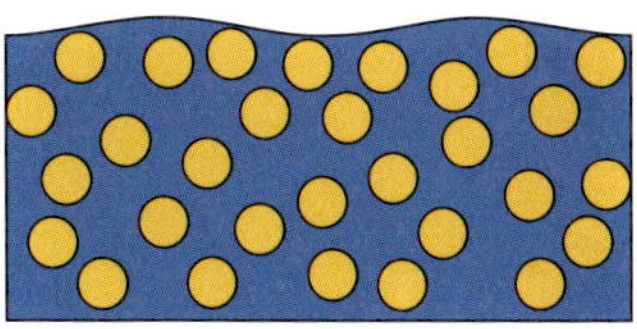

die **Emulsion**
Emul·si·on <–en>
die Mischung von zwei Flüssigkeiten; eine schwimmt in kleinen Tropfen in der anderen, z. B. Öl in Wasser
10.006

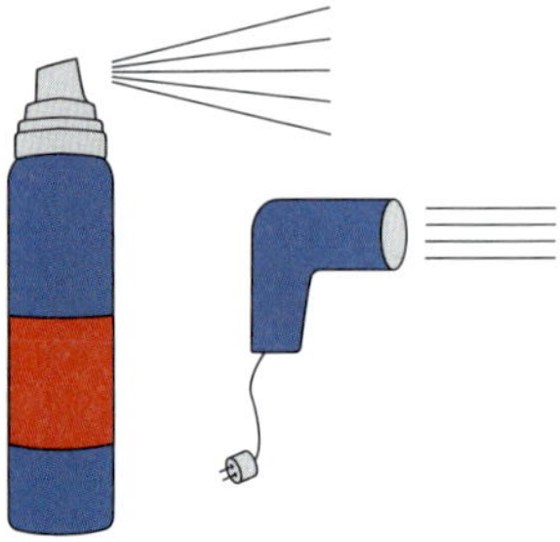

die Föhnlotion
Föhn·lo·ti·on <–en>
Flüssigkeit, die Haare leichter frisierbar macht und Halt gibt
10.007

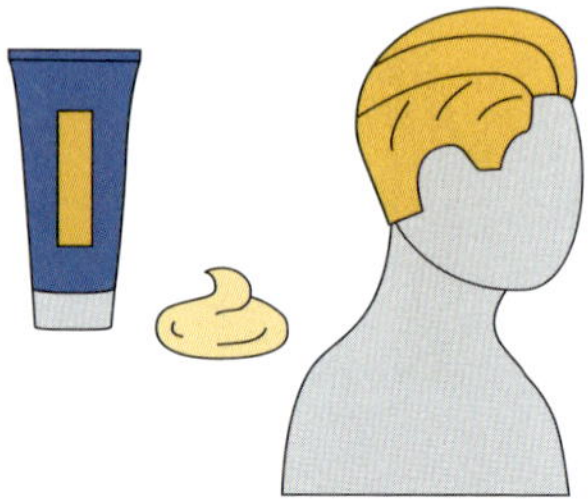

die Frisiercreme
Fri·sier·creme <–s>
eine Creme, mit der vor allem Männer**frisuren** Halt gegeben wird
10.008

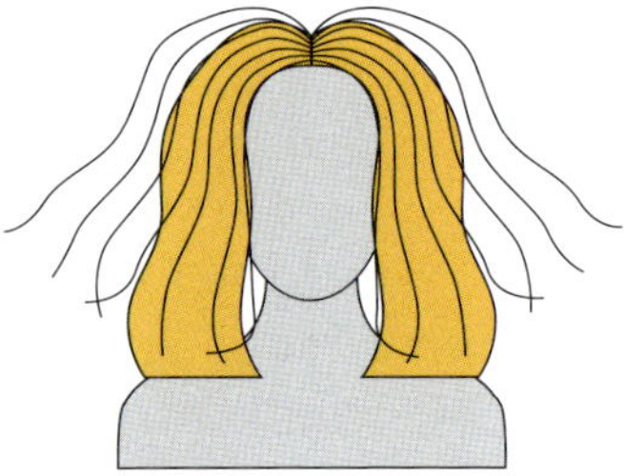

der Haar-Frizz
Haar-Frizz *kein Plural, kurz* Frizz
die Haare sind trocken und schwer zu frisieren
10.009

das Haargel
Haar·gel <–e>
Stylingprodukt, das ähnlich wie **Frisiercreme** eingesetzt wird und der **Frisur** Halt gibt
10.010

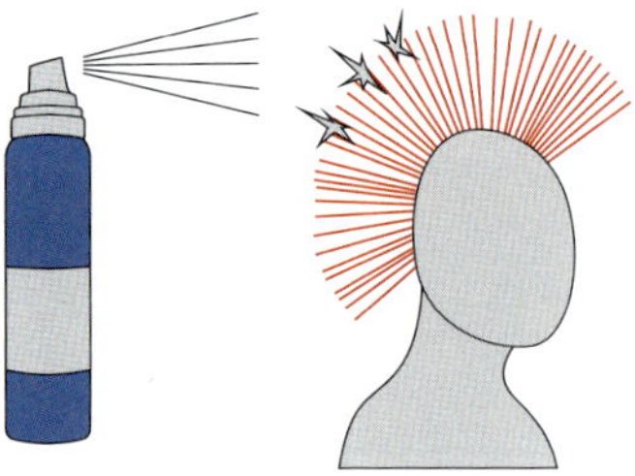

der Haarlack
Haar·lack <–e>
ähnlich wie **Haarspray**, formt die **Frisur** sehr fest und spiegelt Licht
10.011

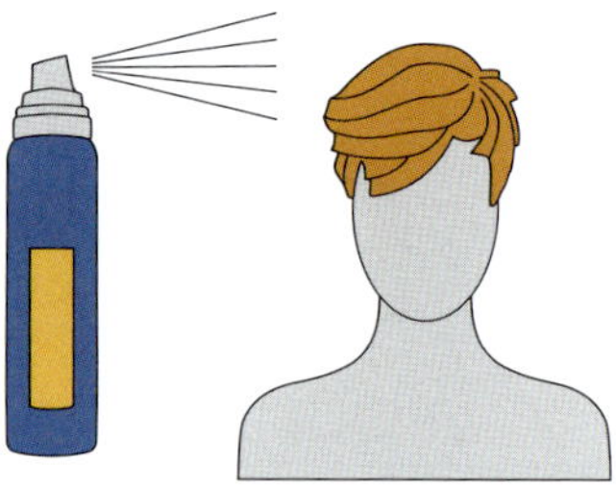

das Haarspray
Haar·spray <–s>
Stylingprodukt, stärkt den Halt von **Frisuren**
10.012

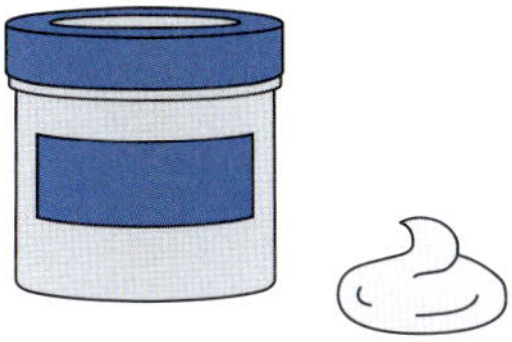

das **Haarwachs**
Haar·wachs <–e>
etwas fester als Creme,
pflegt und formt das Haar
10.013

das **Haarwasser**
Haar·was·ser <Haarwässer>
Flüssigkeit auf der Grundlage von Alkohol, pflegt Haare und Kopfhaut
auch Kopfhautwasser
10.014

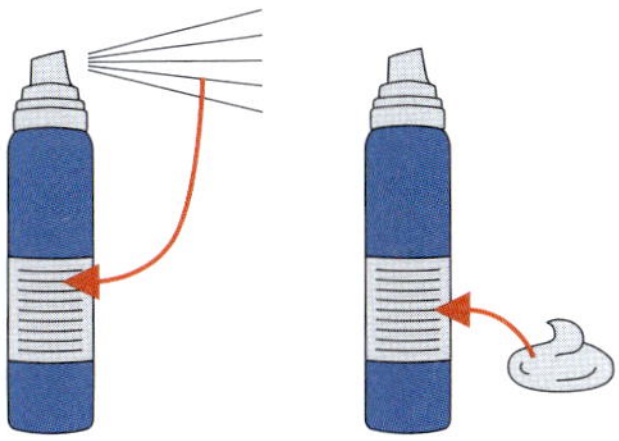

Internationale Nomenklatur für kosmetische Inhaltsstoffe
In·ter·na·ti·o·na·le No·men·kla·tur für kos·me·ti·sche In·halts·stof·fe *kurz* INCI
Regeln, nach denen die Zutaten in Kosmetik, Pflege- und **Styling**produkten korrekt auf den Flaschen und Töpfen genannt werden müssen
10.015

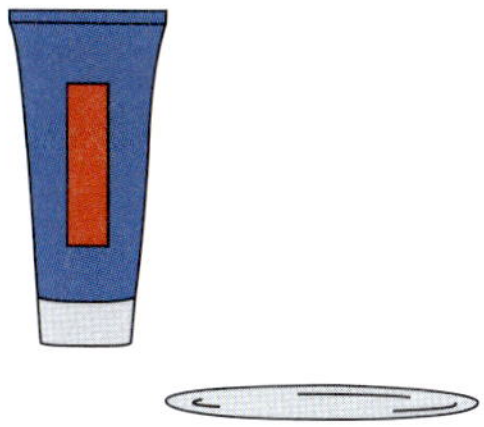

das **Kompaktgel**
Kom·pakt·gel <–e>
ein **Styling**-Gel, mit dem **Frisuren** geformt werden
auch Gum-Gel
10.016

der **Konservierungsstoff**
Kon·ser·vie·rungs·stoff <–e>
Mittel, das Kosmetik-, Pflege-, **Styling**-produkte usw. länger haltbar macht
auch Konservierungsmittel
10.017

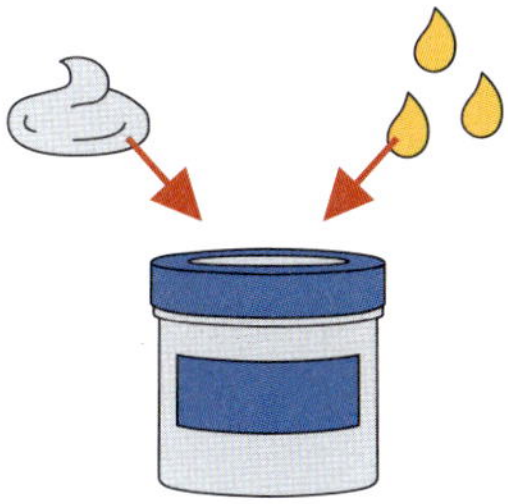

der **Konsistenzgeber**
Kon·sis·tenz·ge·ber <–>
Zutat für Cremes, Salben und andere Produkte, um diese mehr oder weniger fest werden zu lassen, z. B. Fett und Öl
10.018

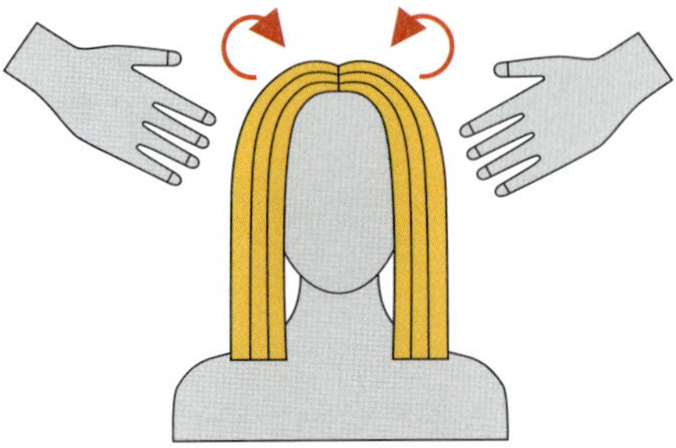

die **Kopfmassage**
Kopf·mas·sa·ge <–en>
unterschiedliche Methoden, mit denen Finger und Hände die Kopfhaut drücken
10.019

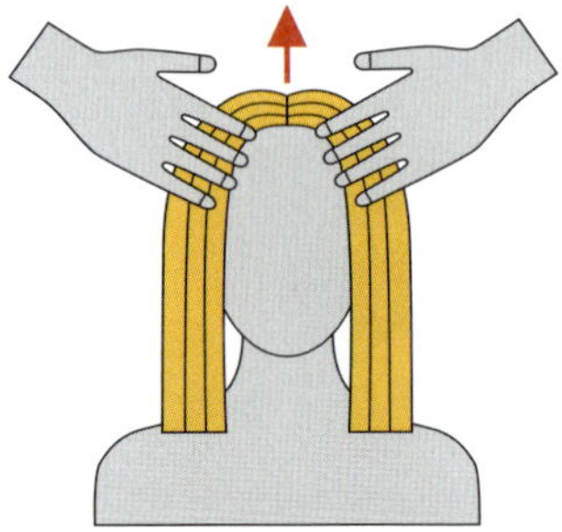

das **Ausstreichen des vorderen Haaransatzes**
Aus·strei·chen des vor·de·ren Haar·an·sat·zes
die Fingerspitzen streichen vom Haaransatz nach hinten
10.020

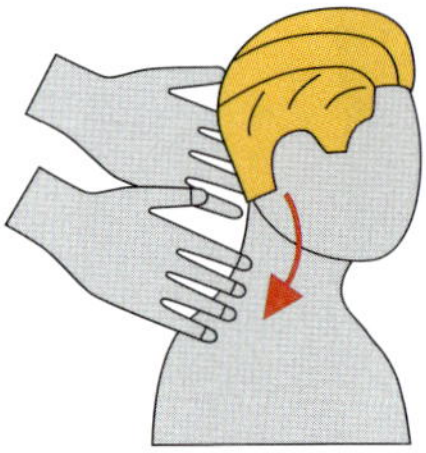

das **Ausstreichen der Nackenmuskulatur**
Aus·strei·chen der Na·cken·mus·ku·la·tur
beide Hände setzen hinter den Ohren an und bewegen sich zu den Schultern herunter
10.021

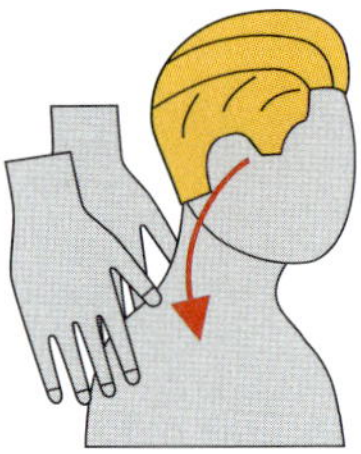

das **Ausstreichen des Hinterkopfes und der Nackenpartie**
Aus·strei·chen des Hin·ter·kopf·es und der Na·cken·par·tie
die Daumen setzen hinter den Ohren an und streichen in Richtung **Nacken**
10.022

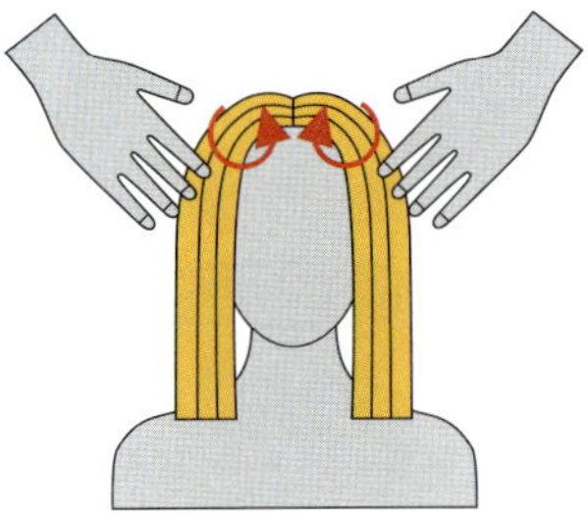

die **Friktion**
Frik·ti·on <–en>
das Streichen der Kopfhaut und des Hinterkopfes mit kleinen kreisenden Bewegungen
10.023

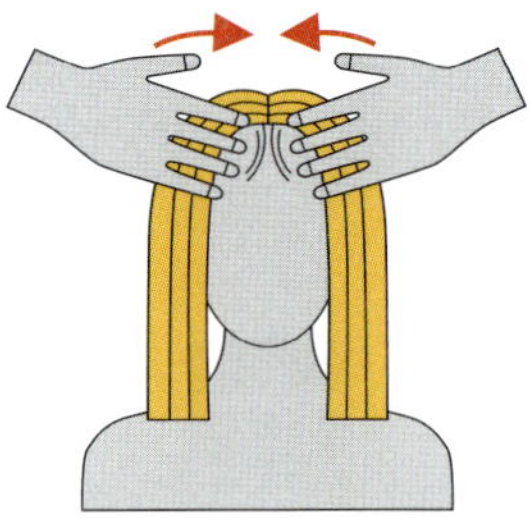

das **Plissieren der Kopfhaut**
Plis·sie·ren der Kopf·haut
eine Technik, bei der die Spitzen der Finger die Kopfhaut mit leichtem Druck in der Mitte zusammenschieben
10.024

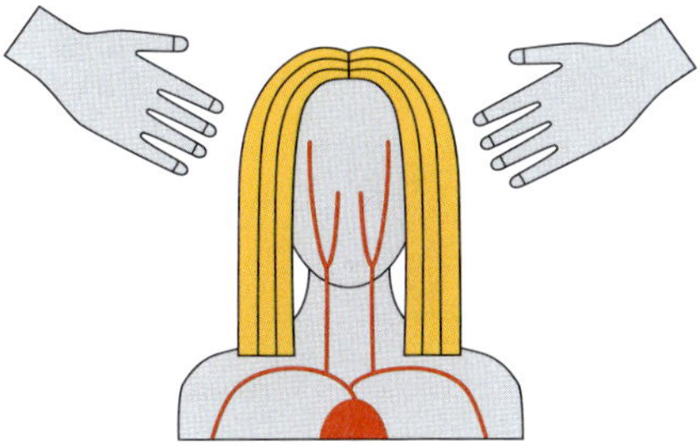

die **Durchblutungsmassage**
Durch·blu·tungs·mas·sa·ge <–n>
festes Streichen des **Bindegewebes** der Kopfhaut, fördert die **Durchblutung**
10.025

der **Schaumfestiger**
Schaum·fes·ti·ger <–>
ein **Styling**produkt, das der **Frisur** mehr Halt und **Volumen** gibt
auch Föhnschaum
10.026

das **Shampoo**
Sham·poo <–s>
Flüssigkeit, mit der die Haare gewaschen werden
auch Haarwaschmittel
10.027

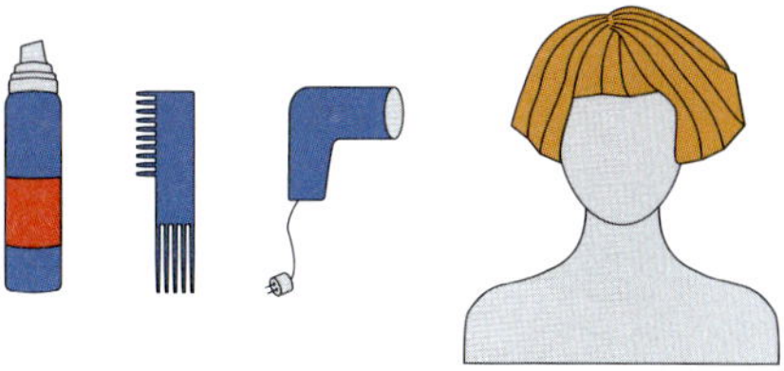

das **Styling**
Sty·ling <–s>
die Art, wie etwas, hier die **Frisur**, gearbeitet und präsentiert wird
10.028

das **Tensid**
Ten·sid <–e>
Bestandteil von Seife und **Shampoo**, löst Fett und Schmutz vom Körper oder aus Haaren und Kleidung
10.029

das **Treibgas**
Treib·gas <–e>
dichtes oder flüssiges Gas, das unter Druck z. B. **Haarspray** aus der Dose treibt
10.030

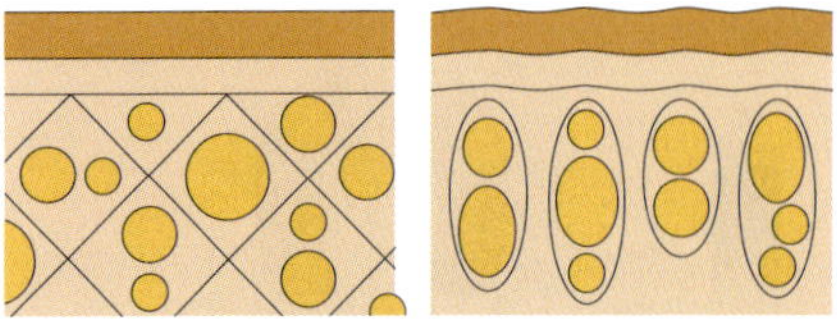

das Bindegewebe
Bin·de·ge·we·be <–>
hat verschiedene Formen,
ist überall im menschlichen Körper,
speichert z. B. Wasser und schützt
Teile im Inneren des Körpers
auch Faszien
11.001

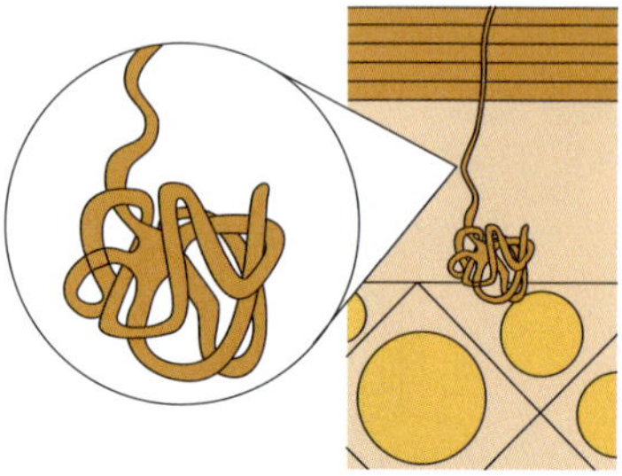

die Duftdrüse
Duft·drü·se <–n>
befindet sich in der **Dermis**, sorgt für
die richtige Temperatur des Körpers
auch apokrine Schweißdrüse
11.002

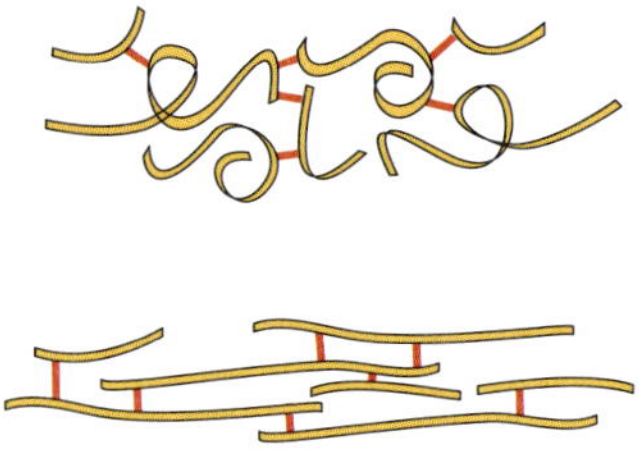

das Elastin
Elas·tin *kein Plural*
ein **Protein**, das **Elastizität**
hat und Form gibt
11.003

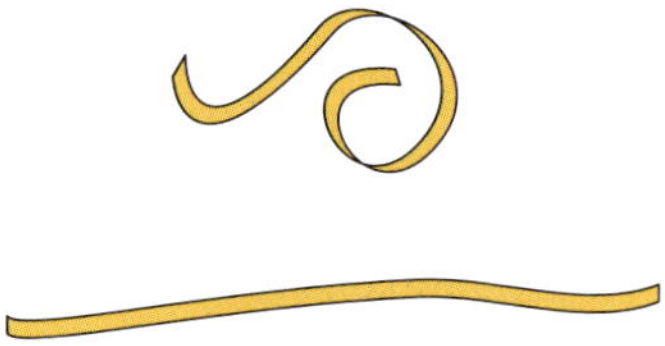

die Elastinfaser
Elas·tin·fa·ser <–n>
besteht aus **Elastin** und
ist Teil des **Bindegewebes**
11.004

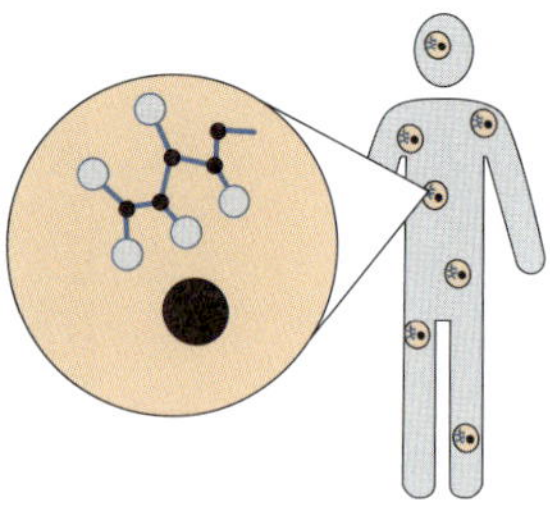

das Protein
Pro·te·in <–e>
ein biologischer Stoff, der sich
in allen **Zellen** des Körpers findet
11.005

die **Haut**
Haut <Häute>
schützt den Körper,
hat mehrere Schichten
11.006

die Hornschicht
Horn·schicht <–en>
die oberste Schicht der **Epidermis**
auch Stratum corneum
11.007

die Körnerschicht
Kör·ner·schicht <–en>
eine der fünf Schichten der **Epidermis**, hier beginnt das Absterben der **Zellen**
auch Stratum granulosum
11.008

die Epidermis
Epi·der·mis <Epidermen>
die oberste oder äußerste Schicht der Haut
auch Oberhaut
11.009

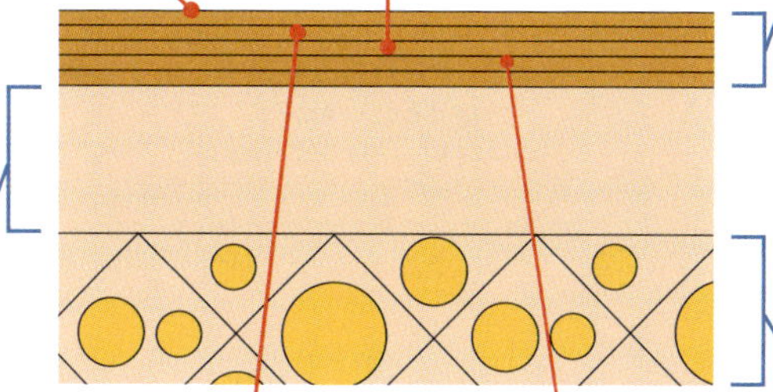

die Dermis
Der·mis <Dermen>
die dickste und mittlere der drei Hautschichten
auch Lederhaut
11.010

die Subcutis
Sub·cu·tis <–>
Bindegewebe unter der Haut, ist die Verbindung mit darunterliegenden Strukturen
auch Unterhaut
11.013

die Leuchtschicht
Leucht·schicht <–en>
eine der oberen Schichten der **Epidermis**, besteht aus sehr viel **Keratin**, nur an den Innenseiten von Händen und Füßen
auch Glanzschicht, Stratum lucidum
11.011

die Stachelzellenschicht
Sta·chel·zel·len·schicht <–en>
die Schicht der **Epidermis** zwischen **Basalzellschicht** und **Körnerschicht**
auch Stratum spinosum
11.012

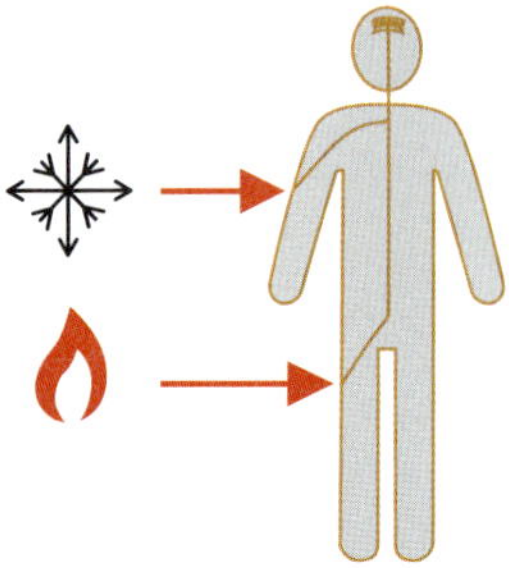

der Hautnerv

Haut·nerv <–en>
überall auf der Haut;
fühlt z. B. Schmerz, Hitze, Kälte und gibt Informationen dazu weiter
11.014

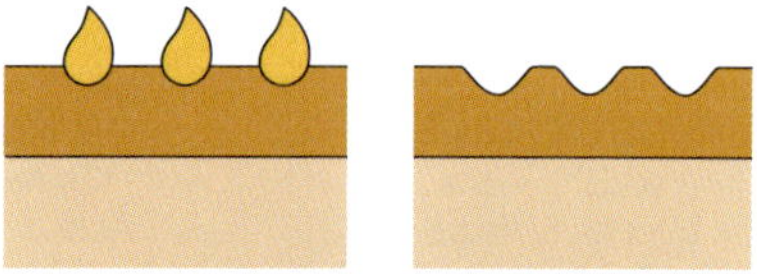

der Hautsekretionstyp

Haut·se·kre·ti·ons·typ <–en>
die Beschreibung der Hautqualität, z. B. fettig oder trocken
11.015

der **Hauttyp**

Haut·typ <–en>
Struktur und Art der Haut, wie sie individuell in jedem Menschen von Anfang an vorhanden sind
11.016

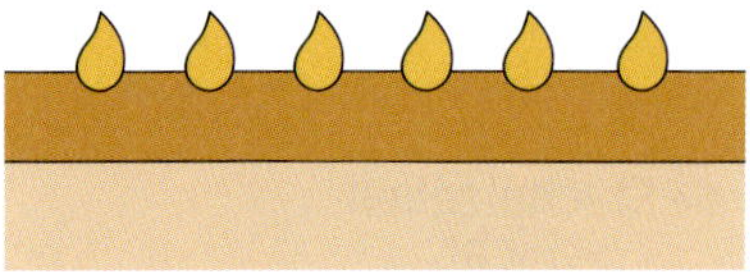

fettige Haut

fet·ti·ge Haut
auf der Haut ist zu viel **Talg**, die Haut sieht ölig aus
auch Seborrhö
11.017

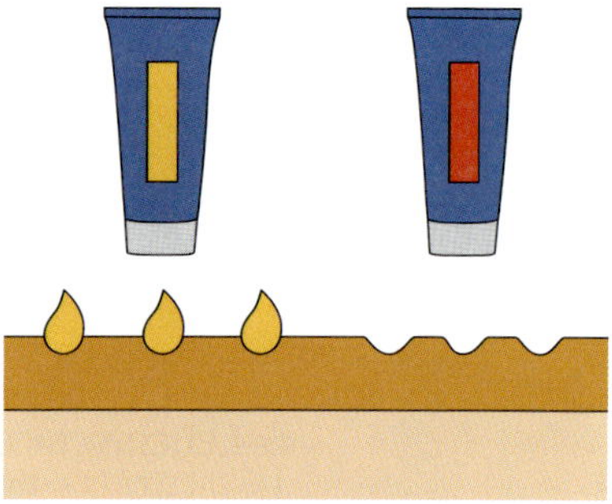

die Mischhaut

Misch·haut <Mischhäute>
ein Teil der Haut ist fettig, ein Teil trocken; die verschiedenen Bereiche brauchen unterschiedliche Pflege
11.018

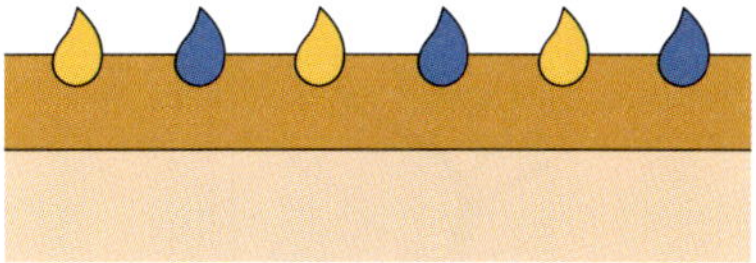

normale Haut

nor·ma·le Haut
die Haut ist ausreichend feucht und fett, sie sieht rosig aus
11.019

sensible Haut

sen·si·ble Haut
die Haut ist sehr fein, meist trocken; reagiert auf Stress oder bestimmte Lebensmittel schnell mit roten Flecken
11.020

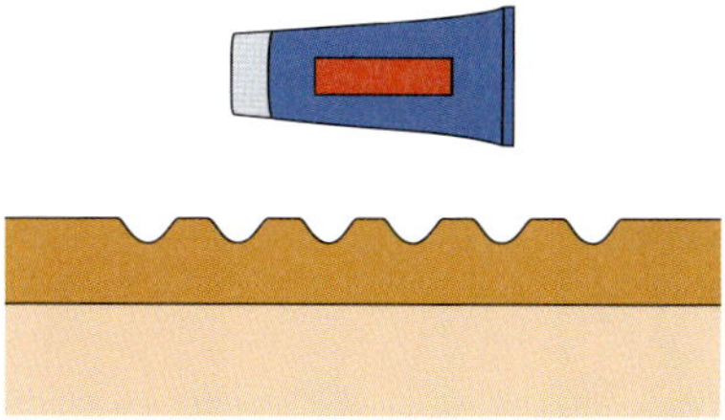

trockene Haut

tro·cke·ne Haut
auf der Haut ist zu wenig körpereigenes Fett
auch Sebostase
11.021

der **Hautzustand**

Haut·zu·stand <Hautzustände>
die aktuelle Situation der Haut, verändert sich durch äußere Einflüsse und Alter
11.022

gerötete Haut

ge·rö·te·te Haut
bestimmte Stellen oder die ganze Haut haben nicht die normale Farbe, sondern sind unterschiedlich rot
11.023

unreine Haut

un·rei·ne Haut
die Haut ist an mehreren Stellen uneben und manchmal entzündet
11.024

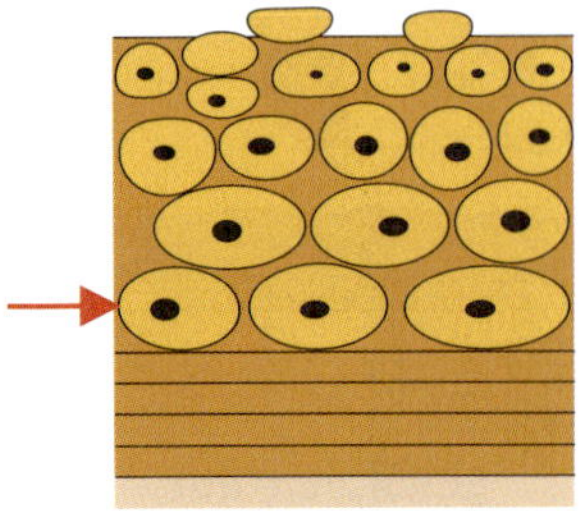

die **Hornzelle**
Horn·zel·le <–n>
der Hauptbestandteil der **Epidermis**
auch Korneozyt
11.025

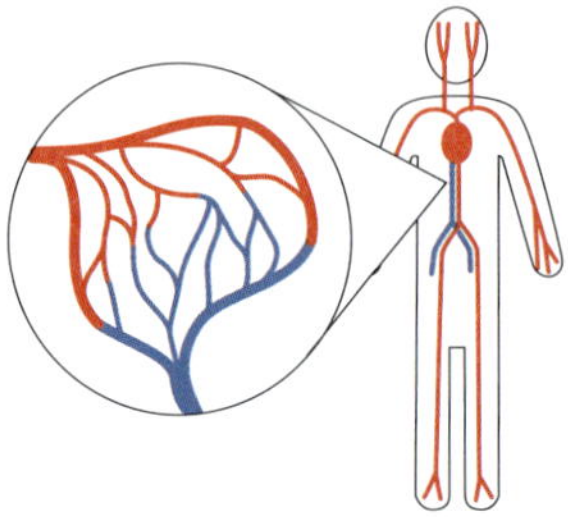

die **Kapillare**
Ka·pil·la·re <–n>
ein sehr feiner Blutkanal (Blutgefäß)
11.026

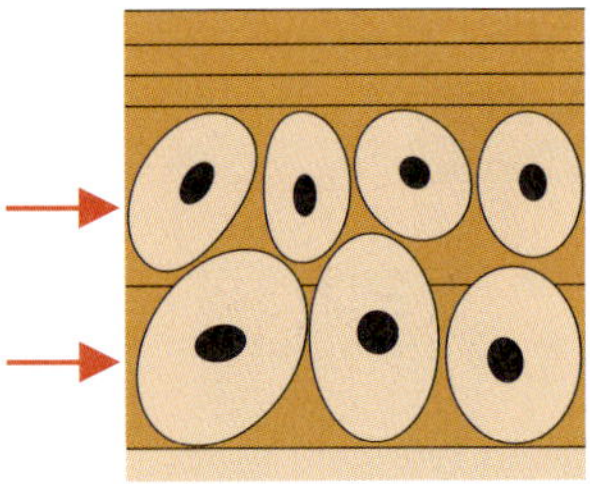

die **Keimschicht**
Keim·schicht <–en>
ein Teil der **Epidermis**,
hier teilen sich die **Zellen**
11.027

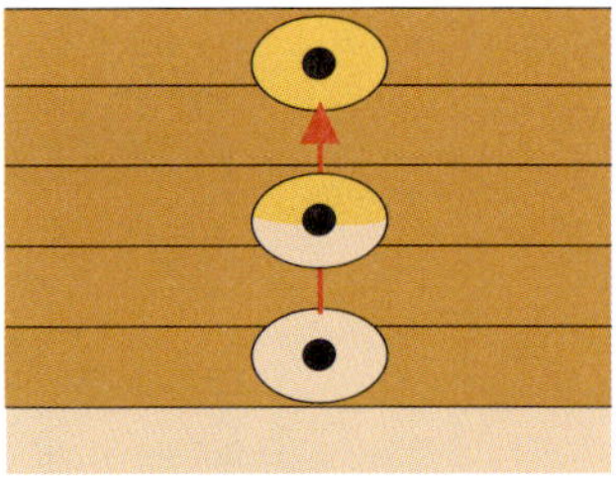

das **Keratinozyt**
Ke·ra·ti·no·zyt <–en>
Zelle, produziert **Keratin**
11.028

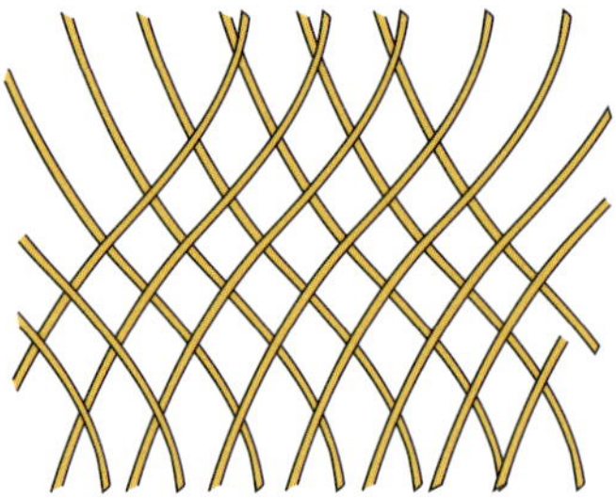

das **Kollagen**
Kol·la·gen <–e>
ein **Protein**, das sehr fest ist
11.029

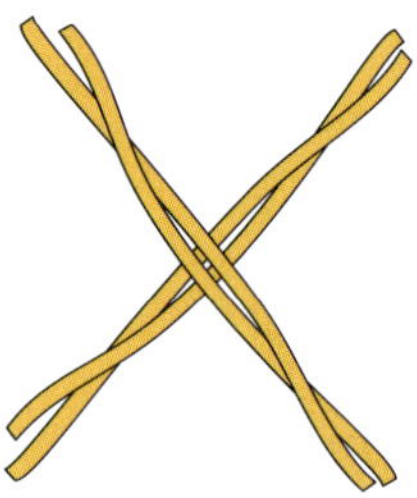

die **Kollagenfaser**
Kol·la·gen·fa·ser <–n>
besteht aus **Kollagen** und ist
Bestandteil des **Bindegewebes**
11.030

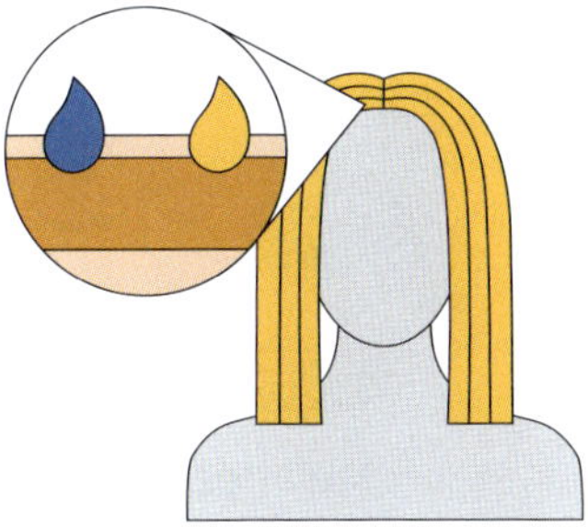

die **Kopfhautanalyse**
Kopf·haut·ana·ly·se <–n>
die Untersuchung der Kopfhaut
11.031

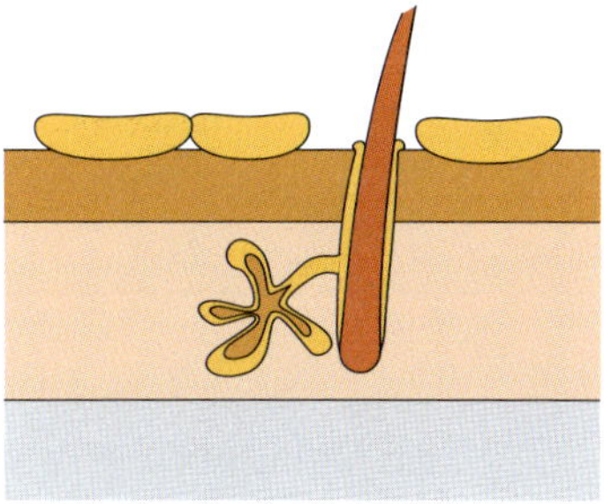

schuppige Kopfhaut
schup·pi·ge Kopf·haut
die Haut produziert wenig oder keinen **Talg**
11.032

die **Hautveränderung**
Haut·ver·än·de·rung <–en>
Struktur und Aussehen der Haut verändern sich durch Lebensgewohnheiten, Alter, Umwelt oder Krankheit
11.033

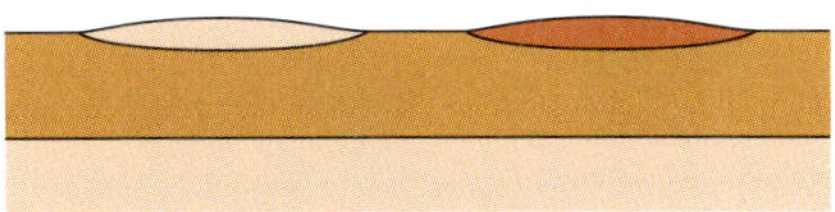

der **Pigmentfleck**
Pig·ment·fleck <–e(n)>
heller oder dunkler Fleck auf der Haut, Störung der **Zellen**
11.034

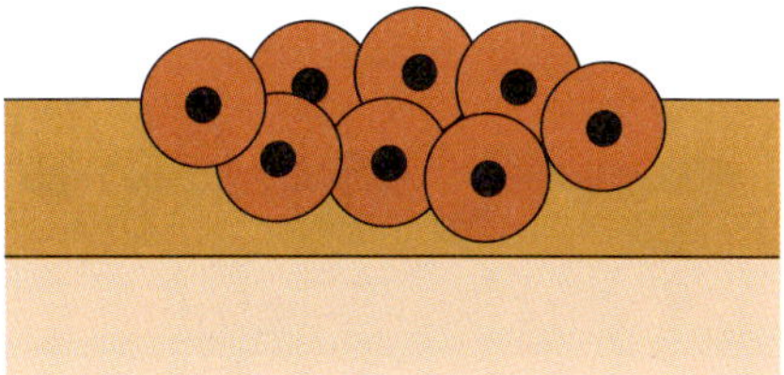

der **Leberfleck**
Le·ber·fleck <–e(n)>
viele **Zellen** an einer Stelle, die **Pigmente** bilden
auch Muttermal
11.035

das **Melanom**
Me·la·nom <–e>
eine krankhafte Veränderung
von **Pigmentzellen**
auch malignes Melanom,
schwarzer Hautkrebs
11.036

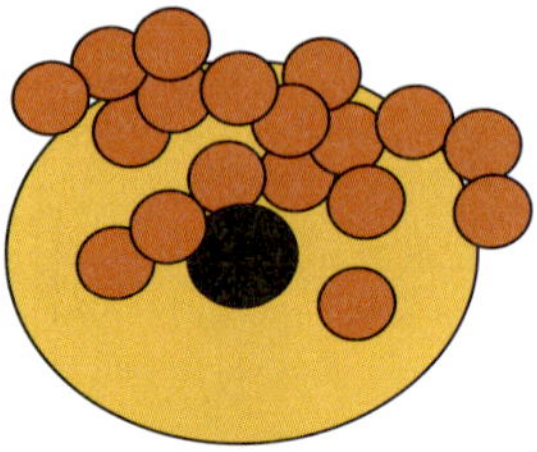

der **Melanozyt**
Me·la·no·zyt <–en>
eine **Zelle**, in der **Pigmente** entstehen;
Teil der **Epidermis**
11.037

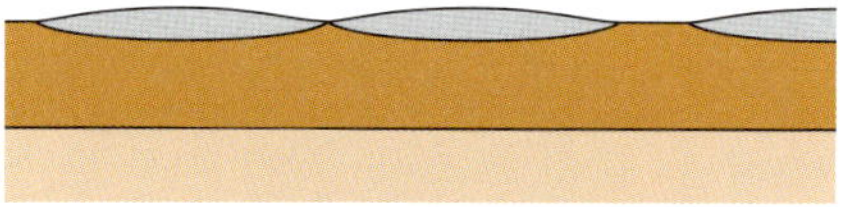

weißer Pigmentfleck
wei·ßer Pig·ment·fleck
eine Krankheit, die sich durch
weiße Flecken auf der Haut zeigt;
Melanozyten sind zerstört
auch Weißfleckenkrankheit
11.038

der **Säureschutzmantel**
Säu·re·schutz·man·tel <Säureschutzmäntel>
eine Schicht auf der Haut, die aus **Talg**
und **Schweiß** gebildet wird
11.039

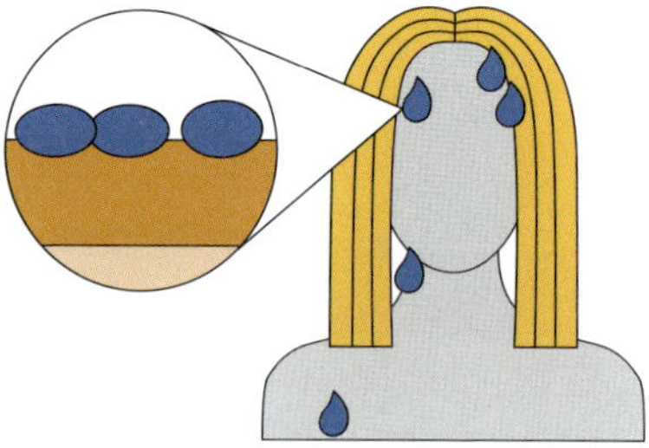

der **Schweiß**
Schweiß <–e>
eine salzige Flüssigkeit; tritt aus der Haut
bei Hitze, Stress, Angst und Krankheit
11.040

die **Zelle**
Zel·le <–n>
der kleinste lebende Baustein im Körper,
alle **Zellen** sind gleich aufgebaut
11.041

der Golgi-Apparat
Gol·gi-Ap·pa·rat <–e>
transportiert Stoffe in der **Zelle**
und bearbeitet **Proteine**
11.042

das Mitochondrium
Mi·to·chon·dri·um <Mitochondrien>
produziert chemische Stoffe,
die Energie enthalten
11.043

die Zellmembran
Zell·mem·bran <–en>
die Haut um die **Zelle**
11.044

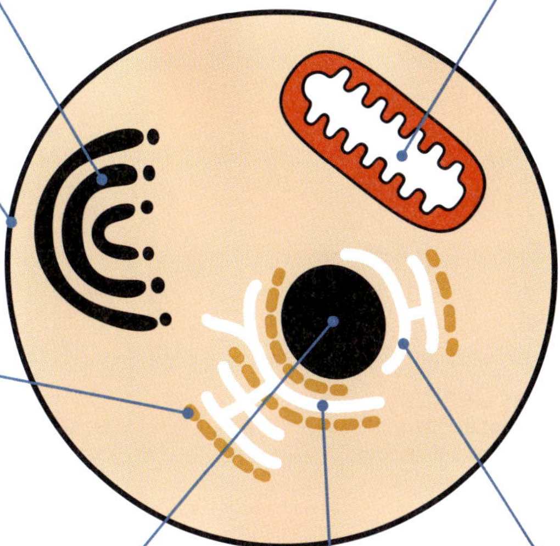

das Ribosom
Ri·bo·som <–en>
ist für die Produktion
der **Proteine** zuständig
11.045

der Zellkern
Zell·kern <–e>
Teil der **Zelle**; enthält die wesentlichen
Informationen über Mensch, Tier oder Pflanze
11.046

glattes endoplasmatisches Retikulum
glat·tes en·do·plas·ma·ti·sches
Re·ti·ku·lum
transportiert schädliche Stoffe ab
11.047

raues endoplasmatisches Retikulum
rau·es en·do·plas·ma·ti·sches
Re·ti·ku·lum
die Stelle, an der sich
die **Ribosomen** befinden
11.048

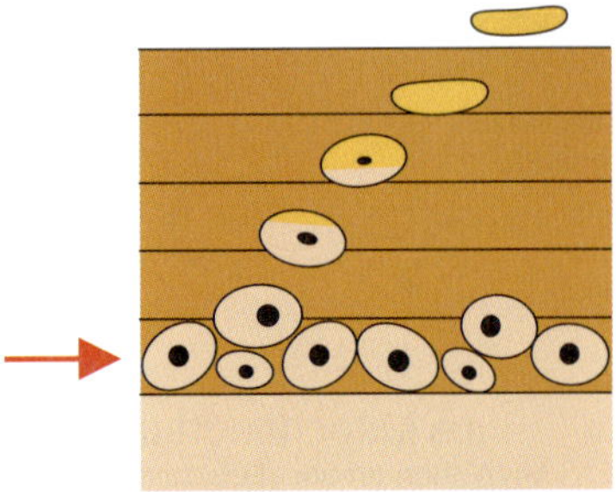

die **Basalzellschicht**
Ba·sal·zell·schicht <–en>
ein Teil der Haut, hier teilen sich **Zellen** und bilden neue **Keratinozyten**
12.001

genetischer Faktor
ge·ne·tisch·er Fak·tor
Faktor, der vor der Geburt festgelegt ist und in der Familie bei mehreren Mitgliedern vorkommt
12.002

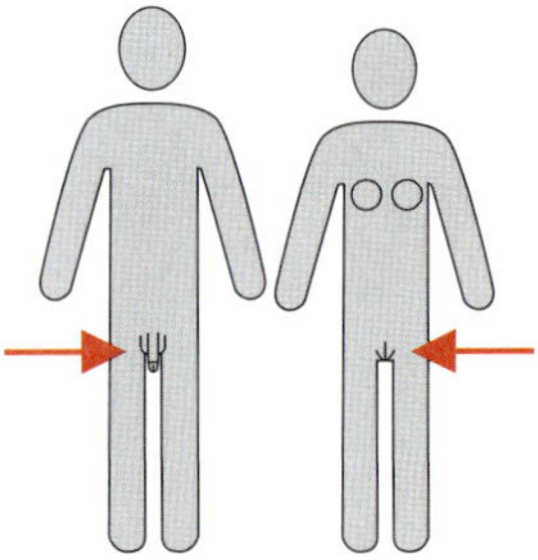

das **Genital**
Ge·ni·tal <–ien>
Geschlechtskennzeichen von Mann und Frau
12.003

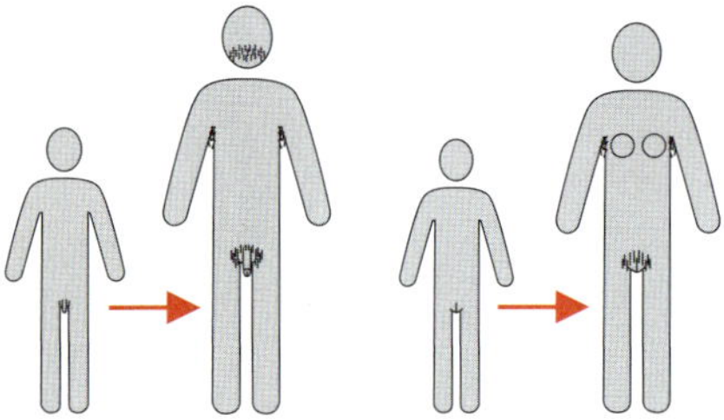

die **Geschlechtsreife**
Ge·schlechts·rei·fe *kein Plural*
der Zeitpunkt, ab dem Jungen Männer und Mädchen Frauen sind
12.004

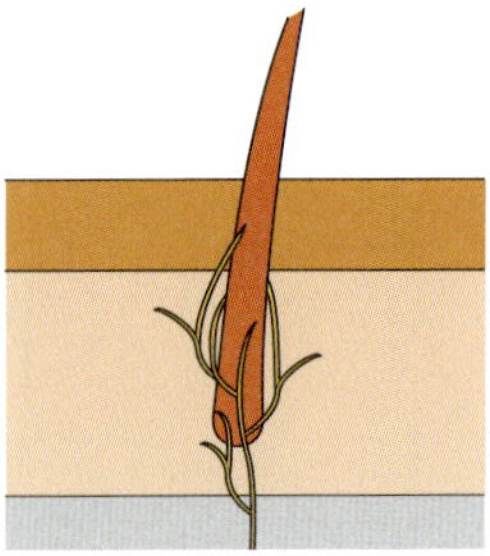

der **Haarfollikelrezeptor**
Haar·fol·li·kel·re·zep·tor <–en>
mehrere sehr feine **Nerven**enden; fühlen an der **Haarwurzel**, wenn das Haar sich bewegt
12.005

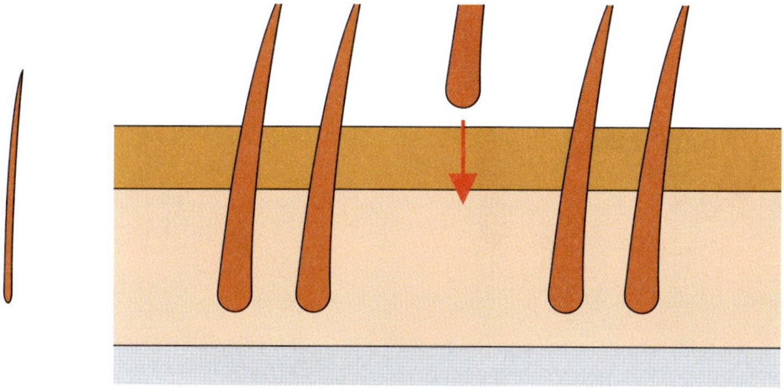

die **Haartransplantation**
Haar·trans·plan·ta·ti·on <–en>
Haare werden in die Kopfhaut gepflanzt
12.006

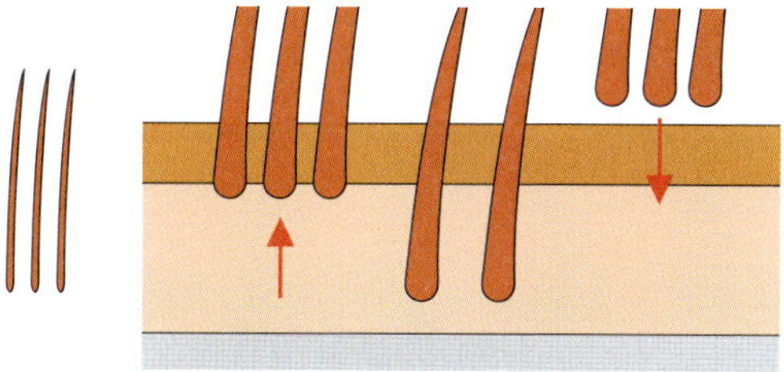

Follicular Unit Extraction
Fol·li·cu·lar Unit Ex·trac·tion *kurz* FUE
einzelne Haare werden entnommen
und an anderer Stelle wieder eingepflanzt
12.007

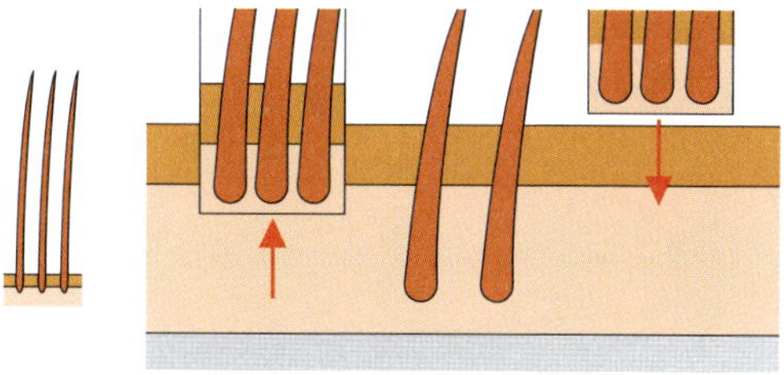

Follicular Unit Transplantation
Fol·li·cu·lar Unit Trans·plan·ta·tion *kurz* FUT
bis zu 1,5 cm Haut mit Haaren werden aus der Kopfhaut
geschnitten und an anderer Stelle wieder eingesetzt
auch STRIP-Technik
12.008

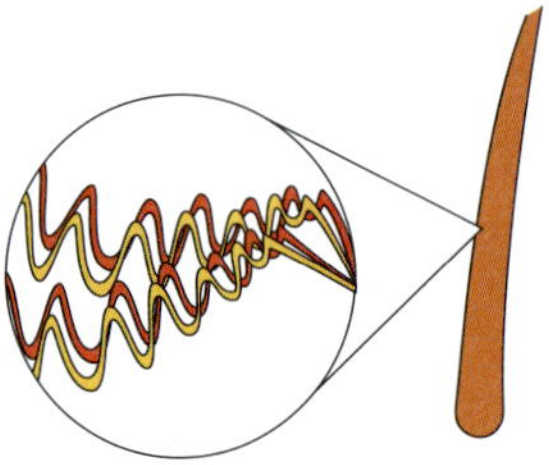

das **Keratin**
Ke·ra·tin <–e>
ein **Protein**; wichtiger Teil von Haut und Haar, auch in speziellen Pflege- und **Styling**produkten enthalten
12.009

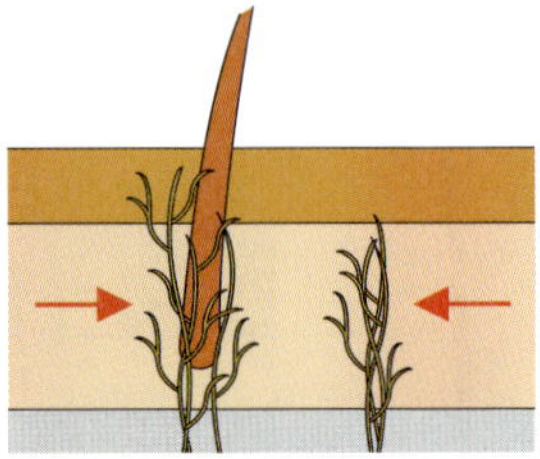

der **Nerv**
Nerv <–en>
mehrere sehr kleine **Nervenfasern** sind ein Nerv, Nerven leiten Informationen im Körper von einer Stelle zu einer anderen
12.010

die **Nervenfaser**
Ner·ven·fa·ser <–n>
Teil des **Nervs**; befindet sich rund um jede **Haarwurzel**; fühlt alle Kräfte, die auf das Haar wirken
12.011

das Pigment

Pig·ment <–e>
ein Farbmittel, das im Körper in den **Melanozyten** die Haut- und Haarfarbe bildet
12.012

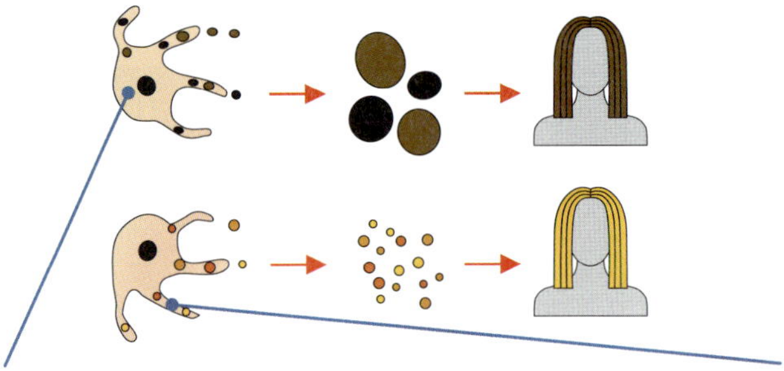

das **Eumelanin**
Eu·me·la·nin <–e>
ein Schwarz-Braun-**Pigment**, das zusammen mit **Phäomelanin** für Haut- und Haarfarbe verantwortlich ist
12.013

das **Melanin**
Me·la·nin <–e>
Farbstoff in Haut und Haar, schützt vor Schäden durch Licht
12.014

das **Phäomelanin**
Phä·o·me·la·nin <–e>
ein Rot-**Pigment**, das zusammen mit **Eumelanin** für Haut- und Haarfarbe zuständig ist
12.015

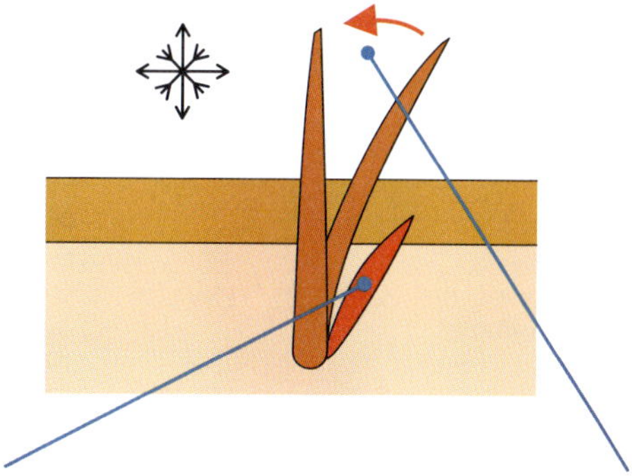

der Haaraufrichtemuskel
Haar·auf·rich·te·mus·kel <–n>
kleiner Muskel am äußeren Rand des Haares
auch Haarbalgmuskel, Pilomotor
12.016

die Piloerektion
Pi·lo·erek·ti·on <–en>
kurze Haare stellen sich auf,
z. B. wenn es sehr kalt ist
auch Gänsehaut
12.017

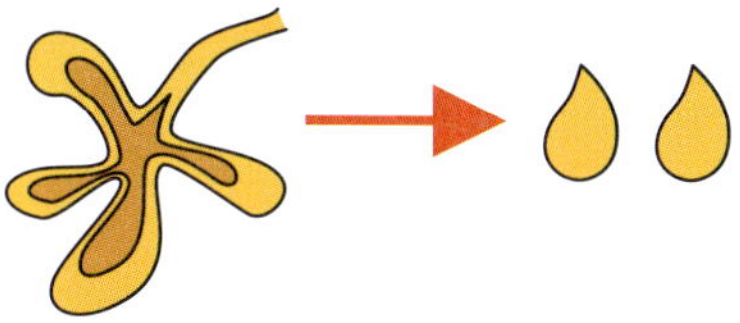

der Talg
Talg <–e>
ein Fett, das in den **Talgdrüsen**
produziert wird
12.018

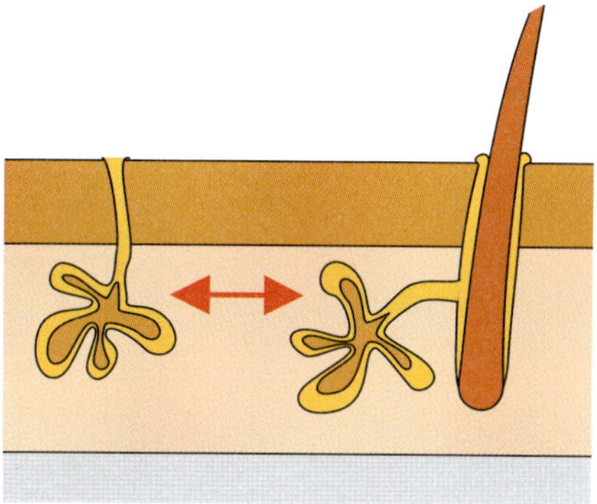

die Talgdrüse
Talg·drü·se <–n>
befindet sich meist bei einem Haar;
produziert **Talg**, der Haut und Haar schützt
auch Haarbalgdrüse
12.019

Aufbau des Haares

die **Peptidspirale**
Pep·tid·spi·ra·le <–n>
kleinster Teil des Haares, jeweils drei bis fünf bilden eine **Protofibrille**
13.001

die **Protofibrille**
Pro·to·fi·bril·le <–n>
kleinster Teil des **Faserstrangbündels**, besteht aus **Peptidspiralen**
13.002

die **Kittsubstanz**
Kitt·sub·stanz <–en>
flexibles Material; verbindet **Kortex-Zellen** miteinander, sorgt für **Elastizität** des Haares
13.003

die **Mikrofibrille**
Mi·kro·fi·bril·le <–n>
Gruppe von acht **Protofibrillen**
13.004

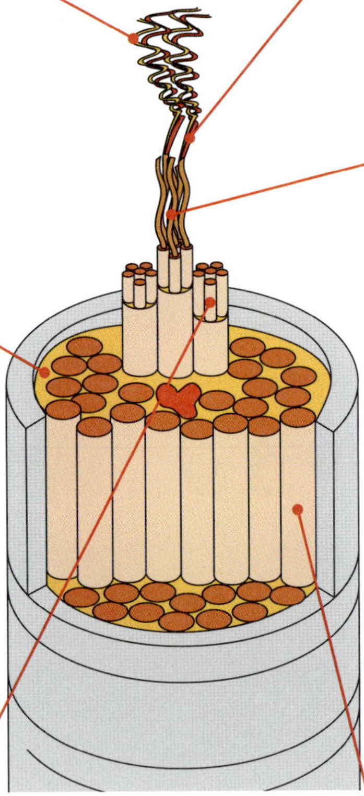

die **Makrofibrille**
Ma·kro·fi·bril·le <–n>
Teil der **Kortex-Zellen**, macht das Haar fest
13.005

das **Faserstrangbündel**
Fa·ser·strang·bün·del <–>
Gruppe (Bündel) von **Keratin**-Teilen (Fasern), aus denen der **Kortex** besteht
auch Spindelzelle
13.006

Behaarung

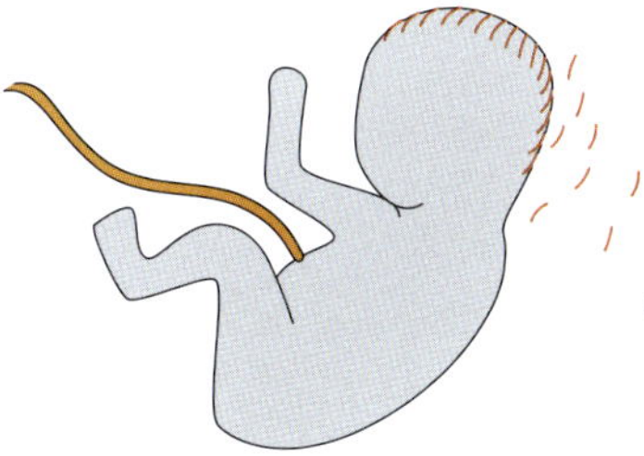

die **Primärbehaarung**
Pri·mär·be·haa·rung <–en>
die ersten Haares des Menschen, wachsen bereits vor der Geburt
auch Lanugohaar
13.007

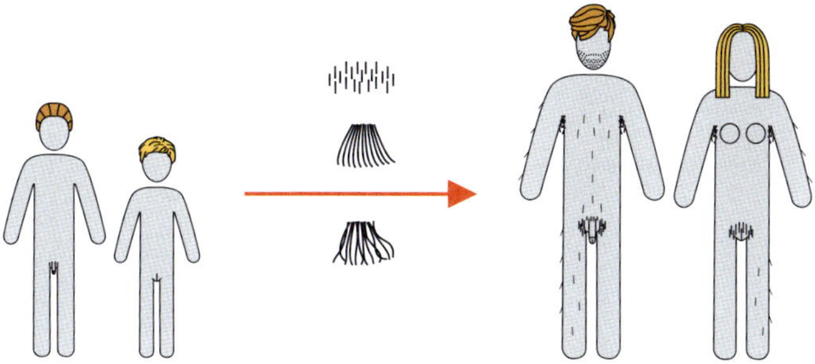

die **Sekundärbehaarung**
Se·kun·där·be·haa·rung <–en>
zweite Behaarung des Menschen; wächst bis zur **Geschlechtsreife**; bleibt am Körper bestehen, an den übrigen Stellen nicht
13.008

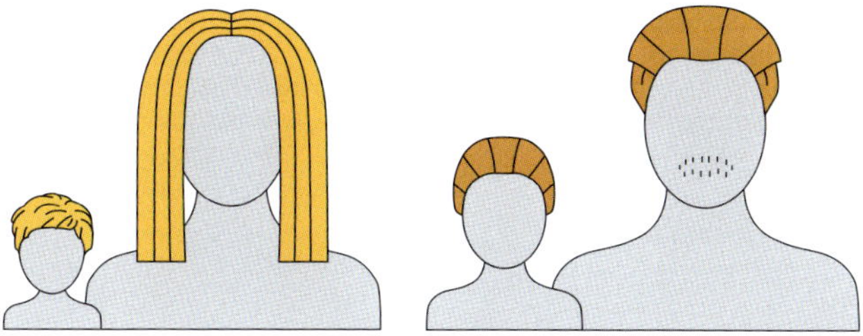

die **Terminalbehaarung**
Ter·mi·nal·be·haa·rung <–en>
komplette, endgültige Behaarung des Menschen
13.009

das **Borstenhaar**

Bors·ten·haar <–e>
alle Haare, die kurz wachsen:
Augenbrauen, **Wimpern**, **Nasenbehaarung**, **Ohrenbehaarung**
auch Kurzhaar
13.010

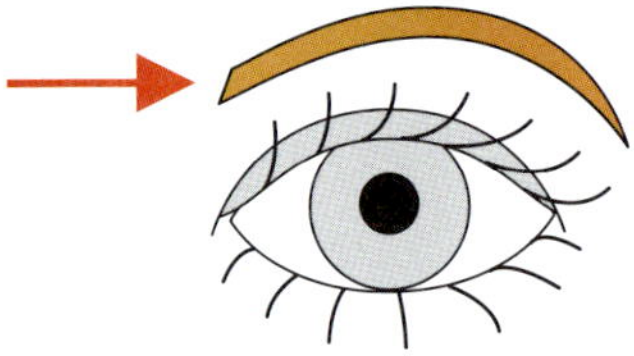

die **Augenbraue**
Au·gen·braue <–n>
Haare, die über dem Auge wachsen
13.011

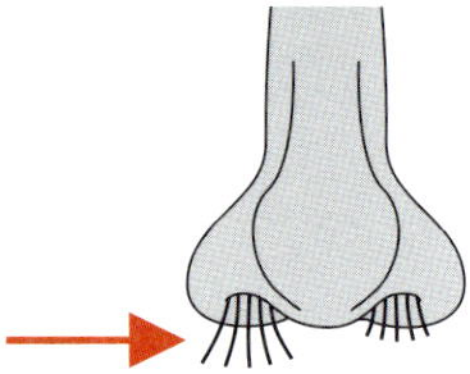

die **Nasenbehaarung**
Na·sen·be·haa·rung <–en>
Haare, die in den Nasenlöchern wachsen
13.012

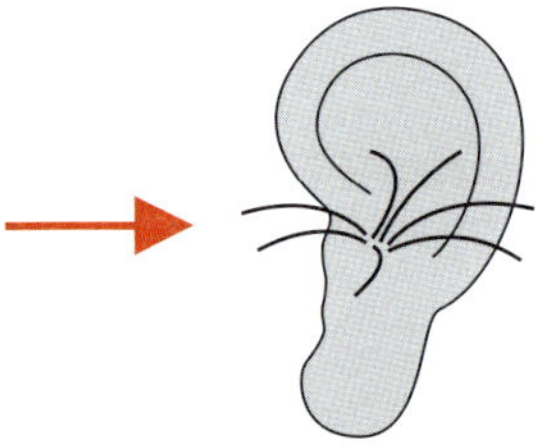

die **Ohrenbehaarung**
Oh·ren·be·haa·rung <–en>
Haare, die am Eingang der Ohren wachsen
auch Ohrbehaarung, Ohrhaare
13.013

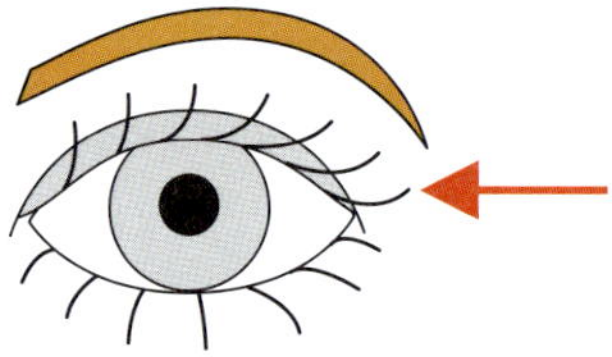

die **Wimper**
Wim·per <–n>
kleines Haar, das an den Hauträndern (Augenlid) oberhalb und unterhalb der Augen wächst
13.014

Eigenschaften des Haares

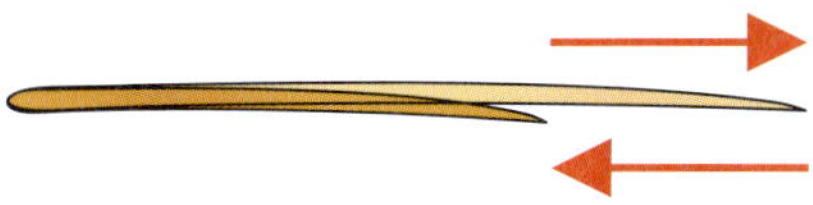

die **Dehnbarkeit**
Dehn·bar·keit *kein Plural*
das Haar wird in die Länge gezogen und nimmt danach wieder die ursprüngliche Form an
13.015

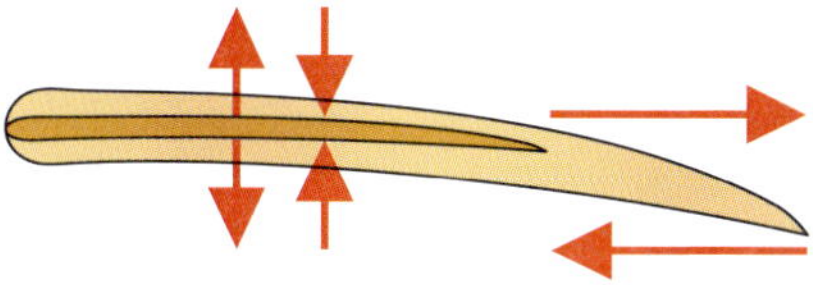

die **Elastizität**
Elas·ti·zi·tät *kein Plural*
Haare werden in Länge und Breite in eine andere Form gebracht und nehmen danach die ursprüngliche Form wieder an
13.016

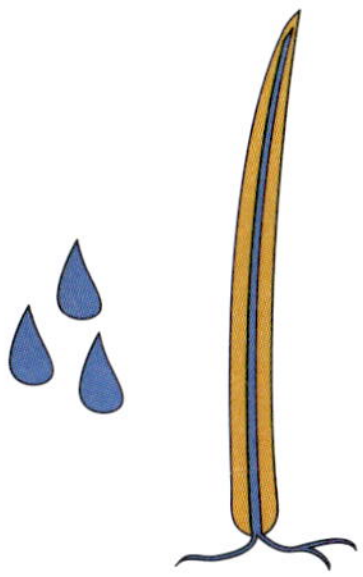

die **Kapillarität**
Ka·pil·la·ri·tät *kein Plural*
Wasser wird in sehr engen (Haar-)Kanälen aufgenommen
auch Saugfähigkeit
13.017

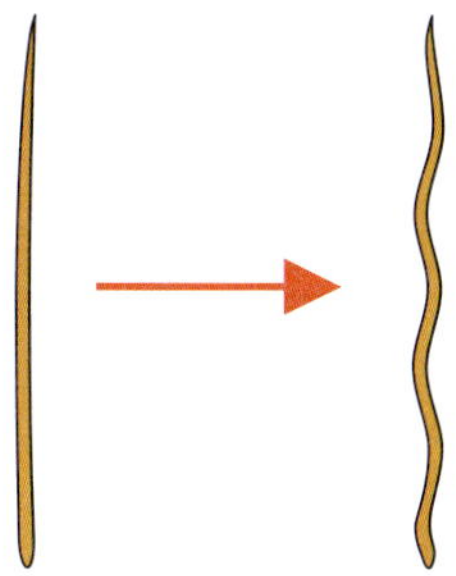

die **Plastizität**
Plas·ti·zi·tät *kein Plural*
Haare werden verändert und bleiben in der neuen Form
auch plastische Verformbarkeit
13.018

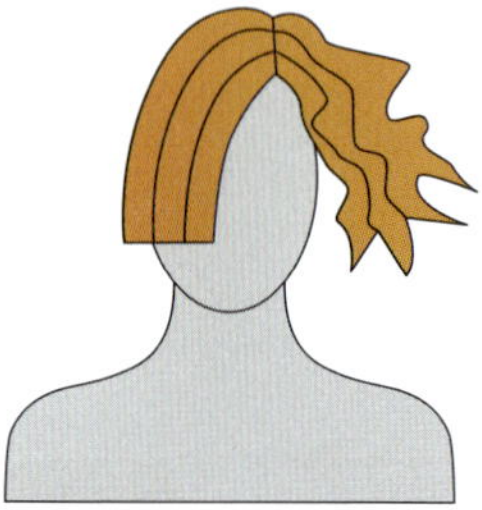

die **Haaranomalie**
Haar·ano·ma·lie <–n>
alles, was am Haar anders ist als das Normale
13.019

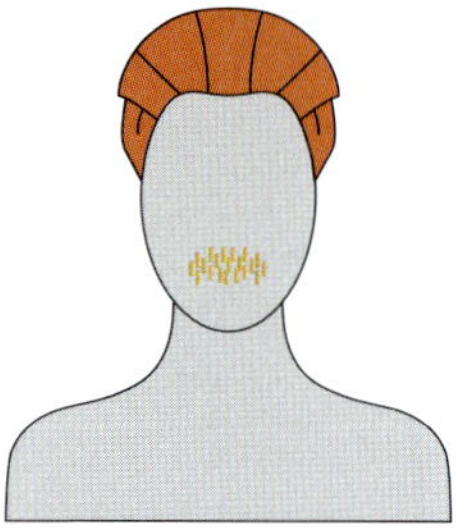

die **Farbanomalie**
Farb·ano·ma·lie <–n>
eine Person hat unterschiedliche Haarfarben, Farbunterschied tritt z. B. zwischen dem **Kopfhaar** und dem Bart oder der **Schambehaarung** auf
auch Haar-Heterochromie
13.020

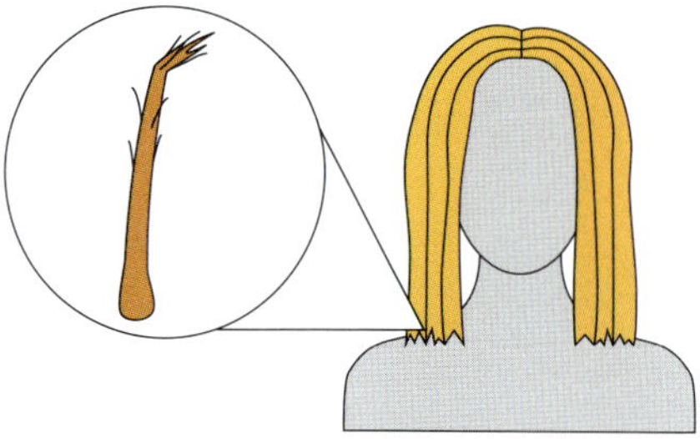

der **Haarspliss**
Haar·spliss *kein Plural*
die Haare sind nicht glatt, glänzen nicht, die Spitzen brechen
auch Trichoptilosis
13.021

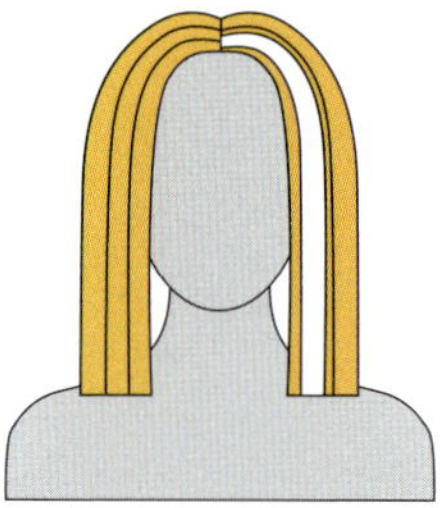

der **Weißanteil**
Weiß·an·teil <–e>
weiße Haare, weil **Pigment** fehlt
13.022

Haararten

die **Achselbehaarung**
Ach·sel·be·haa·rung <–en>
Haare, die unter den Armen wachsen
13.023

der **Bart**
Bart <Bärte>
Haare, die im Gesicht des Menschen wachsen
13.024

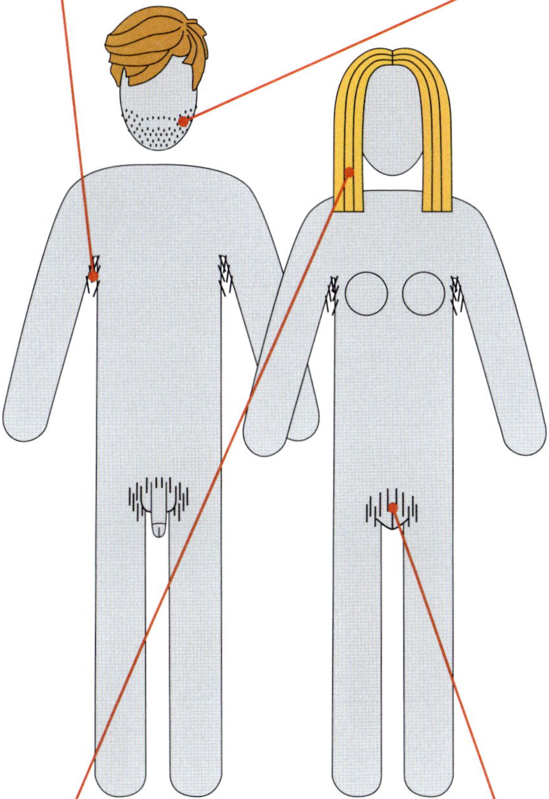

das **Kopfhaar**
Kopf·haar <–e>
alle Haare auf dem Kopf des Menschen, außer in Gesicht und Ohr
13.025

die **Schambehaarung**
Scham·be·haa·rung <–en>
Haare, die mit der **Geschlechtsreife** an den **Genitalien** wachsen
13.026

der **Haarausfall**

Haar·aus·fall <Haarausfälle>
man verliert mehr Haare am Kopf, als nachwachsen
auch Alopezie, Haarverlust
13.027

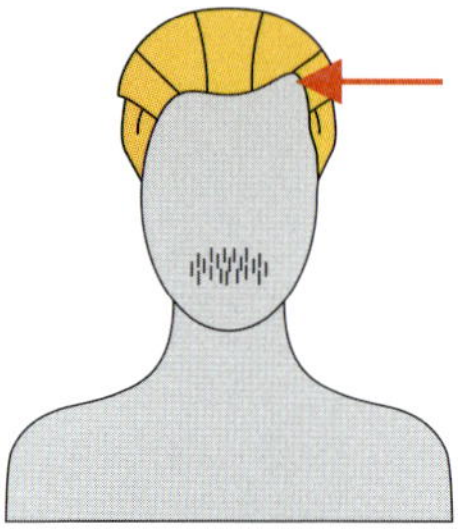

die Geheimratsecken

Ge·heim·rats·ecken *nur Plural*
Haarverlust, meist bei Männern, beginnt am Haaransatz rechts und links an der **Stirn**
13.028

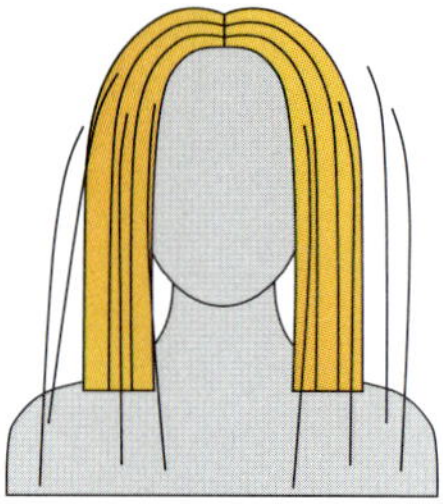

der Haarwechsel

Haar·wech·sel <–>
für kurze Zeit fallen mehr Haare aus, als nachwachsen
13.029

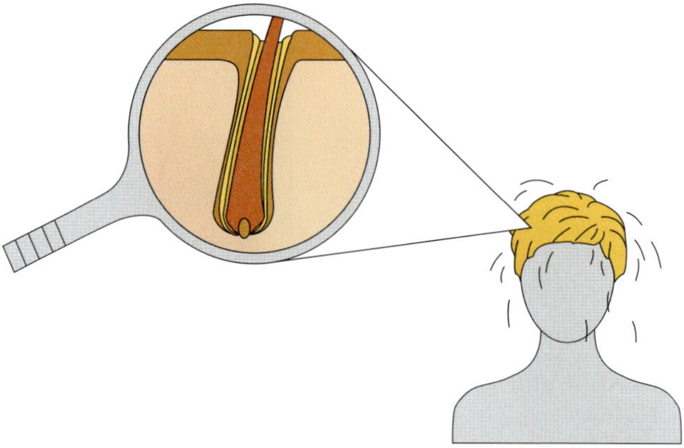

das Trichogramm

Tri·cho·gramm <–e>
Untersuchung der **Haarwurzel** bei **Haarausfall**
13.030

Haarformen

das **Bandhaar**
Band·haar <–e>
die Form des Haares ist sehr flach
13.031

glattes Haar
glat·tes Haar
die Form des Haares ist rund
13.032

gewelltes Haar
ge·well·tes Haar
die Form des Haares ist meist oval
13.033

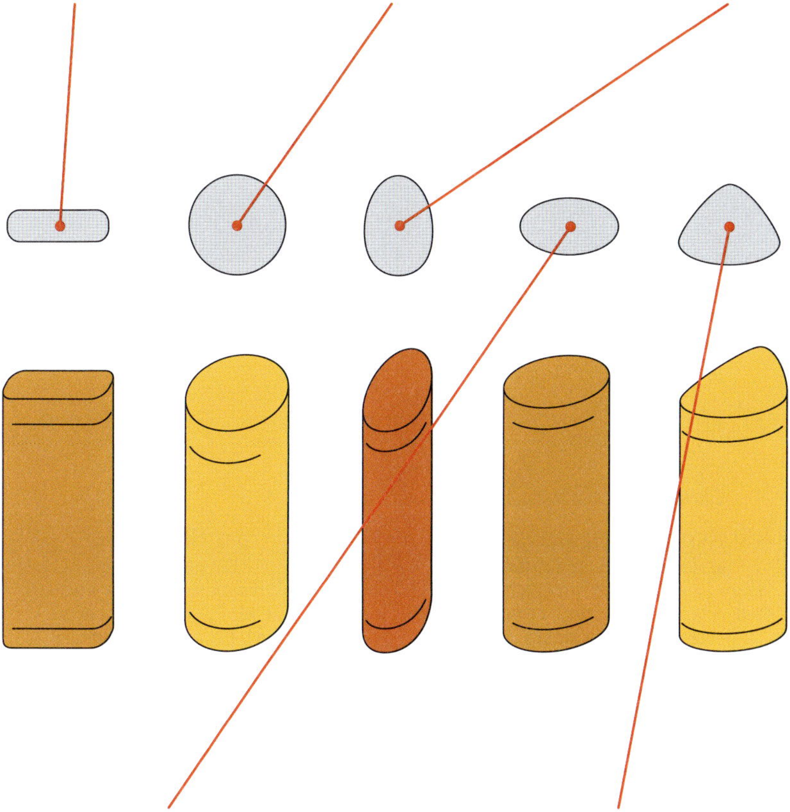

krauses Haar
krau·ses Haar
stark gelocktes Haar, die Form des Haares ist flach und halbrund
13.034

das **Glaswollhaar**
Glas·woll·haar <–e>
trockene, sehr kleine **Locken** (Krause), die sich nicht zu einer **Frisur** formen lassen; die Form der Haare ist dreieckig
auch Pili trianguli et canaliculi, Struwwelpetersyndrom
13.035

Haarkrankheiten

gedrehtes Haar
ge·dreh·tes Haar
Haar, das in sich selbst gedreht ist
auch Pili torti
13.036

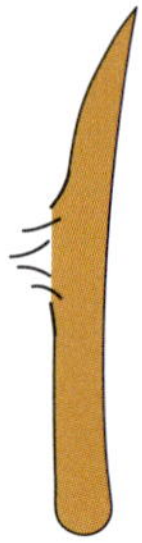

das Haarknötchen
Haar·knöt·chen <–>
Haar teilt sich und bricht (Haarbruch)
auch Trichorrhexis nodosa
13.037

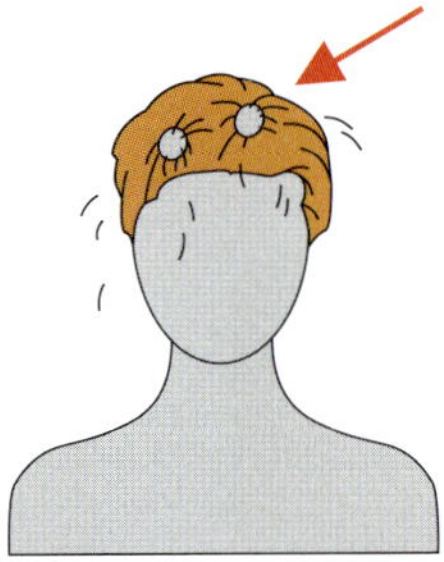

kreisrunder Haarausfall
kreis·run·der Haar·aus·fall
Haare fallen an einer oder mehreren Stellen in der Form eines Kreises aus
auch Alopecia areata
13.038

das Ringelhaar
Rin·gel·haar <–e>
helle und dunkle Stellen wechseln entlang des **Haarschafts**
auch Pili anulati, Zebrahaar
13.039

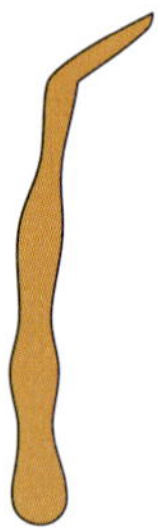

das Spindelhaar
Spin·del·haar <–e>
Haar hat dicke und dünne Stellen, bricht ab
auch Monilethrix
13.040

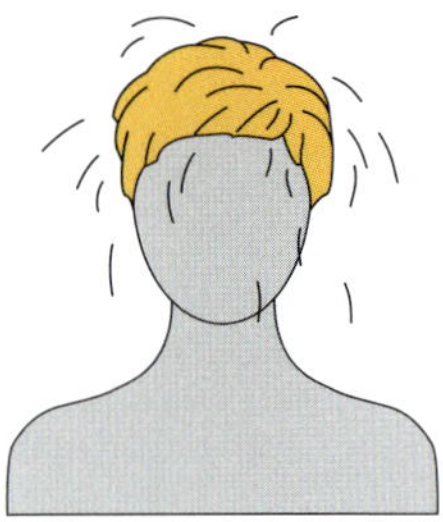

symptomatisch-diffuser Haarausfall
symp·to·ma·tisch-dif·fu·ser Haar·aus·fall
Haare fallen aus unterschiedlichen Gründen an mehreren Stellen aus
auch Alopecia diffusa
13.041

das **Haarorgan**

Haar·or·gan <–e>
das Haar mit seinen verschiedenen Teilen, es besteht aus **Haarschaft**, **Haarwurzel**, **Matrix** und **Haarfollikel**
13.042

der Haarschaft

Haar·schaft <Haarschäfte>
der Teil des Haares, der über der Haut zu sehen ist
auch Scapus pili
13.043

der Haarfollikel

Haar·fol·lik·el <–>
ein Teil des Haares, dort entsteht ein neues Haar, liegt um die **Haarwurzel** herum
auch Haarbalg
13.044

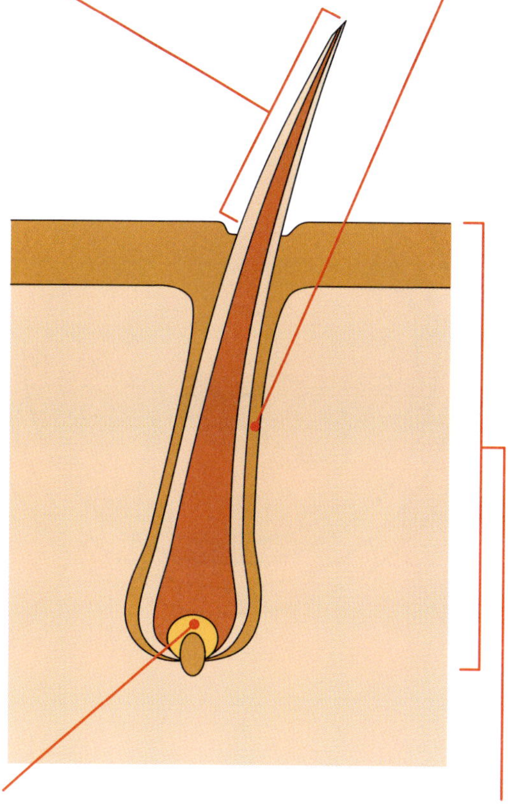

die Matrix

Ma·trix <Matrizen>
Zellschicht, in der die Haar**zellen** produziert werden
13.045

die Haarwurzel

Haar·wur·zel <–n>
sitzt fest in der Haut; liefert Ernährung, während das Haar wächst
13.046

Haarschichten

der Kortex
Kor·tex <–e>
mittlere der drei Haarschichten, besteht aus vielen **Keratin**-Teilen (Fasern), den **Faserstrangbündeln**
auch Faserschicht, Faserstamm
13.047

die Cuticula
Cu·ti·cu·la <–s, Cuticulae>
äußerste Haarschicht, besteht aus mehreren Schichten
auch Haarkutikula, innere Schuppenschicht
13.048

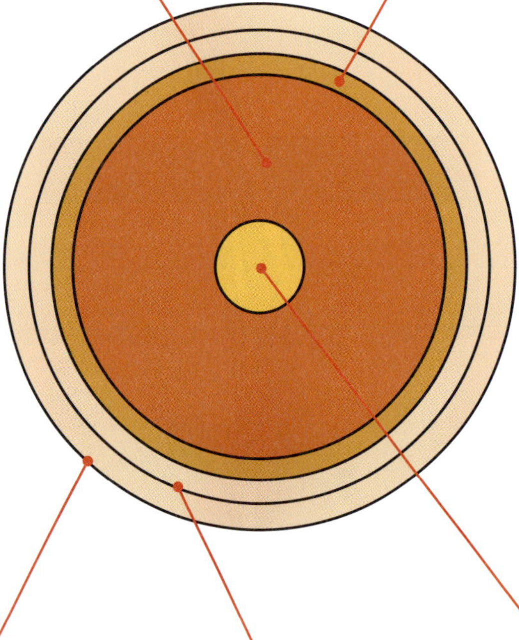

die Henle-Schicht
Hen·le-Schicht <-en>
äußerste Schicht der inneren **Haarwurzelscheide**
13.049

die Huxley-Schicht
Hux·ley-Schicht <-en>
mittlere Schicht der inneren **Haarwurzelscheide**
13.050

die Medulla
Me·dul·la *kein Plural*
das Innere des Haares
auch Markkanal, Mark
13.051

Haartypen

die **Haarqualität**
Haar·qua·li·tät <–en>
die Qualität des **Kopfhaares**, hängt von **genetischen Faktoren** ab
13.052

chinesisches Haar
chi·ne·si·sches Haar
dickes, glattes Haar; wird meist für **Perücken** und **Haarteile** verwendet
13.053

kaukasisches Haar
kau·ka·si·sches Haar
Haar mit glatter, weicher Struktur; wird verwendet, um Haare zu verlängern
13.054

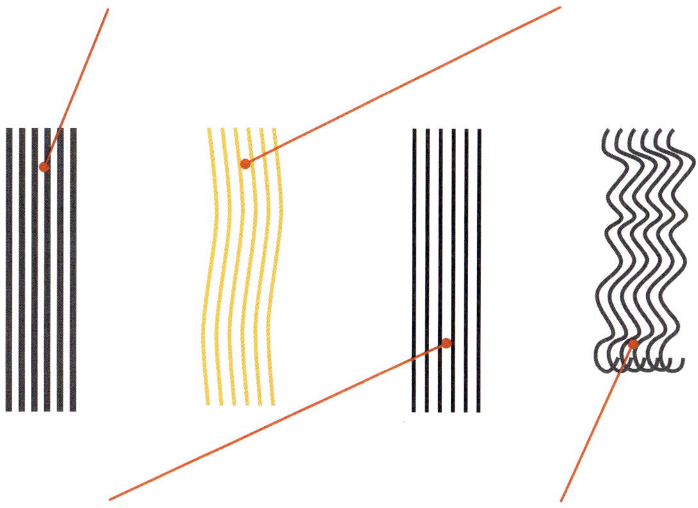

mongolisches Haar
mon·go·li·sches Haar
tiefschwarzes Haar, wird für **Haarverlängerungen** verwendet
13.055

negroides Haar
ne·gro·i·des Haar
klein und stark gelocktes, krauses Haar
13.056

die **Haarwurzel**

Haar·wur·zel <–n>
der Teil des Haares,
der sich in der Haut befindet
13.057

die Haarwurzelscheide

Haar·wur·zel·schei·de <–n>
Schutzschicht, es gibt innere und äußere **Haarwurzelscheiden**, hält das wachsende Haar im **Haarfollikel**
13.058

die Haarzwiebel

Haar·zwie·bel <–n>
dicker Teil der **Haarwurzel**, liegt unter der Haut im **Haarbalg**, bildet neue Haare
auch Bulbus
13.059

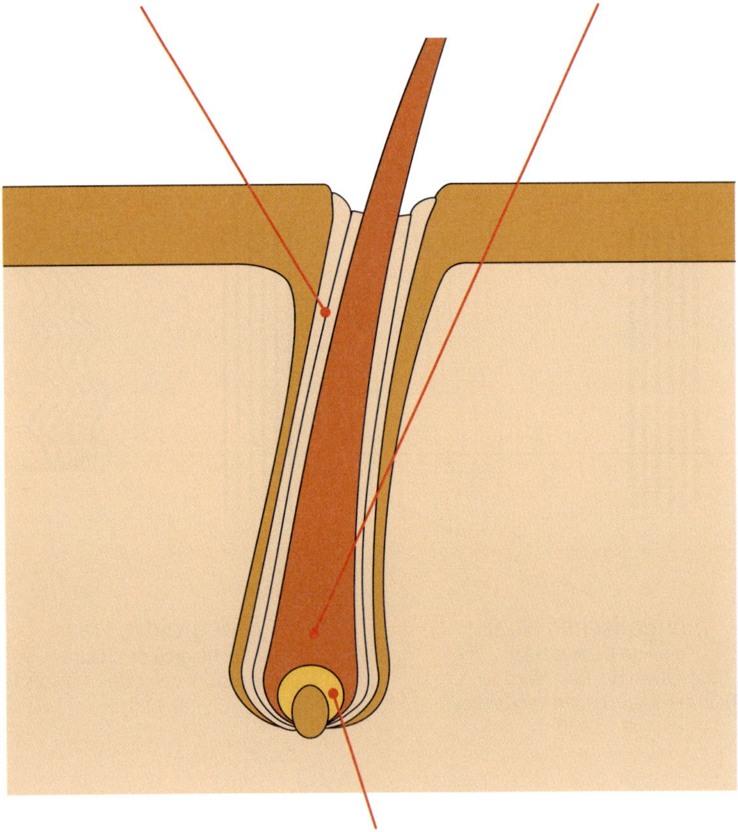

die Matrix

Ma·trix <Matrizen>
befindet sich am Rand der **Haarwurzel**,
daraus entsteht die innere **Haarwurzelscheide**
13.060

der **Haarzyklus**

Haar·zy·klus <Haarzyklen>
die Haarentwicklung teilt sich in drei Abschnitte: **Anagenphase**, **Katagenphase**, **Telogenphase**
13.061

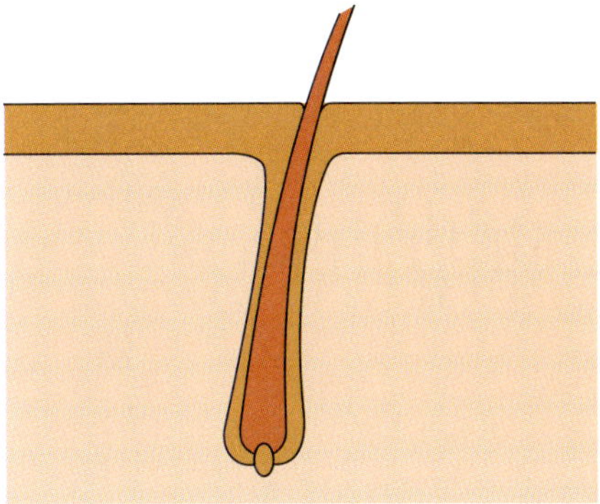

die Anagenphase
Ana·gen·pha·se <–n>
Zeit, in der ein neues Haar entsteht
auch Wachstumsphase
13.062

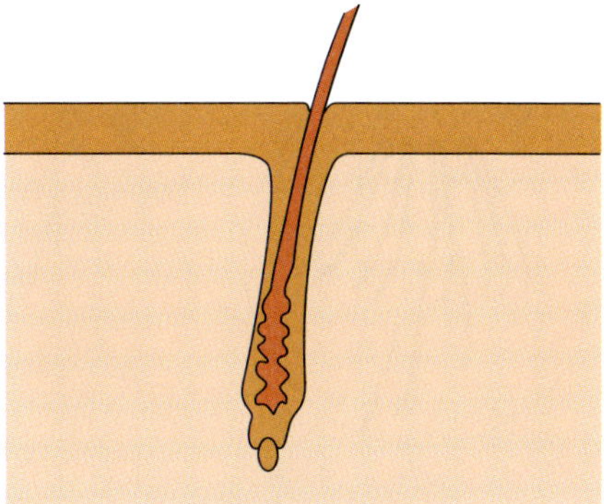

die Katagenphase
Ka·ta·gen·pha·se <–n>
Zeitraum im **Haarzyklus**, in dem das Haar nicht mehr wächst
auch Übergangsphase
13.063

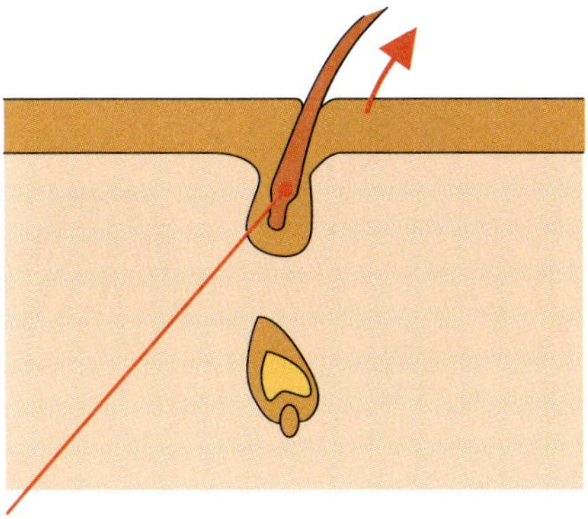

das Kolbenhaar
Kol·ben·haar <–e>
Haar in der **Ruhephase**, Form ist unten wie ein Ball
13.064

die Telogenphase
Te·lo·gen·pha·se <–n>
Zeit, in der das **Haarfollikel** kleiner wird; das **Kolbenhaar** entsteht; letzter Abschnitt des **Haarzyklus**
auch Ruhephase
13.065

das **Langhaar**

Lang·haar <–e>
jedes Haar, das länger wächst als ein **Borstenhaar**
13.066

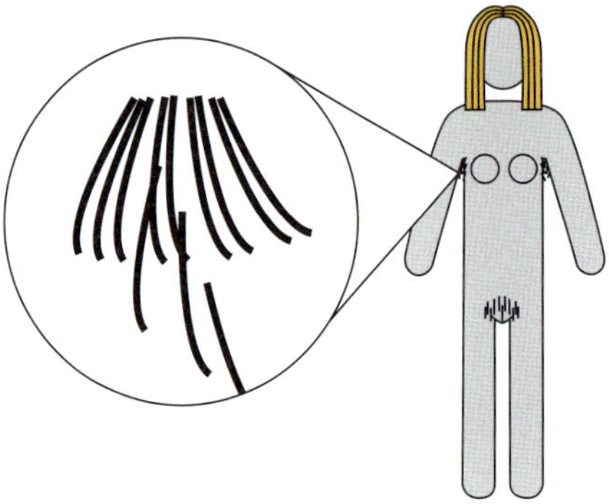

das Achselhaar

Ach·sel·haar <–e>
ein Haar, das unter den Armen wächst
13.067

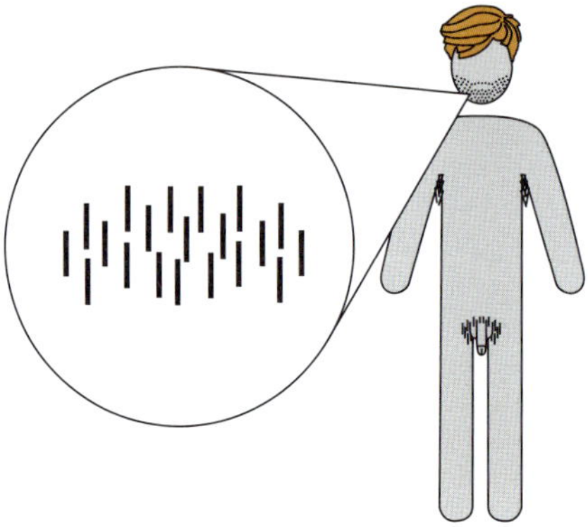

das Barthaar

Bart·haar <–e>
ein Haar, das in der unteren Gesichtshälfte wächst
13.068

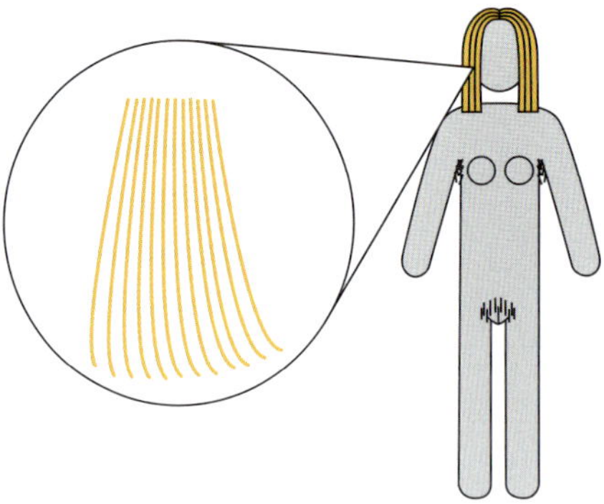

das Kopfhaar

Kopf·haar <–e>
ein Haar auf dem Kopf des Menschen, außer in Gesicht und Ohr
13.069

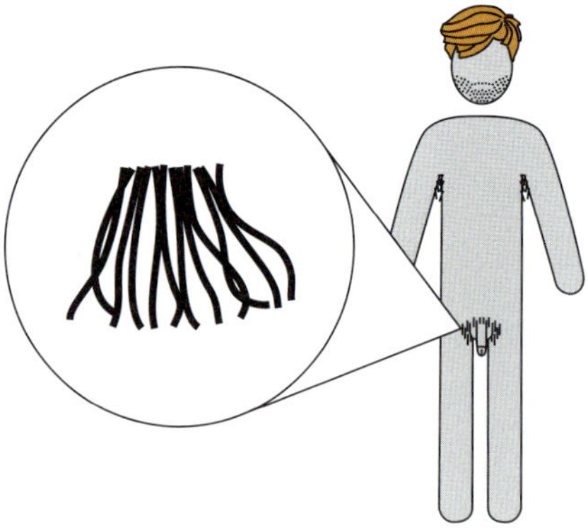

das Schamhaar

Scham·haar <–e>
ein Haar, das mit der **Geschlechtsreife** an den **Genitalien** wächst
13.070

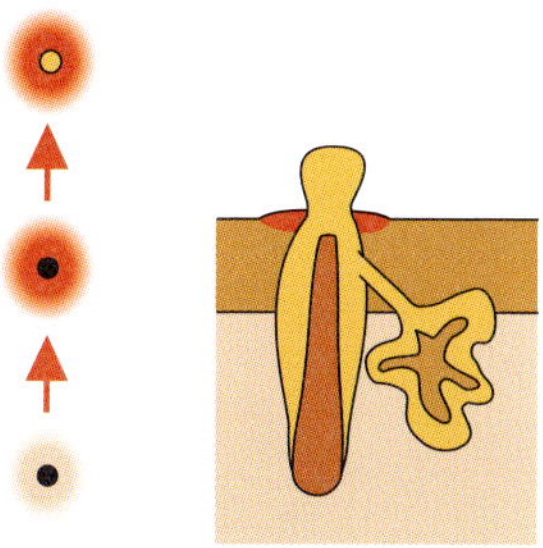

die **Akne**

Ak·ne <–en>

eine Krankheit der **Talgdrüsen** und **Haarfollikel**

14.001

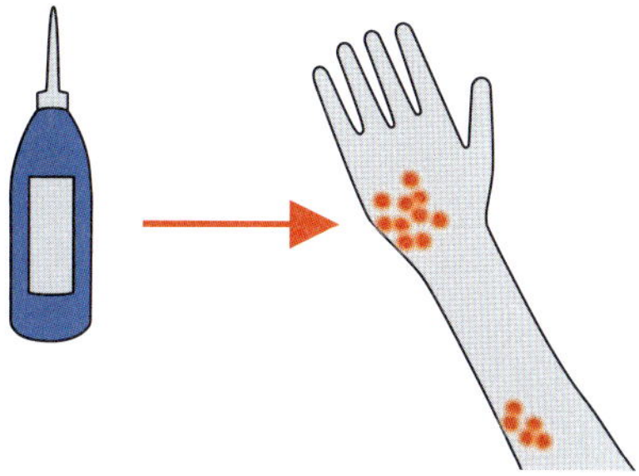

die **Allergie**

Al·ler·gie <–n>

sehr starke Reaktion des Körpers auf fremde Stoffe, hier: der Haut auf chemische Stoffe

14.002

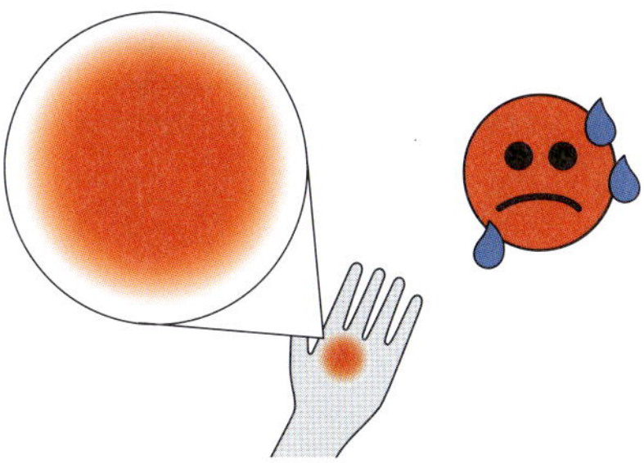

die **Entzündung**

Ent·zün·dung <–en>

eine Reaktion des Körpers auf schädliche Einflüsse, kann überall im Körper und auf der Haut entstehen, zeigt sich unter anderem durch Fieber und Schmerz

14.003

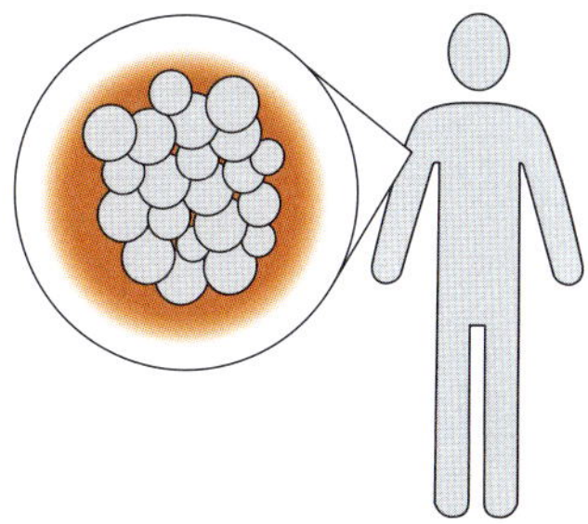

die **Fischschuppenkrankheit**

Fisch·schup·pen·krank·heit *kein Plural*

die Haut ist sehr trocken und hart, nicht übertragbar

14.004

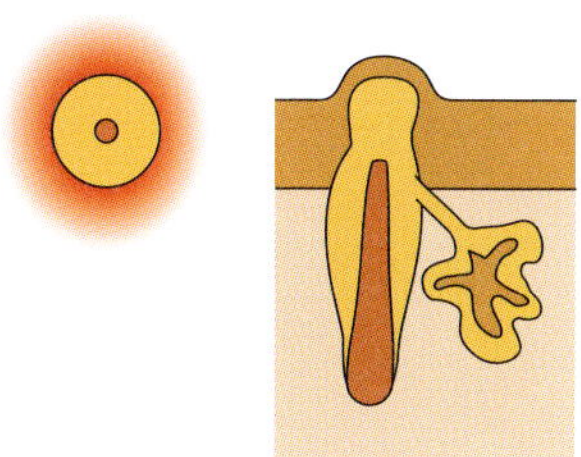

das/der **Furunkel**

Fu·run·kel <–>

eine entzündete, sehr schmerzhafte Veränderung der Haut

14.005

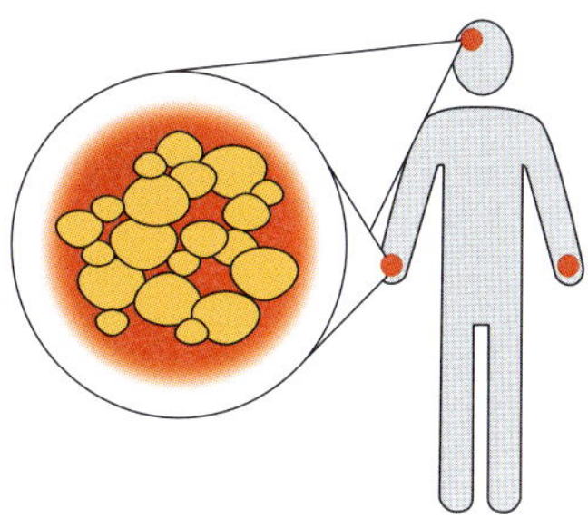

die **Grindflechte**

Grind·flech·te <–en>

entzündete kleine Stellen an Kopf und Händen; nicht gefährlich, aber übertragbar

14.006

die **Desinfektion**

Des·in·fek·ti·on <–en>

Krankheitserreger mit speziellen Mitteln abtöten

14.007

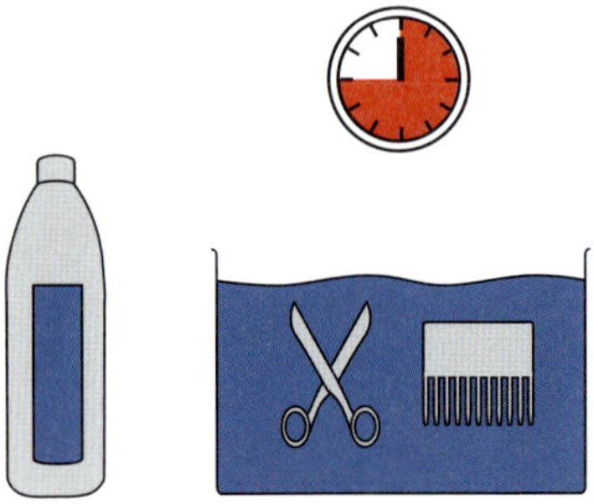

die Instrumentendesinfektion

In·stru·men·ten·des·in·fek·ti·on <–en>

Scheren und Messer mit **Desinfektion**smitteln gründlich reinigen

14.008

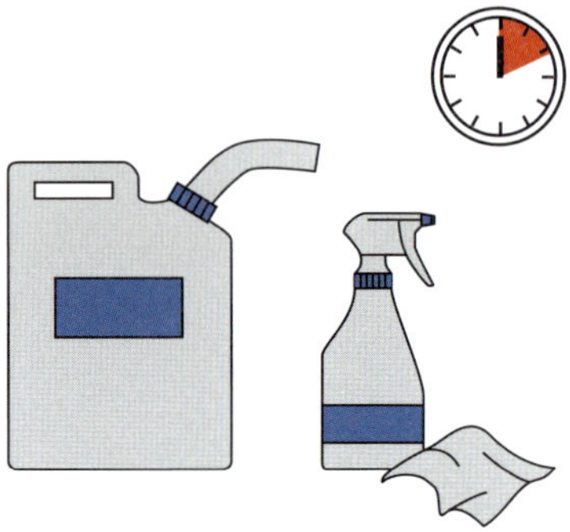

die Schnelldesinfektion

Schnell·des·in·fek·ti·on <–en>

Desinfektion in kurzer Zeit

14.009

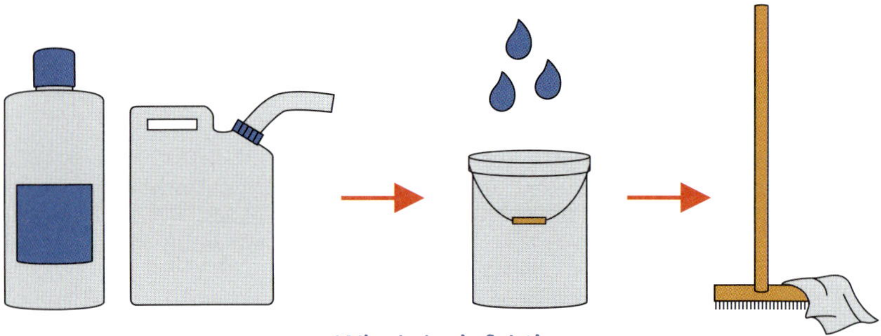

die Wischdesinfektion

Wisch·des·in·fek·ti·on <–en>

die **Desinfektion** größerer Flächen wie Tische oder Fußböden

14.010

die Hygieneverordnung

Hy·gi·e·ne·ver·ord·nung <–en>

eine Liste, in der alles zum Thema Reinigung und Sauberkeit am Arbeitsplatz beschrieben ist

14.011

das **Ekzem**

Ek·zem <–e>
eine Krankheit der Haut, keine **Infektion**, kann nicht übertragen werden
14.012

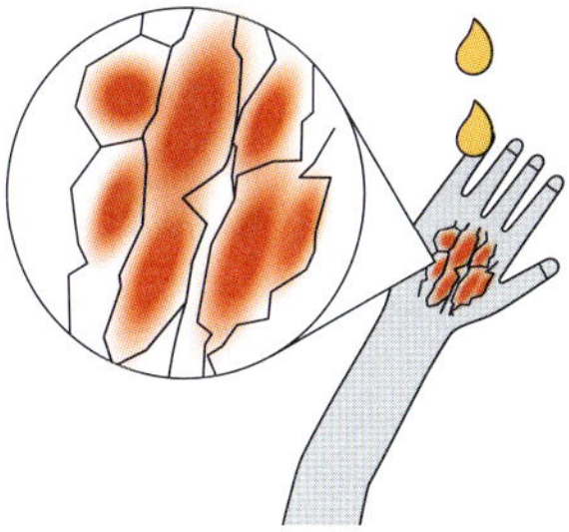

das Abnutzungsekzem
Ab·nut·zungs·ek·zem <–e>
ein Schaden an der Haut; entsteht durch regelmäßiges Benutzen bestimmter, meist chemischer Stoffe
14.013

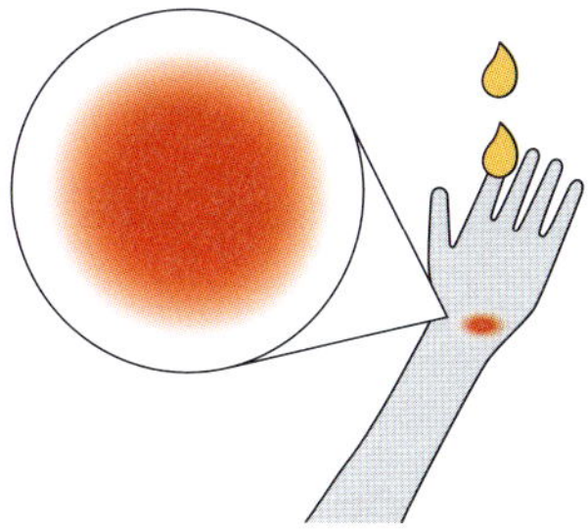

allergisches Kontaktekzem
al·ler·gi·sches Kon·takt·ek·zem
eine **Allergie**, die sich durch Schaden an der Haut zeigt
14.014

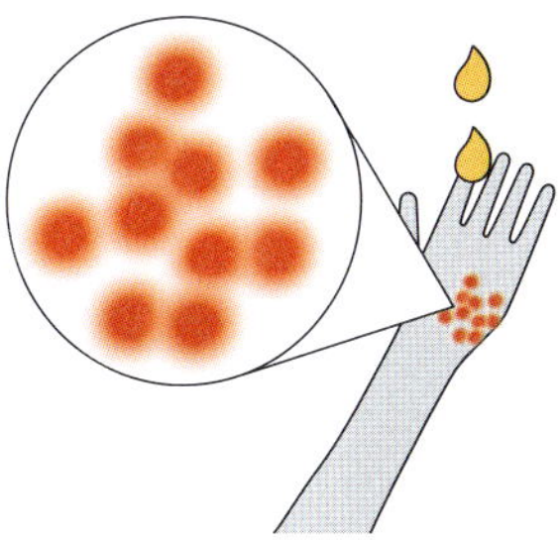

das Friseurekzem
Fri·seur·ek·zem <–e>
eine sehr starke **Allergie**, entsteht besonders durch Mittel zum **Blondieren** und **Färben**
14.015

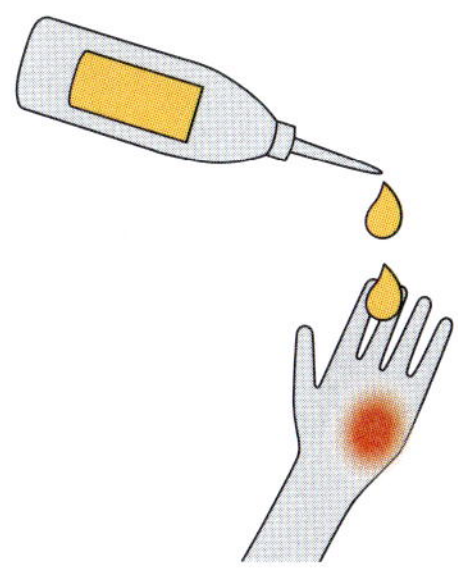

irritatives Kontaktekzem
ir·ri·ta·ti·ves Kon·takt·ek·zem
plötzlich rote Haut mit Schmerzen, die schnell von selbst wieder verschwinden
14.016

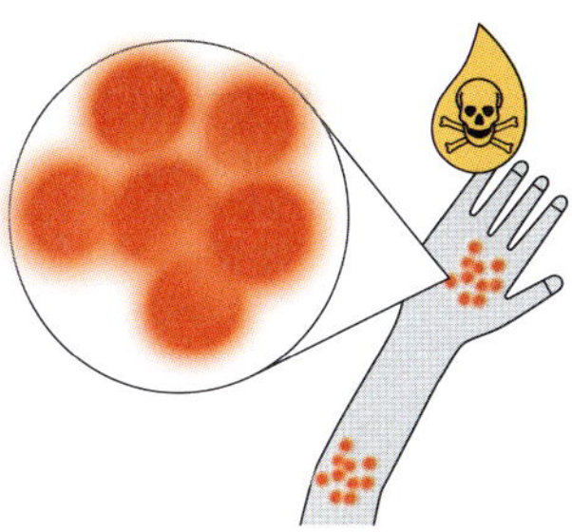

toxisches Kontaktekzem
to·xi·sches·Kon·takt·ek·zem
kranke Haut durch Kontakt mit gefährlichen oder giftigen Stoffen, meistens an Händen und Unterarmen
14.017

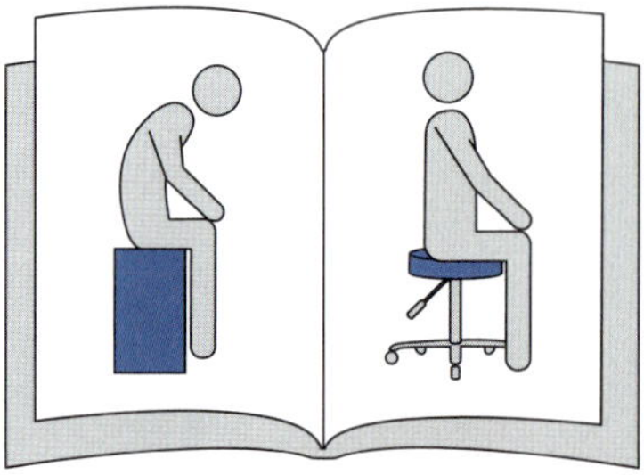

die **Ergonomie**
Er·go·no·mie *kein Plural*
die Wissenschaft von guten und gesunden Bedingungen am Arbeitsplatz
14.018

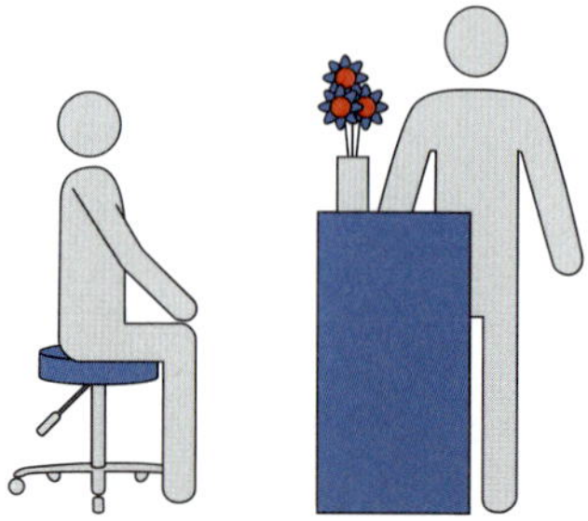

ergonomische Entlastung
er·go·no·mi·sche Ent·las·tung
eine bequeme und gesunde Stellung des Körpers bei der Arbeit, aber auch Hilfsmittel wie spezielle **Scheren** oder Hocker
14.019

der Haltungsschaden
Hal·tungs·scha·den <Haltungsschäden>
Schaden an Rücken und Muskeln, der entsteht, wenn man falsch steht oder das Arbeitsmaterial falsch hält
14.020

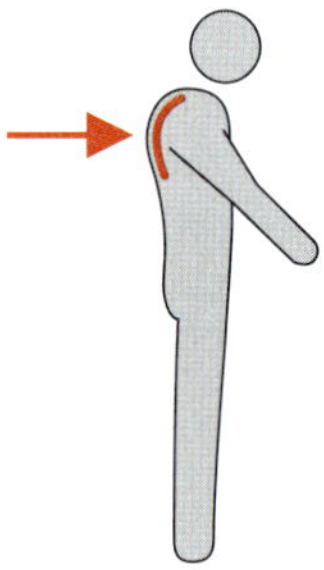

der **Rundrücken**
Rund·rü·cken <–>
der Rücken ist oben, zwischen den Schultern, gebogen
14.021

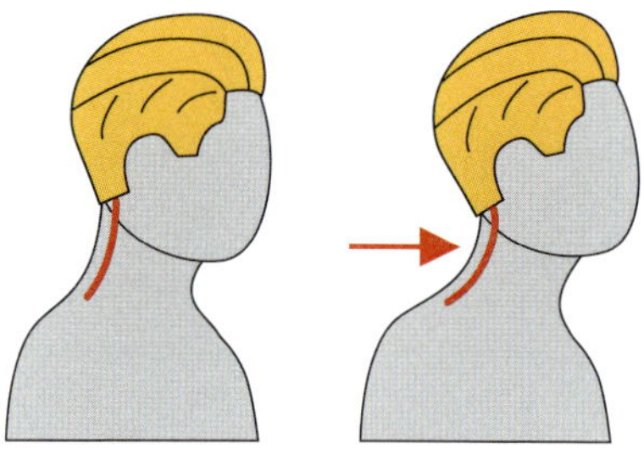

der **Schildkrötennacken**
Schild·krö·ten·na·cken <–>
der **Nacken** ist so gebogen, dass der Kopf unnatürlich und schmerzhaft nach vorne steht
14.022

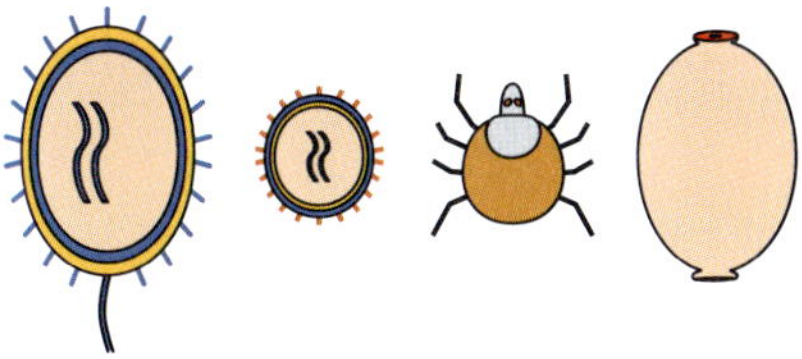

die **Infektion**

In·fek·ti·on <–en>
die Ursache für eine Krankheit (**Bakterie** oder **Virus**, **Parasit** oder **Pilz**), wird von einer Person auf eine andere Person übertragen
14.023

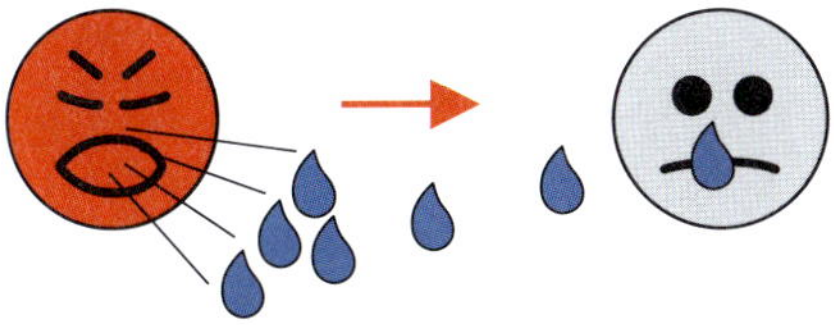

die Tröpfcheninfektion

Tröpf·chen·in·fek·ti·on <–en>
Krankheitserreger geraten bei Husten und Schnupfen aus Mund und Nase erst in die Luft, dann zu anderen Menschen
14.024

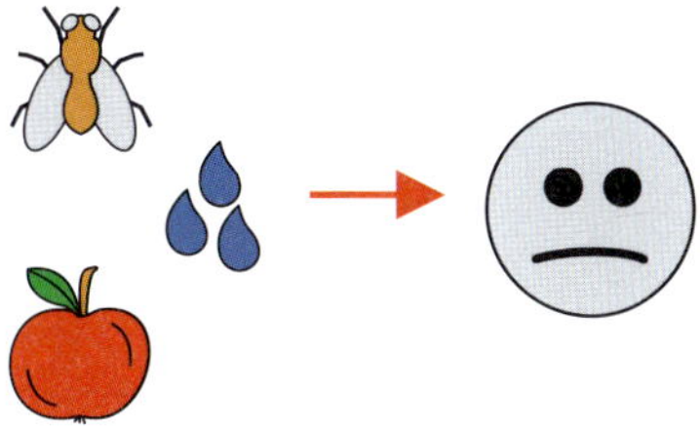

indirekte Infektion

in·di·rek·te In·fek·ti·on
Krankheitserreger geraten durch Insekten, Wasser oder Nahrungsmittel zu einem Menschen
14.025

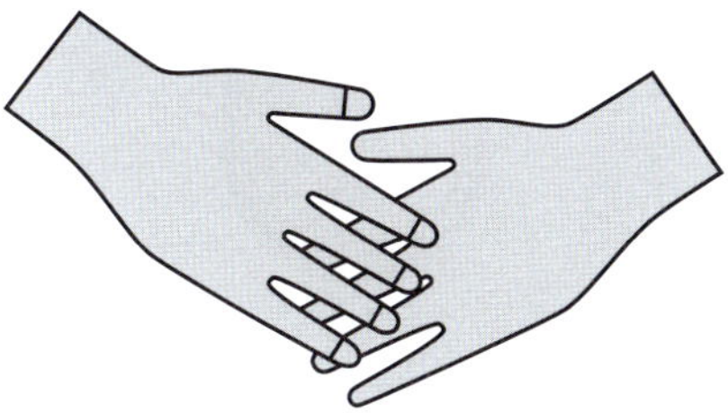

die Kontaktinfektion

Kon·takt·in·fek·ti·on <–en>
Krankheitserreger geraten durch Anfassen von einem Menschen zum anderen
14.026

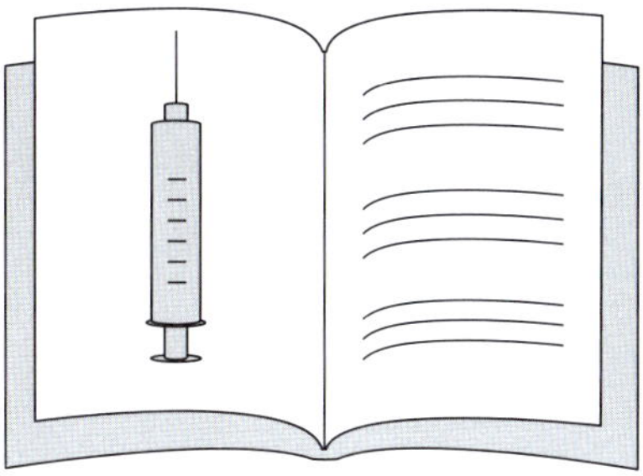

das Infektionsschutzgesetz

In·fek·ti·ons·schutz·ge·setz <–e>
das Gesetz bestimmt, welche Krankheiten dem Gesundheitsamt gemeldet werden müssen
14.027

der **Krankheitserreger**

Krank·heits·er·re·ger <–>
sehr kleiner Körper,
durch den Krankheiten entstehen
14.028

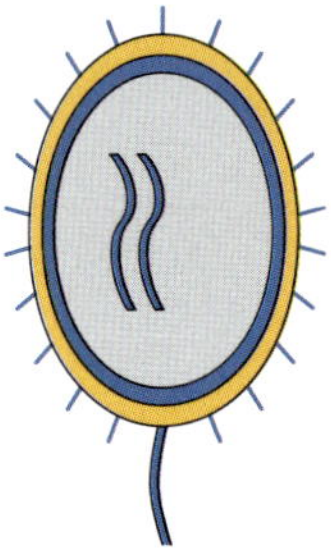

die Bakterie
Bak·te·rie <–n>
kleiner Körper, der meist nur aus einer **Zelle** besteht
14.029

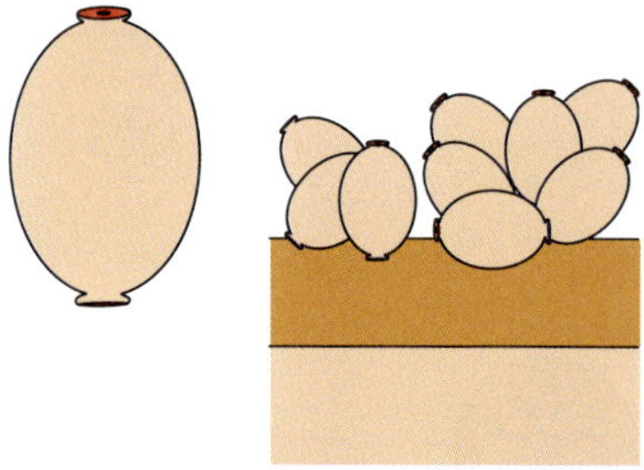

der Pilz
Pilz <–e>
Krankheit der Haut, tritt auch an Finger- und Fußnägeln und bei Männern unter dem Bart auf
auch Hautpilz, Mykose
14.030

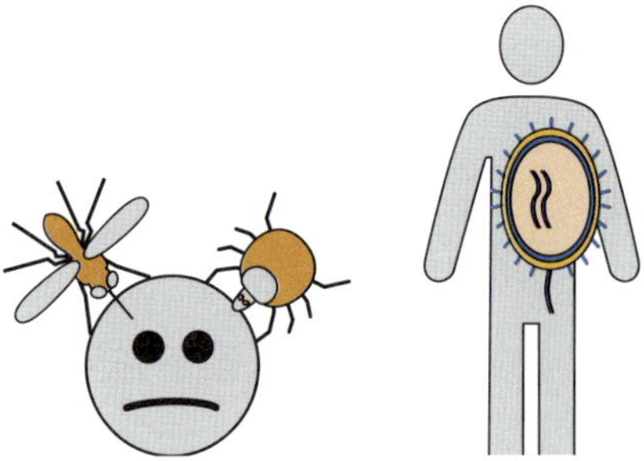

der Parasit
Pa·ra·sit <–en>
Bakterie oder kleines Tier, das im oder am Körper des Menschen lebt
14.031

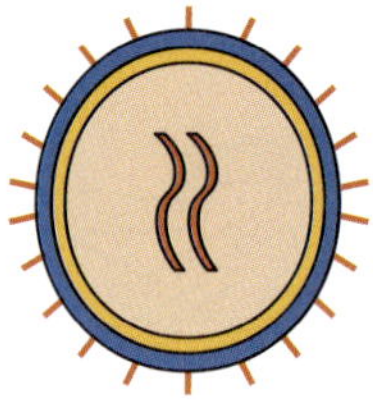

das/der Virus
Vi·rus <Viren>
sehr, sehr kleine **Krankheitserreger**
14.032

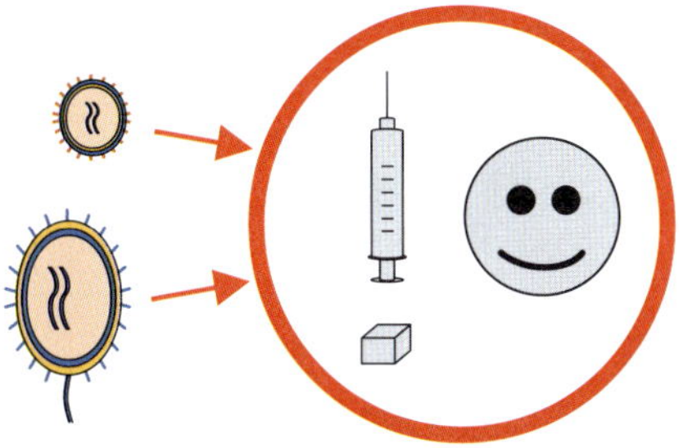

die Schutzimpfung

Schutz·imp·fung <–en>

kleine Mengen von Flüssigkeiten, die gespritzt oder geschluckt werden und vor bestimmten Krankheiten schützen sollen

14.033

technische Regeln für Gefahrstoffe

tech·ni·sche Re·geln für Ge·fahr·stof·fe

kurz TRGS

Regeln für die Tätigkeiten mit gefährlichen, z. B. chemischen, Stoffen

14.034

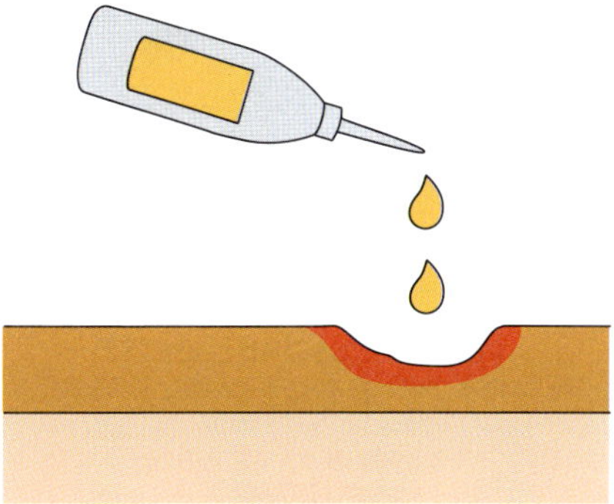

die Verätzung

Ver·ät·zung <–en>

eine gefährliche Verletzung von Haut oder Augen durch Kontakt mit chemischen Stoffen

14.035

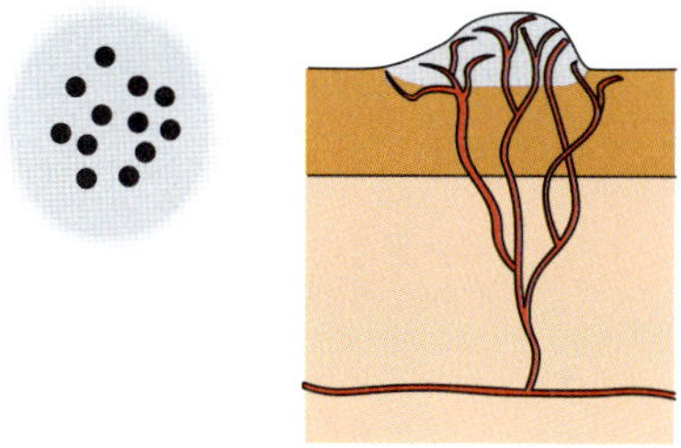

die Warze

War·ze <–n>

eine kleine **Infektion** der Haut, die auch von einem Menschen auf den anderen übertragen werden kann

14.036

die **Abfallentsorgung**
Ab·fall·ent·sor·gung <–en>
alle Verfahren und Tätigkeiten, mit denen Abfall entsorgt wird
15.001

das **Abfallgesetz**
Ab·fall·ge·setz <–e>
das Gesetz regelt, wie Menschen Abfall vermeiden und mit Müll umgehen sollen
15.002

der **Arbeitsschutz**
Ar·beits·schutz *kein Plural*
Mittel und Methoden, um Verletzungen und Schäden am Arbeitsplatz zu verhindern
15.003

das **Arbeitsschutzgesetz**
Ar·beits·schutz·ge·setz <–e> *kurz* ArbSchG
Regeln für Sicherheit und Gesundheit bei der Arbeit
15.004

die **Arbeitsstättenverordnung**
Ar·beits·stät·ten·ver·ord·nung <–en>
kurz ArbStättV
die Vorschriften bestimmen, was Arbeitgeber im Betrieb für Sicherheit und Schutz der Arbeitnehmer tun müssen
15.005

berufstypische Unfallquelle
be·rufs·ty·pi·sche·Un·fall·quel·le
eine Arbeitssituation, in der es leicht und immer wieder zu Unfällen kommt
15.006

die **Betriebsanweisung**
Be·triebs·an·wei·sung <–en>
Vorschriften, die die Menschen vor Gefahren beim Arbeiten warnen und schützen sollen
15.007

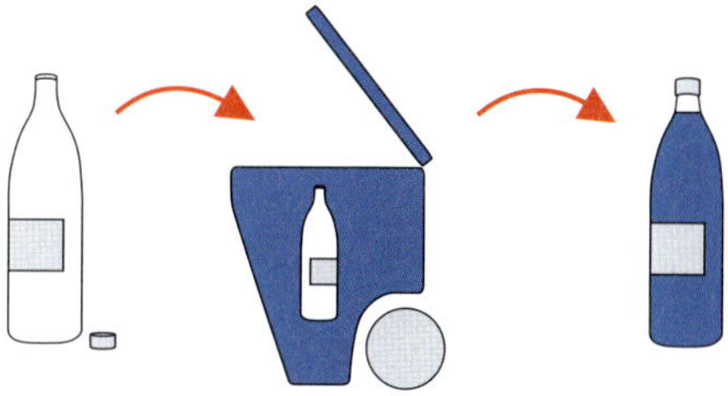

duales System
du·a·les Sys·tem
Müll wird so gesammelt, getrennt und entsorgt, dass einzelne Stoffe wiederverwendet werden können
15.008

die **Energiesparmaßnahme**
Ener·gie·spar·maß·nah·me <–n>
was Menschen tun können, um möglichst wenig Energie zu verbrauchen
15.009

das **Großgebinde**
Groß·ge·bin·de <–>
eine größere Menge eines oder mehrerer Produkte
15.010

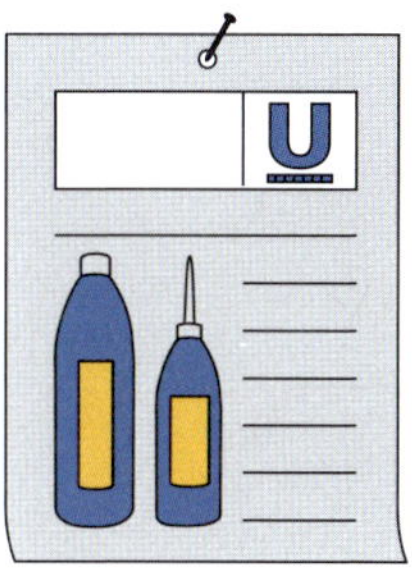

das **Gruppenmerkblatt**
Grup·pen·merk·blatt <Gruppenmerkblätter>
hier: die gesammelten Informationen über den Kauf und Verkauf von kosmetischen Mitteln
15.011

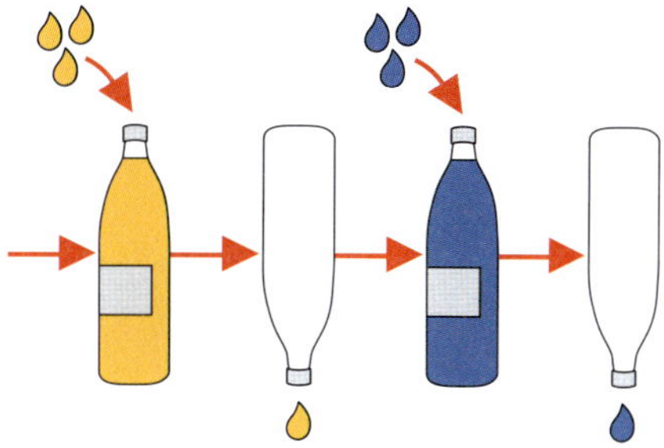

das **Mehrwegsystem**
Mehr·weg·sys·tem <–e>
Flaschen werden nach Gebrauch gereinigt und 25- bis 50-mal wieder benutzt
15.012

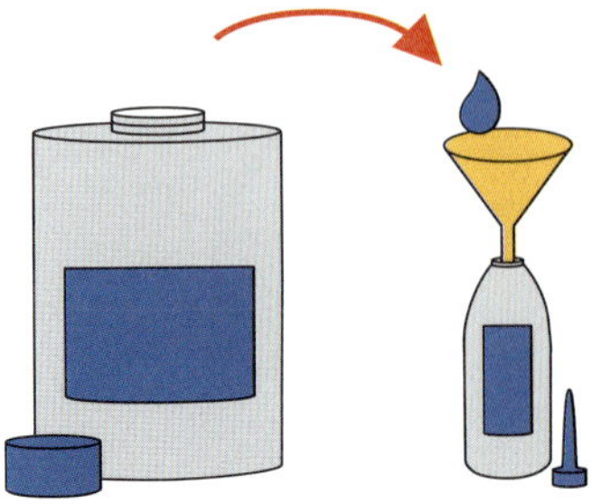

die **Nachfüllpackung**
Nach·füll·pa·ckung <–en>
einfache Verpackung für größere Mengen; Produkt wird dann in eine teurere, feste Verpackung gefüllt
15.013

natürlich abbaubar
na·tür·lich ab·bau·bar
so ist ein Mittel, dessen Reste für die Umwelt nicht schädlich sind
15.014

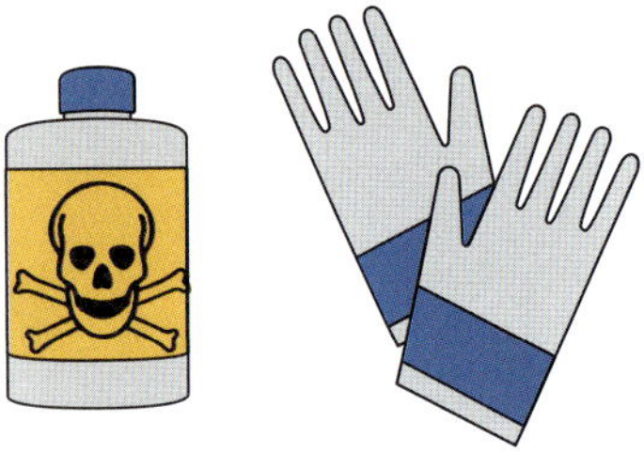

präventive Maßnahme
prä·ven·ti·ve Maß·nah·me
das, was ein Mensch im Voraus tun kann, um sich vor Gefahren zu schützen
15.015

das **Wasserhaushaltsgesetz**
Was·ser·haus·halts·ge·setz <–e> *kurz* WHG
regelt die Benutzung und den Schutz von Wasser über und unter der Erde
15.016

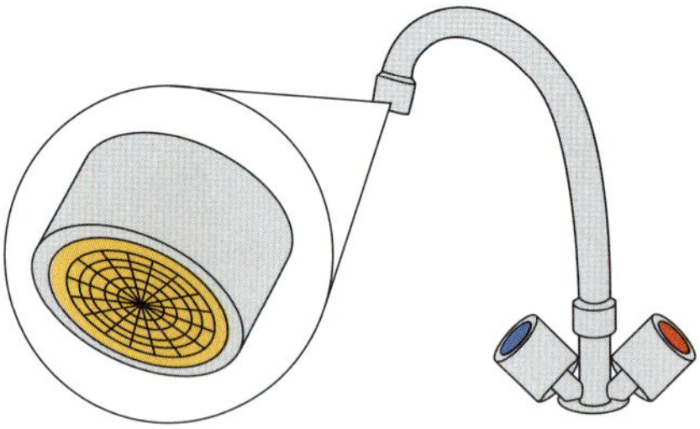

die **Wassersparduse**
Was·ser·spar·dü·se <–n>
kleines Teil, das am Wasserhahn fest geschraubt wird und den Verbrauch des Wassers reduziert
auch Strahlregler, Sparperlator
15.017

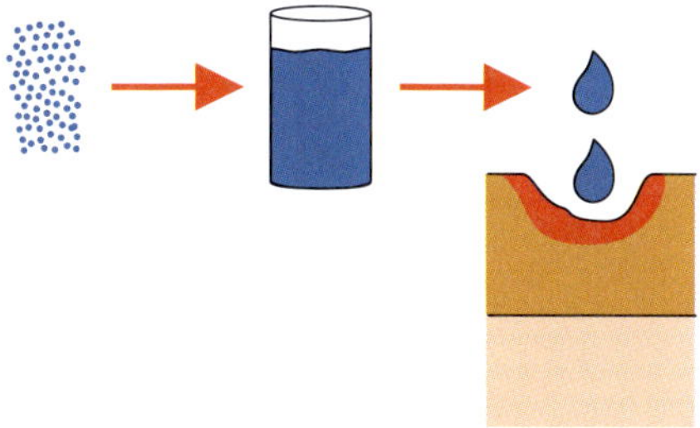

das **Alkali**
Al·ka·li <–en>
bitterer Stoff, der sich in Wasser auflöst und die Haut verletzt
16.001

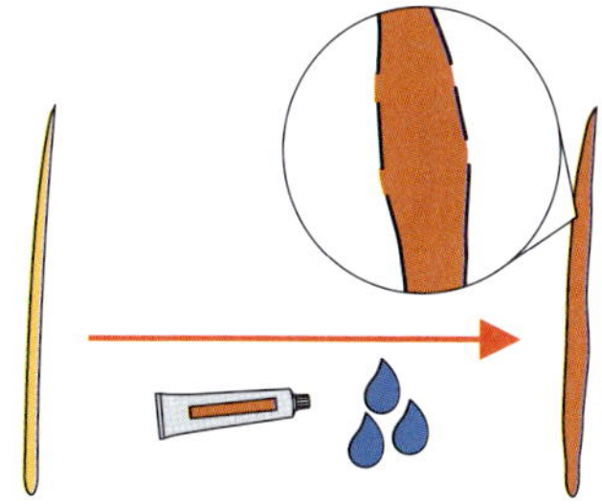

das **Alkalisierungsmittel**
Al·ka·li·sie·rungs·mit·tel <–>
ein Mittel, das in allen chemischen Haarfarben vorkommt; verändert die Haarstruktur, damit die Farbe angenommen wird
16.002

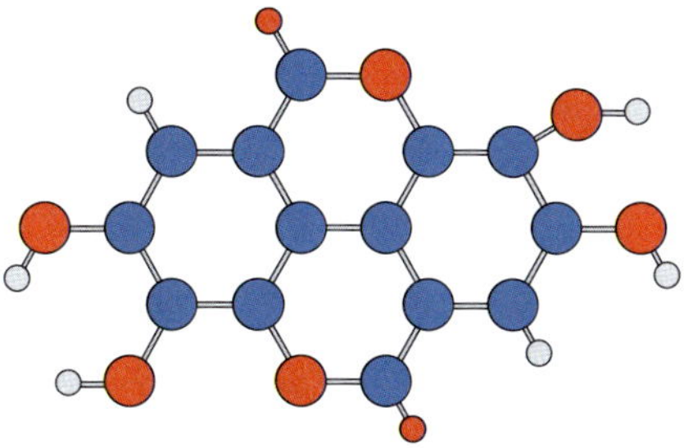

das **Antioxidans**
An·ti·oxi·dans <Antioxidantien>
Hilfsmittel, das den Abbau von **Molekülen** durch **Sauerstoff** verhindert
16.003

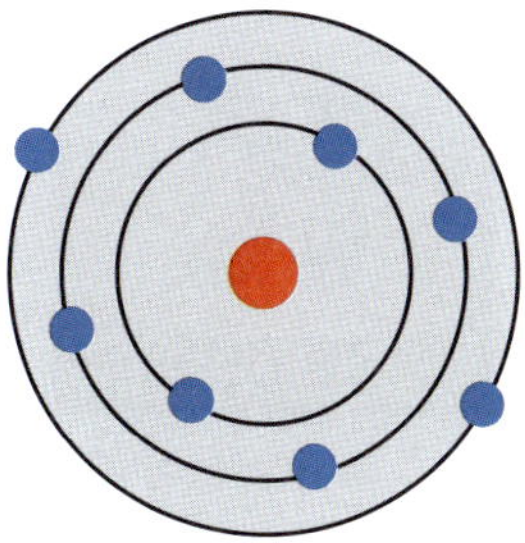

das **Atom**
Atom <–e>
Grundbaustein aller festen, flüssigen und gasförmigen Stoffe
16.004

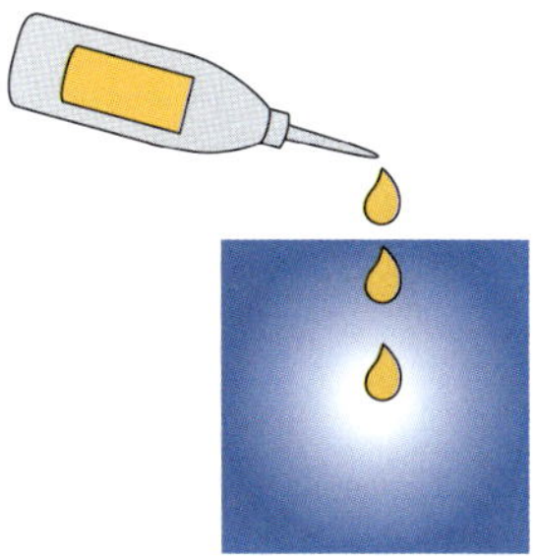

bleichen
blei·chen <bleicht, bleichte, hat gebleicht>
heller machen oder werden, unerwünschte Flecken entfernen
16.005

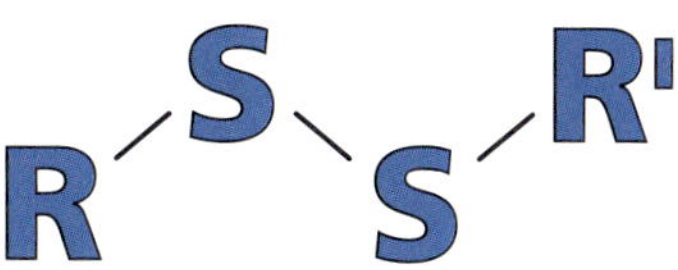

die **Disulfidbrücke**
Di·sul·fid·brü·cke <–n>
eine chemische Verbindung mit zwei **Atomen** (hier: S = Schwefel)
16.006

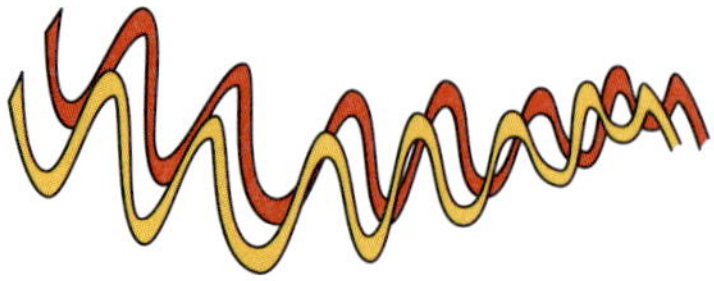

das **Faserprotein**
Fa·ser·pro·te·in <–e>
Protein, das in Form von **Keratin** im Haar vorkommt
16.007

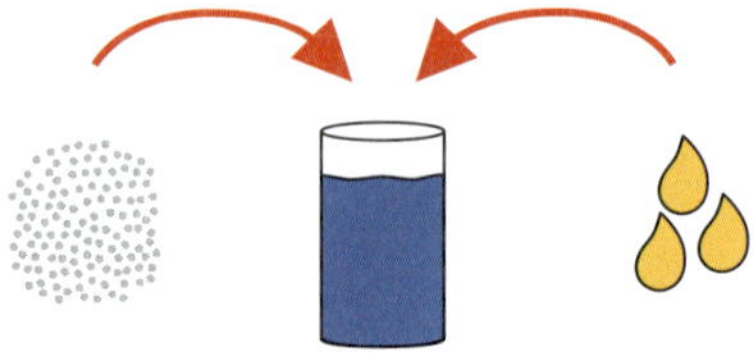

die **H_2O-Lösung**
H_2O-Lö·sung <–en>
ein fester Stoff oder eine Flüssigkeit wird in Wasser aufgelöst und kann dann nicht mehr gesehen werden, z. B. Salz in Wasser
16.008

das **Kalium**
Ka·li·um *kein Plural*
das Mineral kommt im Inneren von Körper**zellen** vor und regelt dort den Wasserhaushalt
16.009

der **Lösungsvermittler**
Lö·sungs·ver·mitt·ler <–>
ein Hilfsmittel, das das Auflösen von eigentlich unlöslichen Stoffen möglich macht
16.010

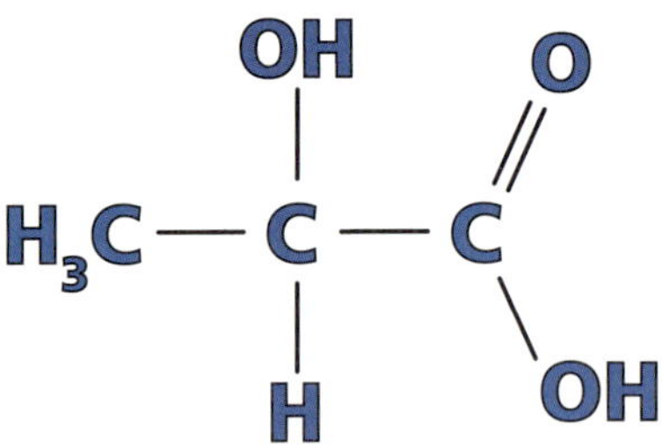

die **Milchsäure**
Milch·säu·re <–n>
der natürliche Stoff entsteht, wenn Milch sauer wird; kann aber auch künstlich hergestellt werden und macht viele Lebensmittel haltbar
16.011

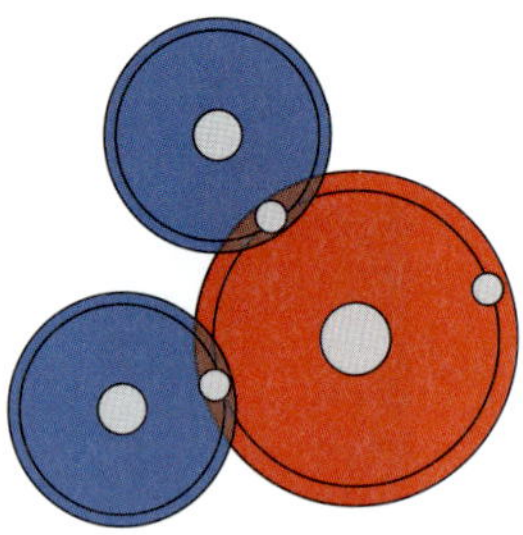

das **Molekül**
Mo·le·kül <–e>
kleinste chemische Verbindung aus mindestens zwei **Atomen**
16.012

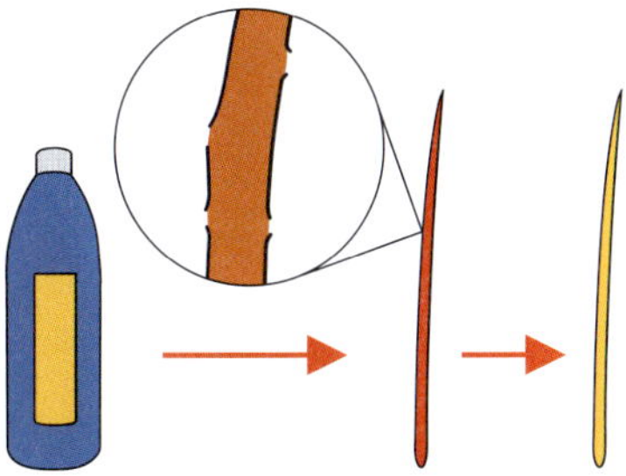

das Oxidationsmittel
Oxi·da·ti·ons·mit·tel <–>
ein Mittel, das vor dem **Blondieren** die Struktur der Haare öffnet
16.013

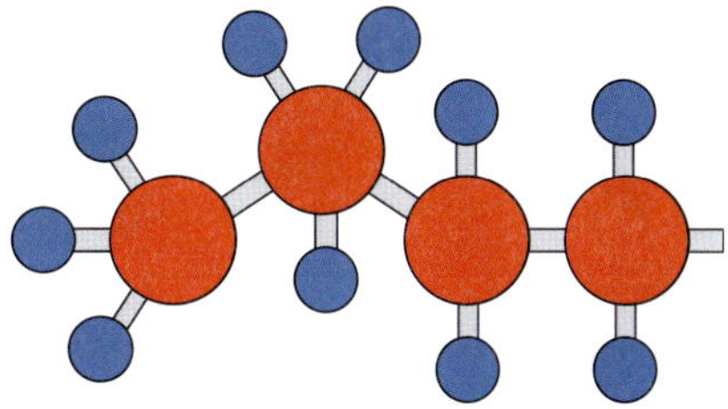

das Polymer
Po·ly·mer <–e>
eine chemische Verbindung, die aus mehreren Ketten von **Molekülen** besteht
16.014

der Sauerstoff
Sau·er·stoff *kein Pural*
ein Gas, das nicht riecht und keine Farbe hat; ist in der Luft enthalten
16.015

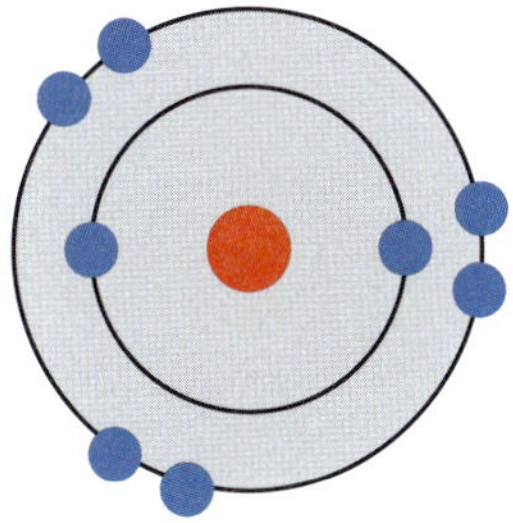

das Sauerstoffatom
Sau·er·stoff·atom <–e>
der kleinste Baustoff des **Sauerstoffs**, kommt fast immer in einer Verbindung von zwei **Atomen** vor
16.016

das Säuerungsmittel
Säu·e·rungs·mit·tel <–>
Hilfsmittel, das die Wirkung von **Antioxidantien** unterstützt
16.017

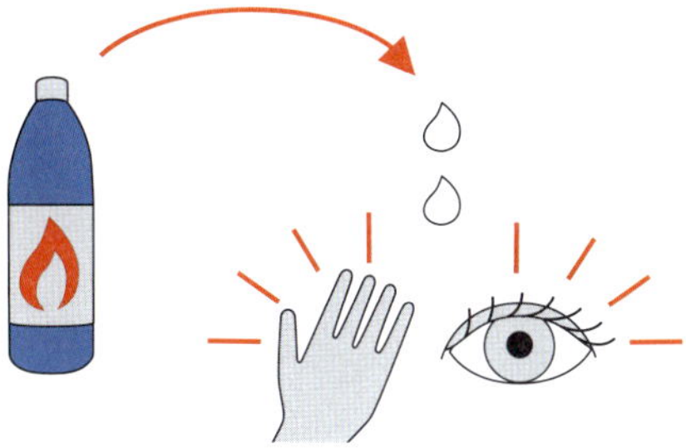

die Schwefelsäure
Schwe·fel·säu·re *kein Pural*
eine ölige Flüssigkeit ohne Farbe, gefährlich für Haut und Augen
16.018

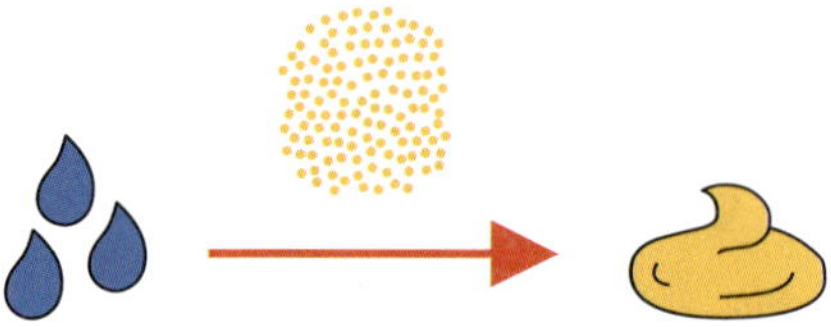

das **Verdickungsmittel**

Ver·di·ckungs·mit·tel <–>
ein Mittel, das eine Flüssigkeit dicker macht
auch Dickungsmittel, Bindemittel
16.019

der **Wasserstoff**

Was·ser·stoff *kein Pural*
ein Gas, das nicht riecht; ohne Farbe und Geschmack; zusammen mit **Sauerstoff** wird es zu Wasser
16.020

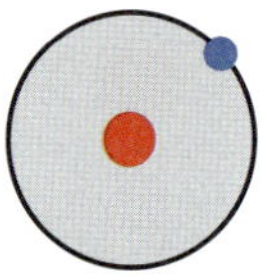

das **Wasserstoffatom**

Was·ser·stoff·atom <–e>
kleinster Baustoff des **Wasserstoffs**, von allen **Atomen** am einfachsten aufgebaut
16.021

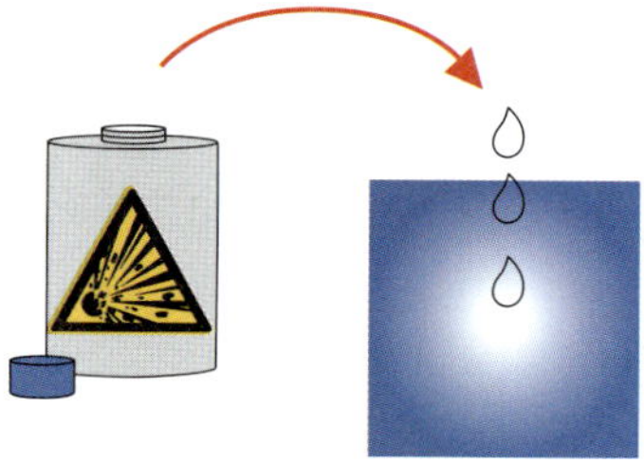

das **Wasserstoffperoxid**

Was·ser·stoff·per·oxid *kein Plural*
eine farblose Flüssigkeit, die explosiv ist und zum **Bleichen** verwendet wird
auch H_2O_2
16.022

die **Weinsäure**

Wein·säu·re <–n>
Flüssigkeit, die vor allem aus den Blättern und Früchten der Weinpflanze gewonnen wird; unterstützt die Wirkung von **Antioxidantien**
auch Weinsteinsäure
16.023

die **Zitronensäure**

Zi·tro·nen·säu·re *kein Plural*
Flüssigkeit, die in fast allen Obstarten vorkommt; unterstützt die Wirkung von **Antioxidantien**
16.024

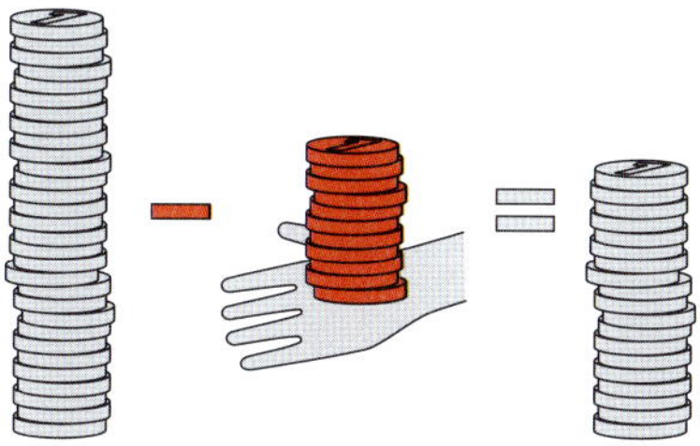

die **Abzüge**
Ab·zü·ge *Plural*
Steuern und andere finanzielle Beiträge, die vom **Bruttogehalt** gezahlt werden müssen
17.001

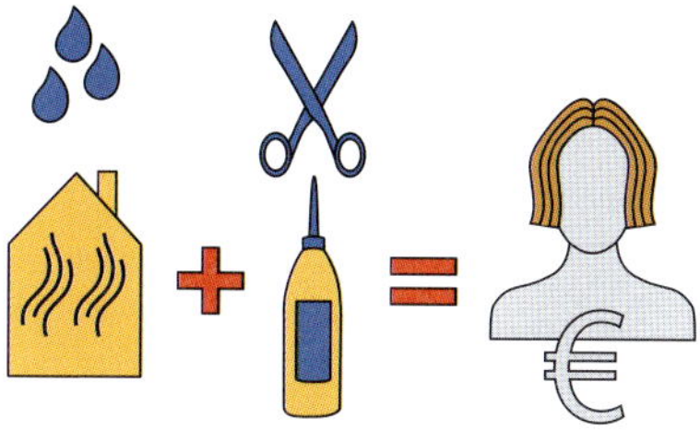

die **Bezugskalkulation**
Be·zugs·kal·ku·la·ti·on <–en>
Berechnung, mit der der endgültige Preis einer Ware ausgerechnet wird
17.002

die **Bruchrechnung**
Bruch·rech·nung <–en>
Rechenart für das Teilen von einem Ganzen; die Zahl über dem Strich heißt Zähler, die untere Zahl heißt Nenner
17.003

der **Energieverbrauch**
Ener·gie·ver·brauch *kein Plural*
die Menge der Energie, die für Licht, elektrische Geräte und Wärme verbraucht wird
17.004

Gehalt

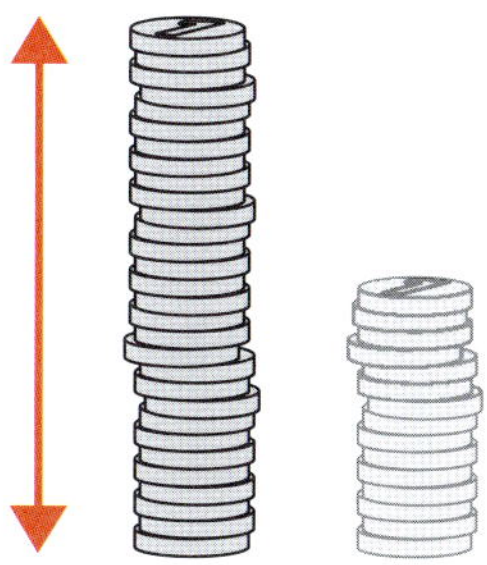

der **Bruttolohn**
Brut·to·lohn <Bruttolöhne>
das gesamte Gehalt, das gezahlt wird, inklusive Steuern und Versicherungen
auch Bruttogehalt
17.005

der **Nettolohn**
Net·to·lohn <Nettolöhne>
das Geld, das vom Lohn übrig bleibt, wenn Steuern, Versicherungen und andere Beiträge bezahlt sind
auch Nettogehalt
17.006

die **Grundrechenart**
Grund·re·chen·art <–en>
es gibt vier Arten zu rechnen; alle, die eine Schule besucht haben, müssen sie können
auch Grundrechnungsart
17.007

$4 + 4 = 8$

Summand
+
Summand
=
Summe

die Addition
Ad·di·ti·on <–en>
das Zusammenzählen von mindestens zwei Zahlen; die einzelnen Zahlen nennt man auch Summanden, das Ergebnis ist die Summe
17.008

$8 : 2 = 4$

Dividend
:
Divisor
=
Quotient

die Division
Di·vi·si·on <–en>
eine Zahl wird durch eine andere geteilt; die Zahlen heißen auch Dividend und Divisor, das Ergebnis ist der Quotient
17.009

$2 \cdot 4 = 8$

Faktor
·
Faktor
=
Produkt

die Multiplikation
Mul·ti·pli·ka·ti·on <–en>
zwei oder mehrere Zahlen werden miteinander malgenommen; jede einzelne Zahl nennt man auch Faktor, das Ergebnis ist das Produkt
17.010

$8 - 4 = 4$

Minuend
–
Subtrahend
=
Differenz

die Subtraktion
Sub·trak·ti·on <–en>
eine oder mehrere Zahlen werden von einer anderen Zahl abgezogen; die einzelnen Zahlen heißen Minuend und Subtrahend, das Ergebnis ist die Differenz
17.011

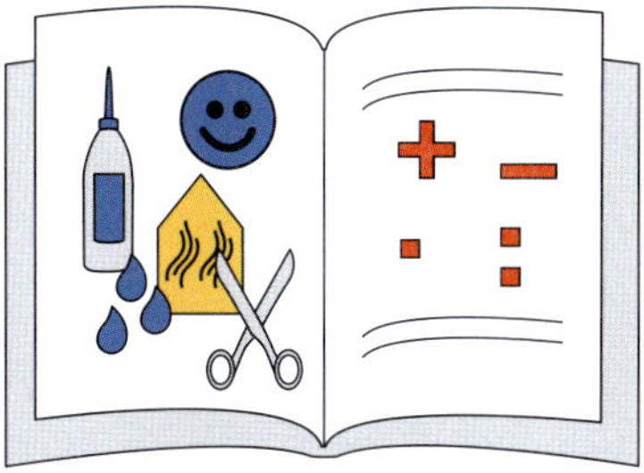

die Kalkulation
Kal·ku·la·ti·on <–en>
eine Berechnung, die hilft, die richtigen Preise für **Dienstleistungen** und Produkte zu finden
17.012

die Kostenrechnung
Kos·ten·rech·nung <–en> *kurz* KoRe
Berechnung der festen Kosten, Grundlage für die Planung der zukünftigen Ausgaben
17.013

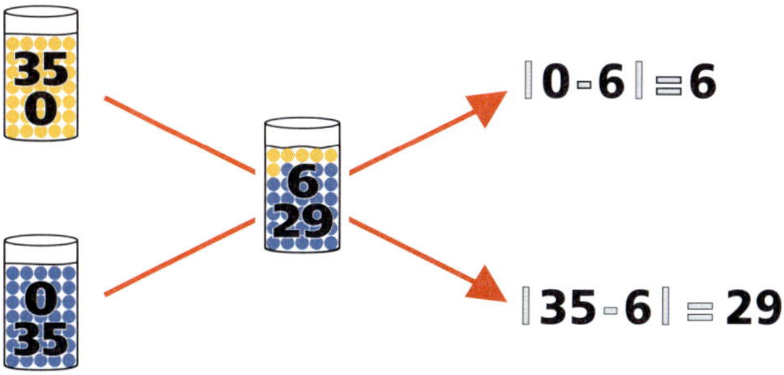

das Mischungskreuz
Mi·schungs·kreuz <–e>
eine Methode, um das Verhältnis zweier oder mehrerer Stoffe oder Flüssigkeiten für eine Mischung zu berechnen
auch Andreaskreuz
17.014

die Prozentrechnung
Pro·zent·rech·nung <–en>
ein Prozent ist der hundertste Teil von einem Ganzen, mit dieser Art zu rechnen zeigt man das Verhältnis verschiedener Zahlenwerte
17.015

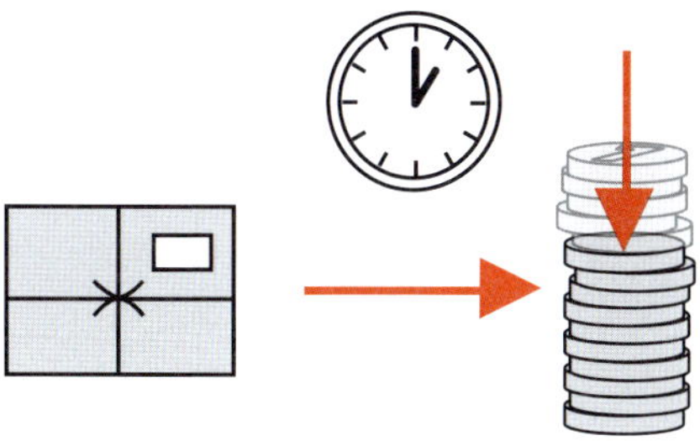

das/der Skonto
Skon·to <–s, Skonti>
der Preis einer Ware wird etwas geringer, wenn sofort oder sehr schnell bezahlt wird
auch Rabatt
17.016

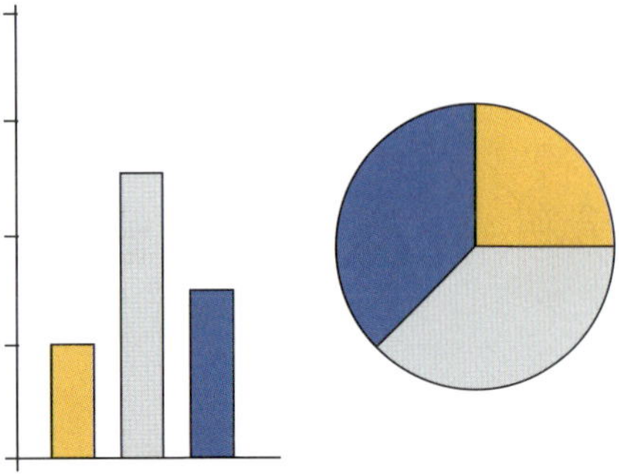

die **Statistik**
Sta·tis·tik <–en>
die Sammlung und Zusammenfassung von Informationen zu einem bestimmten Thema
17.017

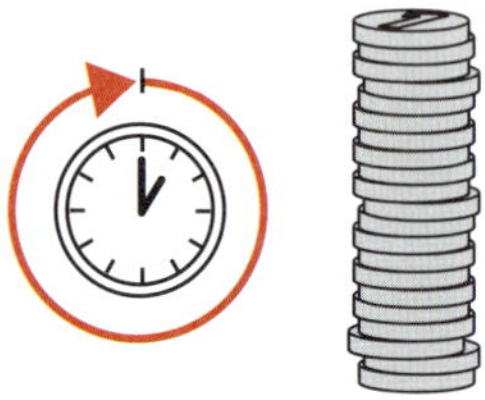

der **Stundenlohn**
Stun·den·lohn <Stundenlöhne>
der Betrag, der für eine Stunde Arbeit bezahlt wird
17.018

umrechnen
um·rech·nen
<rechnet um, rechnete um, hat umgerechnet>
die Größe oder Höhe eines Wertes durch eine andere Größe oder Höhe beschreiben
17.019

$$Z = \frac{K \cdot p}{100}$$

$$\textbf{Zinsen} = \frac{\textbf{Kapital} \cdot \textbf{Zinssatz}}{\textbf{100}}$$

die **Zinsrechnung**
Zins·rech·nung <–en>
eine Methode, mit der man Zinsen ausrechnen kann
17.020

Quellenverzeichnis

Cover: © Getty Images/iStock/eclipse_images

Fotos Innenteil: S. 1: © Getty Images/iStock/eclipse_images; S. 16: Abteilklammer © Thinkstock/iStock/amnarj2006, Abziehriemen © Björn Wylezich – stock.adobe.com; S. 17: Brettbürste © Thinkstock/iStock/LotusWorks, Entwirrbürste © Thinkstock/iStock/EHStock, Massagebürste © Thinkstock/iStock/Vrabelpeter1, Toupierbürste © elzloy - stock.adobe.com; S. 18: Färbeschale © mbongo - stock.adobe.com, Farbwaage © Thinkstock/iStock/montego666, Friseurstuhl © Thinkstock/iStock/darak77; S. 19: Haarnadel © Getty Images/E+/evemilla; S. 20: Haarschneidegriffkamm © Getty Images/E+/oneblueIight; S. 21: Nadelstilkamm © Thinkstock/iStock/TimArbaev, Ondulierkamm © 9dreamstudio - stock.adobe.com, Toupierkamm © 9dreamstudio - stock.adobe.com; S. 22: Kurzzeitmesser © toeytoey - stock.adobe.com; S. 23: Rasierhobel © Thinkstock/iStock/dancestrokes; S. 25: © Getty Images/E+/JazzIRT; S. 26: Effilierschere © TELCOM-PHOTOGRAPHY - stock.adobe.com, Sliceschere © Getty Images/E+/DustyPixel; Alle weiteren Fotos im Innenteil: Manfred Ostner

Bildredaktion: Cornelia Hellenschmidt, Hueber Verlag, München